The

theory and

practice

of

Austro-Marxism

奥地利马克思主义 | 孟飞 著
理论与实践

社会科学文献出版社
SOCIAL SCIENCES ACADEMIC PRESS (CHINA)

序

奥地利马克思主义在思想史上占据了重要的位置，但这与 21 世纪初全球资本主义及其新自由主义霸权的怀旧之风截然不同。如果我们失去了对社会民主党在历史上所表征的里程碑式意义（尤其是对人性的贡献）的认识，我们的当代身份就会受到质疑。鉴于奥地利马克思主义在其崛起和衰落、创新和失误中的种种经验，我们可以找到与现时代紧密维系的纽带。

——理查德·扎格（2009）

1

孟飞向读者展示了一个有关奥地利马克思主义详细的、有意义的文本，这让人们能够理解文化历史学家理查德·扎格所言说的那种审慎态度，即奥地利马克思主义者不是历史文物，而是对这个思想流派以及众多思想家的案例研究，并且确证他们的社会科学方法与当代世界的关联性。根据扎格的说法，研究奥地利马克思主义者，是为了应对全球政治经济体系和被纳入这个体系的民族国家的当代问题。

奥地利马克思主义者包括奥托·鲍威尔（1881~1938）、卡尔·伦纳（1870～1950）、麦克斯·阿德勒（1873～1937）、鲁道夫·希法亭（1877～1941）和弗里德里希·阿德勒（1879～1960）。奥地利马克思主义诞生于19世纪60年代末，成熟于20世纪的头十年，这也是欧洲民主政治党派充满活力的上升期。在整个欧洲，马克思主义已经成为一种政治现实，社会民主党几乎在每个欧洲国家都是主要政党。奥地利社会民主党是奥地利马克思主义的实践母体，它与西欧其他社会民主党的命运一样，在议会中被资产阶级政党联盟击溃。然而，欧洲社会民主主义者的创造性思维，为他们所设想的、不可避免的社会主义世界创造了一个新的未来。

我们发现，奥地利马克思主义者并不是乌托邦主义者，他们在各自的人文科学或自然科学领域有扎实的学理基础，他们的教育背景涵盖了政治、社会、经济甚至是物理科学、认知哲学等等。奥地利马克思主义者指认的马克思主义是一种社会科学，他们试图在理解马克思恩格斯的早期探索之后，改进艺术和科学的研究方法。艺术和科学都是人类认知的表现，即使是没有生命的物理世界也依赖于人类认知的角度。奥地利马克思主义者预见了托马斯·库恩在二战后的理论创见——每一种艺术和科学都是一代人探索方法的产物，而奥地利马克思主义者对政治－社会－经济的假设也作为方法论影响了其后的马克思主义者。作为一个成熟的思想家，不仅要用一种有效的方法来探求事实，还要去了解每一种方法的历史成因，从而将它推进到极致。

2

卡尔·伦纳是一个法律理论家，他追踪了资产阶级法律的发展，并创造了与社会主义社会潜在可能性相关的法律思想。此外，他的政治思想进一步促进了多民族、多语言国家的发展，他的理论植根于奥匈帝国的需要，却为当代世界提供了丰富的治理经验。可以看到，多民族和多语言的国家日益成为主流。在经济学方面，伦纳领导了奥地利社会民主党的合作社运动（亦称奥地利合作运动）。伦纳在第一次世界大战之后成为奥地利的第一任总理，在第二次世界大战之后，又被选为奥地利总统。

奥托·鲍威尔作为一名政治科学家，专注于多民族和多语言国家行政现实的诸方面。他的"命运共同体"理论认为文化共同体的命运是由经济或军事征服者决定的，即征服者自己阐释了共同体生活中的构成因素。这一理论被"性格共同体"所平衡。一个文化共同体可能会明智地向本民族文化选择的道路前进，"性格共同体"是一种具有强烈目的导向的、通过教育实现的结果。在政治实践中，奥地利马克思主义也确实高度重视教育对共同体建构的基础性作用，这对世界社会主义运动理念有某种开创意义。鲍威尔的观点被看作社会主义民主政治团体的动力源。1918年，他取代了奥地利社会党的创始人维克多·阿德勒（1918年去世）成为政治核心。直到1934年奥地利马克思主义在法西斯党的暴虐下解体，鲍威尔一直是奥地利社会民主党的主要理论家和战术家。鲍威尔中晚期的核心思想被称为"整体社会主义"，有时也称作"第三条道路"。我认为，相比同时期的其他社会主义者，鲍威尔提供了较为务实的努力方向，旨在与20世纪30年代苏联的第三国际联合对抗法西斯主义。然而，这一思想仍然是有待深掘的理论沃土，或者说它在现实层面"有待完成"，我将在这个序言的第三部分中做出更详细的讨论。

鲁道夫·希法亭是马克思主义发展中中公认的经济理论家，他的"金融资本"论直至今日仍是理解资本主义生产方式的核心因素，也是分析资本主义运行规律的重要模型。2008年的金融危机证明，美国政府对银行业的挽救和希法亭早在百年前提出的原则是一致的。希法亭认为，银行承担了通过生产资料的把持而控制资本主义实体的角色，资本主义越来越依赖银行来维持增长，这将使政府采取措施保护其经济生存能力，银行的组织化和稳定化构成了工业体系的基础。希法亭和奥地利马克思主义者"第三条道路"思想的主要方面就包括在国家立法机构中无产阶级必须与资本主义生产者、银行家进行权力制衡，社会主义可以利用银行等中介机制实现立法机构的社会主义化、实现革命的非暴力化——一个具有社会主义倾向的立法机构可以和平地生成"无产阶级专政"。1906 年，在德国社会民主党领袖倍倍尔的邀请下希法亭搬到了德国，并于 1920 年获得德国国籍。1923 年 8 ~ 10 月他成为德国通货膨胀顶峰时期的财政部长，保证了这一时期德国经济的稳定增长。1924 年，他继续担任德国社会民主党的首席财务顾问，并在 1928 ~ 1929 年担任财政部长。

麦克斯·阿德勒在哲学上对人类认知过程做出了独特贡献，他的理论阐释了法律、政府结构和规范价值在历史上的塑型。他将康德的视角融入历史唯物主义的分析中，认为只有这样我们才能充分讨论认识论问题，继而衍生出一种更深刻、更客观的历史唯物主义。麦克斯·阿德勒对后世的影响仍然至关重要，他的学生吕西安·戈德曼（二战后著名的马克思主义文化评论家）延续了人类意识研究的思想轨迹，通过《隐蔽的上帝》，戈德曼对 17 世纪法国的历史唯物主义文化分析进一步展示了个人思想和社会规范的关系。然而，即使麦克斯·阿德勒站在奥地利马克思主义最左的阵营当中，他还是保守地估计下一阶段的目标任务是完成社会主义，而非共产主义。在两党或多党的立法机构中，上议院只能由社会主义者组成，既便如此，麦克斯·阿德勒仍拒绝承认"无产阶级专政"意味着列宁主义的苏维埃模式。

弗里德里希·阿德勒的理论贡献是提出了一种非康德主义的实证主义认识论，这一认识论强调了对现象的深入考察。他是物理学家恩斯特·马赫的坚定追随者，因此采用了马赫的研究范式和实验方式。作为马赫主义者，弗里德里希·阿德勒拒绝对知识的普遍性描述，他认为，知识要求我们理解在人类认知活动中语义学和形式理论是如何基于我们自己的偏好而产生了不准确的结论。因此，弗里德里希·阿德勒强调在变动情境下更新知识，这种在哲学思维上的深入考掘使其与鲍威尔和伦纳产生了较大的理论差距。尽管如此，弗里德里希·阿德勒在政治策略上与其他奥地利马克思主义者的判断非常切近。正如我在其他地方所主张的，奥地利马克思主义并不是哲学的马克思主义"学派"，它们的共通之处是将马克思的辩证唯物主义糅合进奥地利社会民主党的战略制订和策略执行中。当然，这个观点清晰地出现在孟飞这本专著完整的信息输出和富有挑战性的解释中。另外值得一提的是，弗里德里希·阿德勒是奥地利社会民主主义创始人维克多·阿德勒的儿子，这一政治遗产的流传关系使弗里德里希·阿德勒一生对马克思主义、奥地利社会民主党以及国际社会主义运动的热情高涨。

3

正如孟飞在本书第一章中观察到的那样，目前对奥地利马克思主义思想和实践的学术研究集中于德国和奥地利，英语国家学者对它的兴趣微乎其微。在美国，威廉·斯马尔多内和我最近出版了两卷本的关于奥地利马克思主义的文集，我们力图向英语世界读者展示这些理论家与当下社会现实的相关性。我认为，英语国家对奥地利马克思主义的拒斥主要归因于他们思想和实践的宏大理论结构，从理论上讲，更加务实的英美国家主动回避基于系统结构的欧洲问题。此外，美国从未有过任何马克思意义上的社会主义运动，进一步说，美国人只把奥地利马克思主义视作"修正主义"的改良。

德国社会学家维尔纳·桑巴特写了一份名为《为什么美国没有社会主义》的研究报告。他的结论集中在以财产为基础的个人主义传统上，这当然也是美国诞生的思想前提。此外，桑巴特正确地指出了大量廉价土地对美国价值观形成的影响。19世纪20年代，罗伯特·欧文在印第安纳州的乌托邦社会主义实践——"新和谐公社"——最终失败。尽管许多成员致力于合作的共同体诉求，但土地对个人的诱惑却破坏了乌托邦式的奉献精神。美国的重商主义根深蒂固，由政府监管的计划经济对美国人是陌生的，因此美国想要冲破重商主义藩篱而让社会主义成为国家组织形式困难重重。现实情况是，在美国，无论是过去还是现在，人们对社会主义制度都没有多少认同。

在德国和奥地利，马克思主义的和非马克思主义的研究者对奥地利马克思主义的学术研究一直延续到当代。鲍威尔无疑是这些当代研究的核心人物，他不仅是两次大战之间奥地利社会民主党的绝对领袖，他的思想也是奥地利马克思主义者中最辩证的。他持战略立场或采取战术行动时，全面展现了奥地利马克思主义的精神特质。鲍威尔没有在哲学上更多地与弗里德里希·阿德勒和麦克斯·阿德勒的认识论复杂性对话，也许有人因此称他为"辩证实用主义者"。正如前文提及的，在20世纪30年代，鲍威尔创造了"第三条道路"或"整体社会主义"的概念，试图将第三国际与非列宁主义的马克思主义者（如奥地利马克思主义主要理论家）统一起来。但是在实践中，"第三条道路"是一种辩证概念，与任何并行不悖或矛盾冲突的观点相适应。以当代欧陆学者的眼光审视鲍威尔，他的贡献在于给社会民主主义的策略提供了对立立场综合、多样模式统一的可能路径。"第三条道路"不是某种"遗存"，标榜一种在欧洲民族国家内部寻求社会主义的修正版本，其政策不仅仅是对马克思主义理解的妥协，更重要的是在现实政治中通过政策杂糅惠及全体人民。对鲍威尔的研究兼及积极意义和消极因素，比如正因为他在两次世界大战之间的战略失误，奥地利社会民主党瓦解，这就表示可以从反面研判如何更有效地制定社会主义策略。作为"今日左派"的发言人，德里

克·韦伯认为，必须制定新的有关社会变革的计划，以把握当前
的政治－社会－经济状况。这需要既在"整体社会主义"观点统
摄下，又要避免鲍威尔理论中的"幻想"因素，这些幻想恰恰破
坏了他那个时代社会民主党的政治－社会计划。

4

回到孟飞的文本，首先让我感动的是一个年轻学者对学术事
业的热情。他用几年的时间填补了东西方文化上的沟壑，已经能
够熟练地运用欧美国家著者的素材来接近百年前存在的社会主义
团体。奥地利马克思主义的产生和发展依赖于西方现代化以来的
经济－政治－社会结构变迁，而就每个奥地利马克思主义者来
说，他们的思想轨迹（正如我在自己第一部著作中所阐明的）也
遵从一种特殊的地理－文化－家庭背景条件。能回归到真实语境
提出问题实属不易，孟飞抓住了这个核心，虽然更多问题有待深
掘（比如探讨社会历史背景的深度、广度等），但是不妨碍中国
读者对奥地利马克思主义某些关键问题的认识。

通过多次与孟飞的探讨，我发现他对研究目的的把握是显而
易见的。他串联了奥地利马克思主义者较为相通的思想成果，找
到思想史视域下奥地利马克思主义涌动的潮流——社会改良。当
然，不论从正面还是反面来理解奥地利马克思主义的失败，它们
的精神实质确实有效地保留至今，在哲学理论、经济结构探索、
民族融合等方面继续给予当今社会民主党思想压力。如果说对奥
地利马克思主义者的研究出于对现实政治的观照，那么需要弄清
楚的问题就不仅仅局限于奥地利帝国本身，孟飞和我所了解的中
国研究者大概都以此为目标。除此之外，这本书最吸引我的是几
个未曾被发现的"闪光点"，比如希法亭转至德国之后的思想断
裂、对鲍威尔无产阶级专政理论的评价、"红色维也纳"和第二

半国际在欧洲价值转型中的作用等。

中国目前对奥地利马克思主义的研究成果已经越来越多，他们的努力是西方学者不具备的。不过遗憾的是，孟飞对于奥地利马克思主义的介绍由于过分强调奥地利马克思主义思想和实践的统一，有意无意地忽略了它们之间明显的异质性。对于主要目标，孟飞并没有真正把奥地利马克思主义者和当代欧洲左翼的系统关联阐释清楚。必须指出的是，我和孟飞在许多问题上并没有保持一致，这也是我愿意与其长期交换意见的根本原因。在迄今为止已出版的 6 部著作中，我的研究方法更侧重于个体意识的发生学，即思想家在阐释观点时的动力机制。孟飞则试图用一本书的篇幅去展现宏大的社会主义运动图景，这是一种具有挑战的野心（抱负），并且他保证了足以支撑这种野心的方法论一致性。马克思历史唯物主义的分析框架并不是社会科学研究唯一的方法，但一定是需要参照的重要方法。在这个文本中，孟飞以奥地利马克思主义者的方法对比马克思的方法，唤起的应该不只是我对方法问题的自觉意识。总体而言，在众多奥地利马克思主义研究文本中，孟飞添加的不多也不少，这是他正在进行的下一步更出色出版计划的契机，我对此抱以热切期待。

5

是时候结束我的序言了。我认为，地球上也许再没有哪个国家比中国更适合去探究奥地利马克思主义。历史上，中华帝国和奥地利帝国都是"多样性的统一"。哈布斯堡王朝的公共政策延续了近 500 年的时间，是欧洲历史上最长的王朝统治，这是建立在其统治的土地和人民的文化差异之上的。实际上，从 19 世纪90 年代起，奥地利马克思主义者主导的奥地利社会民主党就开始挑战奥地利皇帝弗兰兹·约瑟夫的政策，他们努力给自己的国家带来更多的社会平等。奥地利马克思主义对马克思恩格斯以及与他们同时代的精神导师的解释，都会通过"多样性统一"的理论来进行必要的过滤。奥地利马克思主义强调，在帝国和后帝国时代的奥地利，他们的政治－社会－经济政策的形态将反映出"多样性统一"的形态，早在1899年奥地利社会民主党的"布隆决议"就清晰地展现了这样的政策偏好。年轻的奥地利马克思主义者在社会民主党政治实践中异常活跃，因为他们对奥匈帝国及其多元民族国家的构想原则上把马克思主义纲领与帝国现有形态相对应。

我认为，孟飞思想细致、分析透彻的文本之所以重要，正是因为他通过中国学者的视角去观察百年前奥地利帝国的生存境遇和现代化挑战。我必须再次强调的是，孟飞对奥地利马克思主义者及其理论的研究并没有局限在某一个微小的领域，他广泛解释了由奥地利马克思主义者提出的哲学、经济、政治、社会和知识分子问题。这正是我本人所赞赏的，面对当代世界的政治－经济的变动，必须在"多样性统一"的理论前提下改进"多样性统一"的实际方法，以撬动资本主义－帝国主义的结构本身，不然，社会主义共同体任何细枝末节的努力都是无效的。

马克·E.布鲁姆

2018年8月

导　言

　　奥地利马克思主义指以奥托·鲍威尔、麦克斯·阿德勒、鲁道夫·希法亭、卡尔·伦纳、弗里德里希·阿德勒为代表的奥地利社会主义倾向。奥地利马克思主义作为一种思想流派在欧洲社会主义思潮中占有重要地位并产生了广泛而深远的影响。

　　本书首先对奥地利马克思主义的产生背景和思想渊源进行考察。地处中欧的奥地利在 19 世纪末正经历多民族国家的瓦解，作为社会新兴力量的工人阶级，其诉求在理论上缺乏支持，也被社会掌权派排挤。奥地利社会民主党在这种现实的挣扎和磨砺中逐渐冲破衰微的封建势力与大资产阶级政党的合围，独立登上政治舞台。此时，他们的政治主张和思想纲领不仅迎合了工业化过程中成长起来的工人队伍，也在激进思潮影响下的大学生群体中传播开来。围绕在维也纳大学周围的奥地利马克思主义团体恰恰成为奥地利社会主义理论的主要传播者。

　　就思想渊源来说，虽然奥地利马克思主义团体是在马克思主义内部形成的学术集团，但该学派在社会主义思想史上区别于第二国际的第一代思想家，也异质于与他们同时代的马克思主义者。受新康德主义、马赫主义、维也纳学派、边际效用学派等思潮的冲击，奥地利马克思主义者试图对马克思主义的社会科学进行重新解释和扩展。他们主张创造性地运用马克思主义的基本方法来研究 20 世纪以来资本主义发展中出现的新现象，从中得出新的观点和新的理论来补充和发展马克思主义。

哲学上，奥地利马克思主义的主要著作家都以马克思主义需要补充为借口，建构自己的哲学观念。他们认为只有将新康德主义和马赫主义的认识论与马克思的历史理论结合才能完成所谓马克思主义认识论。处在资本主义发展重要转折时期的奥地利马克思主义者对以往的旧哲学感到不满，又认为马克思的哲学尚未解决当今时代的全部问题。于是，无论麦克斯·阿德勒还是弗里德里希·阿德勒都力图挣脱唯物主义和唯心主义的窠臼，开创一种超越以往的马克思主义新意涵。不过从理论成果来看，他们最终归于失败，非但没有完成对旧哲学的批判，反而把马克思主义的要义篡改得面目全非。奥地利马克思主义的哲学至多是一种对各色观念的捏合和折中，从外观上看，它们更类似于改良主义。正是在哲学趋向上致力于社会改良，奥地利马克思主义延伸出了对政治经济学、政治理论和政治实践的改良主义中派倾向。

经济学上，奥地利马克思主义的研究成果完全基于他们的哲学研究理路。希法亭的理论基础是从维也纳时期开始的方法论一致性，即类似于逻辑实证主义的"先验的经验主义"，在形式上追求逻辑演绎，而在内容上强调经验事实。希法亭维护了马克思劳动价值论的科学性，《金融资本》通过对资本主义最新发展阶段的经济学和政治学分析，提出了对社会主义危机理论的修订。另外，奥地利马克思主义属于最先系统地考察"有组织的资本主义"的马克思主义团体，也由此走上了改良道路。对于政治经济学的剖析其实映射了奥地利马克思主义者对社会主义经济形式的探索，他们的中派政治规划正以此为契机。

政治学上，奥地利马克思主义的主要学术旨趣基本植根于本国重大现实社会问题：如何面对马克思主义正统派和修正路线的分裂，多民族国家如何实现群众的文化自治，国家建构中的民主和专政，等等。回归奥地利马克思主义语境的现实性，第一次世界大战后，奥地利马克思主义虽然分裂为左、中、右三派，不过它们的主要政治理念都是折中主义的。很多西欧的改良思想特征突出地体现在奥地利马克思主义，其政治学说发展了在哲学和经济学上的改良主义思想脉络。

奥地利马克思主义对现实政治的共同特征大概是妥协的趋向，即一种"第三条道路"的观点，既反对"修正派"对马克思主义基本理论的否弃，又反对把马克思主义教条化。实践中，奥地利马克思主义希望往往诉诸左派话语，却较少采取决定性的行动，左派话语甚至已经准备好的行动都会由于和机会主义相联系而被废止。两次世界大战之间是奥地利马克思主义明确展示自己特点的时期，奥地利社会民主党的领导人站在"第二国际"和"第三国际"中间的位置，开启了"红色维也纳"的社会主义试验，并且用中派政治的思维模式主导了"第二半国际"。

奥地利马克思主义被定义为中派理论和中派政治的范本，甚至直接被称为"第三条道路"的开拓者。时至今日，欧洲信奉"第三条道路"的左翼政党不断回溯奥地利马克思主义的理论和实践。不过，本书最后梳理了奥地利马克思主义折中路线的失误，我们应该警惕那些非马克思主义的替代模式与资本主义的合谋。

目 录
Contents

第一章　奥地利马克思主义再发现 ················· 1

　第一节　奥地利马克思主义研究的思想史意义 ·············· 2

　第二节　奥地利马克思主义研究的政治史意义 ·············· 5

　第三节　本书的基本目标和框架结构 ·············· 7

第二章　奥地利马克思主义的生成背景 ············· 11

　第一节　奥地利马克思主义产生的历史环境 ·············· 11

　第二节　奥地利马克思主义的思想渊源 ·············· 27

第三章　奥地利马克思主义的哲学体系 ············· 59

　第一节　麦克斯·阿德勒的新康德主义认识论 ·········· 59

　第二节　弗里德里希·阿德勒和鲍威尔对马赫哲学的全面

　　　　　继承 ·············· 65

　第三节　伦理社会主义与奥地利马克思主义哲学观的区别

　　　　　·············· 75

　第四节　折中主义——对奥地利马克思主义者哲学观念的

　　　　　简评 ·············· 78

第四章　奥地利马克思主义的政治经济学 ············· 81

　第一节　希法亭对边际学派的批判 ·············· 82

　第二节　《金融资本》对资本主义现代形态的初步阐述 ····· 94

　第三节　希法亭对资本主义现代形态的进一步探索 ········ 121

第五章 奥地利马克思主义的中派政治 …………………… 131

　第一节 伦纳中间偏右的政治理论 ………………… 132

　第二节 鲍威尔和麦克斯·阿德勒中间偏左的政治理论 … 146

　第三节 希法亭的中派政治理论 …………………… 193

　第四节 奥地利马克思主义中派政治理论的现实运用 …… 210

结语 第三条道路——奥地利马克思主义的理论遗产和现实
　　　影响 ………………………………………… 231

附录 奥地利马克思主义主要理论家生平 ……………… 238

参考文献 …………………………………………… 245

后　记 ……………………………………………… 254

第一章
奥地利马克思主义再发现

　　马克思和恩格斯在第一国际时期和第一国际解散后相当长的时间里，同工人运动中沾染了资产阶级、小资产阶级观念的思想体系进行了卓有成效的斗争，最终树立了马克思主义的威信，在工人运动中取得了主导地位。与这一潮流相呼应，社会主义工人政党在广大欧美国家相继成立。这些社会党或工人党内的马克思主义者在恩格斯的指导下，通过与形形色色机会主义者的对抗建立了第二国际，而第二国际又成为马克思主义广泛传播的保障组织。第二国际成员党内部的激烈争论推进了马克思主义理论和实践的发展。现在看来，第二国际无论在马克思主义传播和发展的历史上，还是在国际工人运动和社会主义运动的历史上，都起了关键的、承前启后的作用。但是到目前为止，国内对第二国际的研究还比较薄弱，这样的忽视已经长达几十年，某些方面的研究陷入了停顿状态。今天，我们研究第二国际究竟有何重大意义？重新审视第二国际马克思主义的历史演化和思想遗产，是完整地把握马克思主义发展史的基石，为准确地理解马克思主义的精神实质提供了着眼点，也对科学地认识当代社会主义运动（包括中国特色的社会主义实践）起到了重要作用。如何判定第二国际在马克思主义发展史上的地位？若把马克思主义发展史看成一个链条，第二国际就是其中最为关键的一环。它是全面地解读马克思主义发展史（包括马克思主义哲学史、马克思主义经济学说史和社会主义思想及运动史）的理论入口、逻辑节点。这种思想史的重要性其实是由第二国际的过渡性质决定的，它恰好处在两个时代（古典资本主义和现代资本主义）、两个世界（西方和东方）的交叉点，于是接下来，社会主义运动在理论上和实践上的分化就不难理解了。

奥地利马克思主义是第二国际中的重要理论派别，它的发生、发展、高潮和衰亡都与第二国际联系紧密，它不仅仅是社会主义运动在欧洲的一个特例，更是我们参透第二国际在欧洲各国普遍实践的范本。奥地利马克思主义在思想史和政治史上产生了多方面的深远影响，但是没有被认真对待过或者被不公正地对待。

第一节　奥地利马克思主义研究的思想史意义

"奥地利马克思主义"这一标签最先透露的信息便是该团体的主流意识形态遵循马克思主义原则。一方面，奥地利马克思主义的理论家们普遍接受马克思主义的原理，即在原则上肯定马克思主义关于历史辩证法、阶级斗争、劳动价值论、工人异化学说等。但是，"奥地利马克思主义"的术语本身代表了对马克思的奥地利式解释，伦纳在《现代社会的变化》中认为，奥地利马克思主义完美诠释了他的信条："每个国家都有自己的马克思主义。"[1] 他们致力于解释和扩大马克思主义的社会主义理念，比如：现代金融资本的角色，在多民族的哈布斯堡王朝调节民族关系，法的社会功能等。[2] 柯尔在分析这一特征时

---

[1]　Renner, K. *Die neue Welt and der Sozialismus.* Salzburg: Alpenland Verlag. 1946: 8.

[2]　奥地利马克思主义者普遍认为，这些是马克思著作所忽略的或者涉及不深的领域。

说，奥地利马克思主义一般都从接受马克思主义这一点出发，"试图把马克思主义的体系应用到一些具体问题上去，而在他们看来，这些问题马克思未曾考虑到，或者是没有能解决——其中有一些是因为在马克思生前解决的时机还没有成熟，甚至还没有成其为问题"①。

另一方面，奥地利马克思主义从 20 世纪初开始，在考茨基的正统马克思主义和伯恩施坦的修正主义马克思主义间保持中派路线，之后他们也采取了同样的立场对待第二国际和第三国际。理论上看，奥地利马克思主义是对政治的智力表达；实践上看，他们又试图用知识手段改变政治现实。他们反对伯恩施坦是想坚持马克思主义的革命特征，并且捍卫马克思的历史方法论和对资本主义的解释；而批判考茨基的唯物主义，是想以新的认识论和科学哲学来审视经验研究中发现的现实社会问题。

我们得出结论，在对待马克思主义的态度上，奥地利马克思主义者试图摆脱教条主义和修正主义而走向一种自以为超越的路径——第三条道路。他们既反对修正主义者摒弃马克思主义，又反对把马克思主义神圣化。他们认为不应该盲目地接受马克思的结论，因为许多新情况在马克思逝世后发生了。因此，社会主义者的任务是不断评估变动着的资本主义系统运作。奥地利马克思主义的主观愿望是将马克思主义建构为一个可吸纳新思维的开放系统，大量引介自然科学和人文科学在 19 世纪晚期的知识成果。并且，奥地利马克思主义无论从理论研究还是政治实践上，都不断强调马克思主义的应用性，把马克思主义当作一种批判性武器。于是，他们很少用马克思主义理论支配对现实世界的认识，因为在他们看来，马克思乐享不断的"新生"。这种解释基于马克思主义社会主义理论回归日常生活的实际应用。伦纳对此的表

① 〔英〕柯尔：《社会主义思想史》第三卷下册，何慕李译，商务印书馆，1985，第 29 页。

述是："卡尔·马克思是最伟大的社会学家，但是他的理论必须渗透到现实生活的实际层面，把他的思想功能运用到现今的社会，特别是具体到个人、国家、社会和人民才能证明它的有效性。"①

值得注意的是，在各种关于马克思主义研究范式的讨论中，我们较为熟悉的是传统"苏联马克思主义解释范式"、红极一时的"西方马克思主义解释范式"和这些年成为显学的"西方马克思学解释范式"。而"第二国际马克思主义解释范式"往往不被人们所重视，甚至基本没有被提起过，其实这是对马克思主义思想史重要资源的巨大忽视。所谓"苏联范式"、"西方马克思主义范式"甚至"西方马克思学范式"的胚芽都孕育于第二国际，研究第二国际是准确理解各种马克思主义解释范式渊源的基础步骤，进而才能界定其实质，最终从对这些范式的批判和反思中深入把握本真的马克思主义科学范式。

具体来看，学界的普遍观点是第一代西方马克思主义者（卢卡奇、科尔施、葛兰西等）是从第二国际的思想源流中生发出来的。奥地利马克思主义者对待马克思资源的态度与西方马克思主义者如出一辙，他们都以马克思主义需要"拯救"为由，肢解完整的马克思主义体系。我们不妨把这种思想史上的合流称作奥地利马克思主义和西方马克思主义精神的"同源性"。

另外，奥地利马克思主义的特殊贡献是诱发了世界范围内"马克思研究"的兴起，其研究的旨趣和范式更是直接构成了西方"马克思学"的源头。这里有三个标志性的历史事件：第一，奥地利马克思主义的《马克思研究》丛刊把马克思和马克思主义本身作为独立的研究对象；第二，与奥地利马克思主义相关的两个马克思主义经典文本出版计划；第三，以格律恩堡为代表的西

---

① Gulick, C. *Austria from Habsburg to Hitler* (*Vol.* 2). Berkeley: University of California Press, 1948: 1374.

方马克思学研究范式（学术中立）与以梁赞诺夫为代表的东方马克思主义研究范式（党派政治）决裂。① 上述马克思研究的谱系和西方马克思学的胚胎演化史向我们证明，奥地利马克思主义是后来以法国的吕贝尔和德国的费切尔为代表的"西方马克思学"的先驱或者奠基人。②

第二节　奥地利马克思主义研究的政治史意义

奥地利马克思主义在历史上影响了国际社会主义运动的过程，并在当代继续发挥其标本式的巨大效应。奥地利马克思主义关注的议题主要围绕政治和社会环境：民族和种族、政府结构、政治运行、经济发展、外交政策等。正是由于他们的理论分析偏重策略，有助于决策，而不流于政治概念推演，当代学者对他们的援引从未间断过。

因为奥地利马克思主义是奥地利社会民主党的一批年轻知识分子和政治活动家所倡导的社会改良主义流派；所以，奥地利马克思主义主要表现出一种不同于别国社会主义的思维方式和研究理路，其主要特征是改变以往的两极化思维，在研究中注重糅合各种思潮的积极因素。随着第一次世界大战的爆发，国际社会主义运动开始分化，奥地利马克思主义日渐活跃起来，他们逐渐发展成为一个影响巨大的马克思主义思潮和社会主义团体。但是他们超越极化思维的意图并没有在理论和实践中完型，最终结果是折中主义倾向越发明显。公允地看，奥地利马克思主义团体结合

---

① 1927 年底到 1928 年初，共产国际急剧向左转，德国社会民主党和苏联共产党关系破裂，法兰福大学社会研究所退出了 MEGA 的出版机构。格律恩堡《社会主义文库》的指导思想是在政治倾向面前保持独立的学术态度，而梁赞诺夫及其领导的马克思恩格斯研究院的研究方向则更注重党派政治。

② 参见姚顺良主编《马克思主义哲学史：从创立到第二国际》，北京师范大学出版社，2010。

他们对马克思主义原理的基本见识和社会主义发展新情况制定出完整的社会改良主义理论，并且通过其母体——奥地利社会民主党——的巨大作用，在一定程度上改变了社会主义工人国际的面貌。由此，奥地利马克思主义在国际社会的影响力得到广泛认可。

奥地利马克思主义的一个显著特点是，它的成员一般说来既是理论家，又是积极的社会活动家，这就保证了他们的理论具有的现实性和指导意义。比如，在对待苏联革命的态度上，鲍威尔的研究比考茨基更加深入，因为他综合考量了俄国的农业国性质、战争的后果以及内战的影响因素等主客观条件，这就比考茨基"民主还是专政"的两分法精确得多。又如，鲍威尔和伦纳提出了民族问题的政治动机：一是多民族国家内部的冲突；二是党的组织管理。这反映了当时世界上许多国家共同面临的问题，甚至与现在广泛不发达地区的社会现实如出一辙。①

两次世界大战之间，奥地利马克思主义的中派思想成了奥地利社会民主党和一度存在的"第二半国际"的指导路线，并对合并后的"社会主义工人国际"的社会民主主义思潮、第二次世界大战之后"民主社会主义"的模型，乃至晚近的"第三条道路"理论的形成和发展都产生了巨大影响。1945 年以后，有的研究者提出了奥地利马克思主义的复兴。虽然在奥地利国内，社会党的影响力已不如以往，但欧洲其他国家的社会主义政党（尤其是德国）非常关注奥地利马克思主义的理论遗产。② 许多青年学者把麦克斯·阿德勒的意识批判看作研究当代社会组织的理论资源。德国学者乌利·舍勒尔 1995 年的文章《奥托·鲍威尔有多大的现实意义?》梳理了自 20 世纪 70 年代西欧鲍威尔思想的复兴到

---

① 现在许多欠发达国家对民族问题（以及与之相关的殖民主义）的态度是游移的：一方面是对发达的殖民宗主国的政治经济期盼，另一方面又寻求民族自决的解放思维。

② Renner, K. *Austromarxismus*. Wien: Europa Verlag, 1970: 28.

苏东解体后，奥地利遗产对新一代左派的警示。英国学者比尔·鲍林在著名的《欧亚研究》杂志中撰文，详细分析了当代俄罗斯在国家民族自治中的艰难时局，并推出了奥地利马克思主义的少数派别和文化自治的理论框架，认为这是直至今日都有益的尝试。当代欧洲知识分子仍把奥地利马克思主义渐进式的社会主义和民主思维当作理论和实践的参照。欧洲共产主义和现代欧洲社会民主党都从奥地利马克思主义那里找到了统一欧洲共同体的社会民主政策源头。奥地利思想家沃尔特·拜尔[①]在题为《奥地利马克思主义和当代左派》的文章中提醒人们，不要忘记奥地利马克思主义对当代奥地利和许多欧洲国家政治建设的突出贡献。当然，随着欧洲政治的演进，他们的论题也在实践中不断修正。

第三节　本书的基本目标和框架结构

本书的研究目标明确，坚持宏观社会史研究和微观理论分析相结合的历史唯物主义态度，以宏观社会政治经济环境和具体思想史情境为支撑，秉承马克思主义社会理论逻辑与历史相统一的原则，坚持社会历史分析和具体学理逻辑研究相结合的方法，透视奥地利马克思主义在时间、空间背景中的坐标，清理出奥地利马克思主义理论和实践的内在关联。

本书期望完成的主要学术任务有三点：首先，清晰地勾勒出一个历史的奥地利马克思主义轮廓，刻画出一个立体的奥地利马克思主义思想体系，展现出一个具体的奥地利马克思主义流派群像。在这个复杂的理论过程中，驱除学界对该学派的成见，推介他们的重要思想遗产是第一位的。其次，本书偏重马克思主义思

---

① 沃尔特·拜尔是奥地利社会科学理论家，他于 1994 年至 2006 年担任奥地利共产党主席，1995 年至 2003 年主编了周刊《人民之声》。

想史，所以不会用很大的篇幅介绍奥地利社会民主党的政治实践，侧重点应是奥地利马克思主义的学术价值。且值得一提的是，这样的思想史研究不同于以往的人头拼凑，而是通过文献的研究归纳出这个思想流派的总体特征。最后，把一个百年前存在的思想拿出来重新梳理是要挖掘它的现实意义，西方学者做了一定的工作，但是还不够。本书的另一个重点是通过比较分析得出奥地利马克思主义学派的影响绝没有消逝，它的回响在当代反而越来越清晰。

因此，本书试图填补国内奥地利马克思主义研究中的较薄弱环节，即以流派的形式呈现出完整的奥地利马克思主义全貌。国内学界将能够比较深入地认识到卡尔·伦纳、麦克斯·阿德勒、弗里德里希·阿德勒等相对陌生的马克思主义理论家。奥地利马克思主义的主要代表人物将清晰展现其在马克思主义思想史和国际社会主义思想史中的重要地位。另外，正如前文我分析到的，本书是思想史研究，而不是分人头的简单拼接。所以，本书将立体地展现作为流派的奥地利马克思主义精神实质。具体来说就是，他们的理论基础是如何真正运用到政治实践中的，他们的哲学渊源、经济学话语与民主政治思想的关联性，他们既相关又相互排斥的学术趣味在当时的历史背景中如何造就了思想史的重大分裂。

本书共有六部分，其中包括五章正文和最后的结语。

第一章主要从政治史和思想史角度分别就奥地利马克思主义的研究意义展开讨论。从宏观上看，整个第二国际的理论遗产都应该被重新梳理，而奥地利马克思主义作为其中重要的一支，更应受到重视。从现实政治来看，当代许多政党纲领和政治策略都直接源于奥地利马克思主义，他们的中派思维不仅旗帜鲜明，而且延伸到了最晚近的对"第三条道路"的讨论当中。从学术研究层面来看，奥地利马克思主义和西方马克思主义，甚至马克思学都有渊源的关系，这是有趣的和颇具研究价值的角度。

第二章的内容是从总体上讨论奥地利马克思主义形成的背景及其理论渊源。一方面是奥地利马克思主义产生的天然环境。地处中欧的奥地利在 19 世纪末和 20 世纪初政治跌宕，民族问题突出，社会主义运动蓬勃开展，这种政治气候培育出的奥地利马克思主义具有独特的理论气质。另一个方面是思想渊源，国际上新哲学思潮兴起，其中新康德主义和马赫主义让奥地利马克思主义者十分着迷。而在奥地利国内，维也纳学派和边际学派经济学不仅影响着奥地利马克思主义者的思维方式，而且和他们过从甚密。此外，第二国际内部理论的分化和变形使得奥地利马克思主义面临在修正派和正统派之间做出选择，而他们走向了区别于以往的"第三条道路"，明确了他们在理论上的中派特色。

第三章是对奥地利马克思主义哲学基础的阐述。由于他们选择了中派主义的理论架构，所以在哲学上强调调和，推崇用新思潮来补充或嫁接马克思主义的基本原理。麦克斯·阿德勒信奉新康德主义的认识论，高扬意识第一性的哲学。而弗里德里希·阿德勒和鲍威尔则沉溺于马赫主义，用实证的认识论来替代马克思主义的唯物史观。总的来说，无论是麦克斯·阿德勒还是弗里德里希·阿德勒或鲍威尔，他们的哲学虽然极力摆脱极化思维的旧哲学窠臼，但就奥地利马克思主义的哲学成果来看，背离了马克思主义的要义，也没有完成所谓超越，仅仅是一种简单的调和与折中。

第四章重点介绍了希法亭对于马克思主义政治经济学的贡献，这也是奥地利马克思主义最被人所津津乐道的理论成果。希法亭的经济学研究根源于奥地利马克思主义的哲学基础，起始于对奥地利边际学派经济学的批判，展开于对资本主义现代形态的审视，结束于对晚近社会主义经济策略的探讨。值得注意的是，不管是《金融资本》还是"有组织的资本主义"论，都不是纯粹的经济学研究，它们的目的都可归结到奥地利马克思主义对帝国主义的批判。其实，希法亭的政治意图亦是找到一种现实政治的替代选择，即走上一条独特的"第三条道路"。不过哲学观上的局限和经济学研究本身的失误，导致了他的政治规划退回到改良主义中去，折中主义终究不是马克思主义的实质，也无法达到马克思主义的本来高度。

第五章探讨了奥地利马克思主义的政治理论和实践。奥地利马克思主义者在哲学和经济学研究基础上，进一步延伸其中派思维，形成了中派主义的政治框架。虽然在第一次世界大战后分裂为左、中、右三种倾向，但他们的总体规划都是比较接近的。无论是伦纳的中间偏右的政策选择，还是鲍威尔、麦克斯·阿德勒的中间偏左的理论规划，或是希法亭的中间道路，都遵循了社会民主主义改良政治的主要原则，鼓吹议会民主政治，奉行"和平长入社会主义"的策略。在实践中，他们延续了理论上的中派态度，在国内主导了"红色维也纳"，在国际共产主义运动中积极主张中派妥协退让路线。

本书的结语部分回顾了奥地利马克思主义的终结，指出了奥地利马克思主义者在理论上的努力和失误以及价值所在。从奥地利马克思主义的研究中总结教训，求得对当代现实政治语境的指导。

第二章
奥地利马克思主义的生成背景

奥地利马克思主义指称以奥托·鲍威尔、麦克斯·阿德勒、鲁道夫·希法亭①、卡尔·伦纳、弗里德里希·阿德勒为代表的奥地利社会主义倾向。奥地利马克思主义作为一种思想流派在欧洲社会主义思潮中占有重要地位并产生了广泛而深远的影响。

奥地利马克思主义形成的社会历史背景及其理论渊源是相对复杂的。奥地利本国的地理、历史、文化、政治因素是奥地利马克思主义产生的天然环境。地处中欧的奥地利在 19 世纪末和 20 世纪初政治跌宕，主流意识形态被资产阶级基督教社会转型和知识分子的民族主义运动把持，但社会主义运动蓬勃开展，这些政治气候培育出具有独特理论气质的奥地利马克思主义。而奥地利马克思主义生长的思想渊源主要包括国际上的新哲学思潮、奥地利国内的哲学和经济学流派以及第二国际马克思主义理论。

第一节　奥地利马克思主义产生的历史环境

奥地利马克思主义的兴起绝不是偶然的，它在自身发展的道

---

① 希法亭生于奥地利，后长期参加德国社会民主党的理论工作和实践活动，并加入了德国国籍。

路上有诸多推力，这些因素共同促成了一个在马克思主义史上特色鲜明的理论和实践团体。一方面，奥地利马克思主义是第二国际马克思主义的重要一支。如同第二国际是一定历史条件的产物一样，随着资本主义经济的发展，奥地利工人阶级日益壮大，工人运动蓬勃兴起。马克思主义在奥地利得到进一步传播，它战胜了工人运动中诸多资产阶级和小资产阶级思想体系，逐渐在工人运动中取得主导地位，并在奥地利社会主义者的努力下建立了稳定且具有战斗力的工人阶级政党。另一方面，奥地利的特殊地理位置、历史背景以及文化氛围使得奥地利马克思主义的产生带有其鲜明的特点。

一 奥地利的政治动荡

19世纪初的"维也纳会议"之后，奥地利成为欧洲秩序重建的中心，保持了在德意志邦联中的主导地位。哈布斯堡王朝的版图让人咋舌：石勒苏益格－荷尔施泰因、蒂罗尔和波希米亚－摩拉维亚在奥地利王室的统治下获得松散统一；南部的意大利半岛成为其属地，特别是由于兼并了伦巴第与威尼斯，其在中欧的支配地位得到加强；在东部，整个伊斯特拉半岛与达尔马提亚沿海一带及岛屿都成为奥地利的属地，奥地利重新获得拿破仑战争中被夺走的斯洛文尼亚、卡林西亚西部、克罗地亚的一部分和加利西亚。若以当代欧洲地图作为比照，我们发现当时的奥地利帝国包括了今天的奥地利、匈牙利、捷克、斯洛伐克、斯洛文尼亚和克罗地亚等国家。另外它还统治着波兰、罗马尼亚的某些地区以及意大利的威尼斯、维奥纳、曼图亚和的里雅斯特等地，中欧几乎都包纳在哈布斯堡王室的霸权之下。

1866年，第二哈布斯堡王朝和协约国军队溃败后，《布拉格条约》极大制约了哈布斯堡王朝在欧洲的权力。哈布斯堡内部，对于非德国领土的控制权也在减弱。具有讽刺意味的是，奥地利被匈牙利牵制的趋势日益明显。1867年的《奥匈协议》组建了帝国，重新架构了政治体系——奥地利和匈牙利双重的君主体制。弗朗茨·约瑟夫一世于 1848 年登上了哈布斯堡王朝的宝座，他既是奥地利的君主，又是匈牙利的国王。每一个行政主体都有自身的国内政府，有独立的外交、国防、经济部门，日常事务由各自委派代表轮流在维也纳和布达佩斯商议，这些代表分开就座，需要通过书面的方式表述政见。^① 奥地利在国际和国内事务中的影响力急速衰退。国际上，哈布斯堡议会是普鲁士在欧洲中部低等级的伙伴，事实上处于敌对状态，在法律上顺从于 1879 年的奥地利—德国同盟。在国内，妥协退让没有解决多民族国家的问题，而随着匈牙利地位的提高，其他民族与奥地利抗争的动力也加大。所以奥地利国内的状况是，民族争端凸显，帝国内部矛盾日益激化。

第二帝国建立的另一个影响是社会景观的混乱不堪。维也纳晦暗的一面触目惊心，随处可见工人阶级的贫民窟、拥挤的人群、破败的居所、恶劣的卫生条件、被称为"维也纳疾病"的肺结核等。^② 就像其他欧洲城市一样，工业化带来了难以估量的社会问题，城市被分裂成了两部分：中产阶级—上层社会的富裕和精致，工人阶级的贫穷和匮乏。衰落的帝国中的双重维也纳图景是奥地利马克思主义者们所处的早期历史环境。

奥地利马克思主义发生和发展的主要阶段都处于哈布斯堡王朝统治时期，这也是这个君主国苟延残喘的最后几十年。1848 年开始，哈布斯堡王朝的农业社会迅速工业化，超过三分之一的人口（约 5000 万）开始投身工业生产。维也纳的人口从 1864 年的 50 万猛增到 1900 年的 160 多万；到了 1914 年，这个数字达到了 200 万之巨。在欧洲现代化浪潮的推动下，它的革新速度是空前

---

① Jelavich, B. *Modern Austria：Empire and Republic*, *1815 - 1986*. Cambridge：Cambridge University Press, 1987：66.

② Spiel, H. *Vienna's Golden Autumn*, *1866 - 1938*. New York：Weidenfeld and Nicolson, 1987：195.

的，经济、社会、技术、思想、文化等都在变化中期待传统权威解体。但是哈布斯堡君主国的农业社会因素盘根错节，难以驾驭。同时，多元的族裔构成牵制了现代政治协商理念的扎根。于是，在人民主权作为主导的权威代理时代到来之时，奥地利的政治张力呈现出两面性：一面是现代的、多元的、世界主义的，它指向未来；而另一面所指的是社会的暗面，政治压迫、威权主义、民族冲突、种族主义、反犹主义，它指向过去，或是反现代、反自由的未来。①

在奥地利，与工业化和城市化相伴的是政治运动的大量兴起。其中，影响巨大且与奥地利马克思主义渊源颇深的政治力量是基督教社会运动。19 世纪 70 年代，起源于西欧的基督教社会运动②开始在奥地利兴盛起来。基督教社会党旨在对教权主义、中产阶级下层和德意志右派进行思想改造，这场运动既反对自由市场经济危及他们的权益，也反对"犹太"自由主义。基督教社会党忠于帝国奥地利的观念，但显然还是以利益为导向的，他们的奥地利性和教权特征都妨碍了与德意志中产阶级的联系。但是基督教社会党仍是德意志的党派，与选民的诉求契合。他们的反犹言论和务实的政策糅合在一起，表现了奥地利现代化过程中政治的奇特面相。20 世纪开始，以教会思想为指导的基督教社会运动与以马克思主义为指导的奥地利社会民主党成为奥地利政治活动中最重要的两股势力，它们的对抗是整个奥地利政坛的主旋律。

另外，19 世纪 80 年代反犹主义甚嚣尘上，互相冲突的民族主义集团却大多在排犹问题上持一致态度。哈布斯堡的皇帝们历来对犹太人较为友善，但是多民族的哈布斯堡君主国在一个民族

---

① See Beller, S. *A Concise History of Austria*. Cambridge：Cambridge University Press，2006.

② 基督教社会主义运动 19 世纪 30~40 年代始创于法国，其主要代表人物是法国人菲利浦·毕舍、费里西德·拉梅耐和英国人弗雷德里克·莫里斯、查尔斯·金斯莱等。基督教社会主义把社会改良作为教会的使命，是基督教人士在争取群众支持、参与社会改良和振兴基督教方面所做的一系列努力。

主义呼声愈演愈烈的时代已不合时宜。19 世纪末反犹氛围笼罩下的维也纳呈现出三种犹太知识分子的理想类型：第一种，大部分知识分子都坚守自由主义的理念，唯美主义者大多如此;① 第二种，想逆境求生的直接立场便是投身 19 世纪 90 年代由西奥多·赫茨尔发起的犹太复国主义;② 第三种，转向工人运动，奥地利社会民主党的首脑维克多·阿德勒是典型代表。

奥地利马克思主义的主要领导者基本都是犹太血统，那么在反犹风气盛行环境中，他们是如何在这三种选项中抉择的呢？他们认为美学革命或犹太复国主义是虚妄的③，最终，奥地利马克思主义者以及其他的犹太知识分子转向工人运动。这个选择有其实在的逻辑背景，当时的奥地利政治气候孤立犹太团体，第二帝国的建立使得民主进程停摆，糟糕的境况无以复加，1873 年后保守主义更是取代了自由主义。④ 可以说，反犹主义是众多犹太血统的奥地利马克思主义者幼年的政治生态。这就为我们指明了一个方向，为什么他们在政治和文化倾向上贴近了社会主义。这种转向是决定性的，他们接受的早期教育是古典主义和自由主义的，但是成长过程却充斥着反犹主义。⑤ 我们看到，资本主义社会创造了比以往更多的物质财富，在科学技术上的成就惊人，但是资本家天生的私利性阻断了社会向更高层级阶段发展的趋向，他们制造阶级压迫，不想所有人来分享进步果实。⑥ 毫无疑问，

① See Vergo, P. *Art in Vienna*, *1898 - 1918*. Ithaca, NY: Cornell University Press, 1975: 26 - 33.

② Johnston, W. M. *The Austrian Mind: An Intellectual and Social History*, *1848 - 1938*. Berkeley, CA: University of California Press, 1972: 357 - 361.

③ 赫茨尔强调全面的反自由主义，因而坚决排斥政治融合，高扬分离主义。奥地利马克思主义者认为这种政治选择显然不被大多数人所接纳。

④ 1878 年的德国选举和 1879 年的奥地利选举都印证了自由主义的根基松动。

⑤ See Wistrich, R. S. *Socialism and the Jews: The Dilemmas of Assimilation in Germany and Austria - Hungary*. East Brunswick, NJ: Associated University Presses, 1982.

⑥ 犹太人根本无法谋得公职，除非他们改变信仰。

保守的奥—德势力厌恶社会民主党人，资产阶级和贵族都明确赞成反自由主义的妥协政治。因此，社会民主党人正在进入政治斗争的复杂环境中，也是瓦解旧秩序的关键点上。① 如此看来，工人运动是犹太知识分子的天然联盟②，思想和现实的双重挤压，坚定了奥地利马克思主义者与主流社会决裂的心志。

二 奥地利民族问题和民族运动

对于奥地利马克思主义者来说，剧烈的社会革命的必要性，总体性的工业国有化，无产阶级专政等这些问题都无法与奥地利民族问题相比，因为在多民族的哈布斯堡帝国，它是社会主义者最先考虑的需要解决的棘手问题。

（一）奥地利民族概况

历史上看，奥地利地处欧洲中部，地理位置优越，向来是商业贸易的要道，也是欧洲日耳曼、斯拉夫和罗马三大文化圈并存、兼容、吸收和发展的前沿阵地。据历史记载，克恩滕人（印度日耳曼族中的一支）公元前 400 年左右就来到了奥地利的土地上。之后，罗马人、鲁吉尔人、黑鲁勒尔人、伦哥巴人、斯拉夫人和阿瓦尔人等相继来到这里定居。不难看出，奥地利的民族组成极端复杂，受到历史上民族迁移的影响很大。

19 世纪 40 年代，随着欧洲知识阶层中民族主义思想的发展与传播，多民族的奥地利帝国各省产生了对哈布斯堡王朝试图扩展和实现其统治权力的抵御，欧洲的另外一种重要思潮——自由主义——在奥地利同样发生作用。自由主义与民族主义虽然在意大

---

① See Mayer, A. J. *The Persistence of the Old Regime: Europe to the Great War.* New York: Pantheon, 1981.

② 更多谈论犹太知识分子与社会主义运动结合的实例请参见 Wistrich, R. S. *Socialism and the Jews: The Dilemmas of Assimilation in Germany and Austria – Hungary.* East Brunswick, NJ: Associated University Presses, 1982。

利、法国是相互促进的，但在奥地利却相互掣肘，王室的德意志性质和统治者地位使哈布斯堡王朝不得不迎接来自双方的共同挑战。

（二）奥地利民族问题

奥地利民族问题由来已久，它的主要特点大约有三个方面。第一，民族构成虽然以德意志民族为主体，德语是官方第一语言，但帝国本身并不能被看作一个纯粹德意志性质的机构。总的来看，在以维也纳为中心的下奥地利和以林茨为中心的上奥地利，人口绝大多数是德意志人。伦巴第与威尼斯地区意大利人是主要居民，其他地方都是各民族混合居住，甚至在维也纳还存在一个人数相当可观的捷克人区。我们发现，虽然每个省都有德意志人，大约占整个帝国人口的五分之一，但除了在蒂罗尔、斯特里亚和卡林西亚几省占据人口优势之外，德意志人的居住区像是被包围在斯拉夫人、马扎尔人和罗马尼亚人的茫茫大海中的一处处小岛。第二，奥地利民族众多，但是不能说是一个民族的大熔炉。我们看到各民族虽然在奥地利境内共存，互相之间却有明确的地位、阶级、文化区别。他们自认为是奥地利的德意志人、奥地利的斯拉夫人，却并不存在着明确的"奥地利人"这一身份认同。作为奥地利人，并不意味着同时具有某种民族感情，亦即并非具有可以称之为"奥地利的"的民族属性，德意志人、马扎尔人、意大利人、波兰人在王朝历史上都占有其特殊地位。第三，复杂的民族构成可以概括为两类：一类是主导种族，即马扎尔人、德意志人、波兰人和意大利人；另一类是从属民族，包括波兰人以外的斯拉夫各族和罗马尼亚人等。甚至，这两类人的内部都不是利益一致、划分整齐的，主导民族之间互有分歧、纠葛，从属民族亦各有特色。①

---

① 〔英〕柯尔：《社会主义思想史》第三卷下册，何慕李译，商务印书馆，1985，第22页。

奥地利民族运动的大量兴起开始于 19 世纪中叶①，直到 19 世纪末，民族运动依旧是奥地利躁动不安的主要原因之一。奥匈帝国中奥地利部分的民族就已经十分复杂，足以造成非常麻烦的问题，特别是在以日耳曼人、捷克人和波兰人为代表的民族关系上。日耳曼和捷克民族集团虽然在奥地利境内各有其乡土，但是在许多地区却生活和工作在一起，并形成一支统一的劳动力量。只要能避免内部不同民族成分之间的争执，这支力量就有保护住自己的希望。在波希米亚和摩拉维亚，有辽阔的日耳曼人居住区，还有一些日耳曼人和捷克人杂居的地区（比如布拉格），而在维也纳和其他日耳曼人占多数的城市里，居住着大批捷克族工人群体。加利西亚的波兰人比较自成一体，但是那里除了波兰人和被奴役的小俄罗斯人以外，也有日耳曼人和捷克人。其实在维也纳，也有许多波兰人（特别是波兰籍犹太人）。此外，波兰人还分居在奥地利、德意志和俄罗斯三个帝国里。因此，波兰人的社会主义运动便分裂成为几个独立的运动，每个运动都不得不在各自的统治者强加的条件下开展工作，而且每个运动也都一面希望实现民族团结，一面又不得不同所在国的其他民族工人进行共同的斗争。②

（三）奥地利民族运动和奥地利马克思主义

从奥地利纷繁的民族关系可以看出，奥地利社会党人面对的主要问题是日耳曼人和捷克人合作的条件问题，以及这两种人同络绎入境的波兰人的关系问题。这一时期，随着捷克民族主义发展成为一种更为民主的运动，日耳曼人同捷克人的关系问题也越来越难以解决了。虽然许多"老捷克人"主张承认波希米亚是一

---

① 参见〔奥〕普里斯特尔《奥地利简史》下册，陶梁、张傅译，三联书店，1972。

② 〔英〕柯尔：《社会主义思想史》第三卷下册，何慕李译，商务印书馆，1985，第 3 页。

个本身就有权利成为王国并沿袭共同古老制度的国家，同时希望它像匈牙列一样取得独立的、鼎足而立的地位，也同样有权压迫下层阶级。但是由于在波希米亚的贵族阶级和普通人民中，捷克人和日耳曼人是混居杂处的，因而他们不可能希望波希米亚完全取得这种地位。捷克和日耳曼贵族在奥地利国家作为阶级特权的维护者这一点上，具有共同的利益。这些贵族，包括来自波希米亚和摩拉维亚的日耳曼人，在宫廷和官僚统治机构占有很高的地位。统治阶级中兼有日耳曼人和捷克人，这倒使社会党人组织共同的运动去反抗贵族专制的工作变得简单了，但是后来在波希米亚形成了一个反贵族统治的捷克民族主义运动。"青年捷克"民族主义者是这个运动在捷克的知识分子和中产阶级中的绝对领导。他们的政治主张是打垮"老捷克"政治领袖的那种贵族的半民族主义基础，与此同时，也提出了一个棘手的问题。捷克族社会党人分裂成为两派，一派仍然忠于建立共同组织，同时给予民族集团一定程度的自治这一主张；而另一派在建立其本身的独立民族运动的愿望方面则不准备落后于资产阶级民族主义者。社会主义队伍中的这一分裂，在很大程度上是以捷克人为主的地区跟日耳曼人地区以及两种民族杂居地区之间的分裂。[1]

作为超民族的共同体，社会民主党面临的上述问题其实反映了困扰哈布斯堡君主国的主要政治问题——民族冲突。在工业化浪潮之下，传统社会可以为人们提供的保护渐渐失效，民族主义在一定程度上成了心存不满的人们的庇护所，甚至是迁怒于他人的借口。社会民主党的超民族性植根于对工人阶级权利的捍卫，他们不遗余力地试图推翻哈布斯堡王朝的君主统治，比对马克思主义的天然敌人——资本主义——的攻击更直接。在现实政治中，他们的主要工作也放在了鲍威尔和伦纳倡导的多民族国家政

---

[1] 〔英〕柯尔：《社会主义思想史》第三卷下册，何慕李译，商务印书馆，1985，第4页。

治组织的部署上。奥匈帝国的多民族背景，使得奥地利马克思主义者面对其他的年轻学者所不曾见到的问题：民族问题、民族—国家问题、奥—匈问题等。① 这些都对奥地利马克思主义者提出了严峻的理论挑战，他们必须审慎解答哈布斯堡多民族的国家结构中无产阶级利用议会民主制进行斗争的切实方法。因为在奥地利，民族主义和民主主义是紧密关联的，如果找不出一个针对奥地利自身民族主义的解决方案，那么社会民主体系也无从建立。

三　社会主义运动在奥地利的蓬勃开展

世界经济在 19 世纪中叶的主要扩张——所谓的资本的黄金年代——在 1873～1896 年的经济大萧条时期达到其顶峰，这是一个资本家在全球范围内激烈竞争的时期。② 这种竞争压力，反过来促进了世界资本积累进程中的一系列重大变革。正是在这些深刻而急剧的转变背景下，西欧和北美的现代工人运动诞生了。关于工人运动的兴起，马克思的分析强调不公平感在确认资本的局限性方面所发挥的作用，资本主义被认为制造了不断增长的大众苦难，推动无产阶级力量的不断增长。在马克思主义的经典表述中，离开了劳工，资本便什么也不是，并且，资本主义发展本身就导致了劳动力拥有者力量的长期性和结构性的增强。比如，在《资本论》第一卷的结尾部分，马克思描述了资本主义的进步不仅导致了工人阶级的落魄和被剥削，而且导致工人阶级改善生活状况和反抗剥削的倾向。该观点在《共产党宣言》中得到了清晰的表述：工业进步本是资产阶级不经意的

---

① 更多关于奥地利帝国多民族的历史背景和现实状况，参见 Kann, R. A. *A History of the Habsburg Empire*, *1526 - 1918*. Berkeley, CA: University of California Press, 1974。

② 〔美〕贝弗里·西尔弗：《劳工的力量：1870 年以来的工人运动与全球化》，张璐译，社会科学文献出版社，2012，第 164 页。

杰作，他们也无法阻止现代浪潮的汹涌突进。这个过程的必然结果是随着大工业的迅猛发展，工人阶级变分散状态为革命联合。那么，资产阶级生产和占有的逻辑基础也就随着对立阶级的结盟而岌岌可危。

（一） 工人运动的兴起

1848 年开始，工人运动在欧洲的影响力渐渐凸显。随着资本主义经济的突进，与资产阶级具有共生关系的无产阶级也壮大起来。19 世纪 60～70 年代，欧洲反对封建和民族压迫的民族民主运动风起云涌，到了 70～80 年代，马克思主义在欧美各国得到进一步的传播，并逐渐与各国工人运动相结合。在马克思主义指引下，为了维护工人阶级的利益，社会主义工人运动高歌猛进。1869 年 8 月，在威廉·李卜克内西和奥古斯特·倍倍尔的领导下，德国社会民主工党在爱森纳赫代表大会上宣告成立，并通过了党的纲领。从 19 世纪 70 年代初期起，德国社会民主党是国际工人阶级中人数最多、组织最严密的一支政治队伍。普法战争结束和巴黎公社覆亡以后，"运动的重心已经移到德国"[①]。随着资本主义现代形态的到来，在马克思主义队伍内部，对资本主义发展中新现象的不同认识引起了广泛的讨论。分歧首先发生在德国社会民主党内部，很快发展成为国际范围内的争论，并波及奥地利。在奥地利马克思主义者中，鲍威尔和希法亭特别关注工人运动问题。在未完成的遗作《时代的问题》中，希法亭为了区分那个时代的诸多关于工人运动"代"的概念，改用"政治意识"和"政治趣味"来指称"代"。这是社会民主主义工人运动划界的重要参照。理论和时间上的一致性是他断代的主要依据。希法亭的工作在现在看来仍然是具有价值的。依照希法亭的理解，可以区分 19 世纪奥地利和德国三代工人运动，每一

[①] 《马克思恩格斯全集》第 37 卷，人民出版社，1971，第 381 页。

代都诞生在奥地利和德国历史的分水岭上。第一代受 1789 年法国大革命及随后的复辟的影响，其代表人物是斯蒂芬·伯恩、威廉·李卜克内西、迪南德·拉萨尔、卡尔·马克思和弗里德里希·恩格斯；第二代经历了 1848 年革命的冲击，主要有奥古斯特·倍倍尔、维克多·阿德勒、卡尔·考茨基、爱德华·伯恩施坦、格奥尔格·冯·福尔马尔和奥尔·伊格纳茨；第三代成熟于奥匈帝国（1867）和魏玛帝国（1871）时期，重要领袖是罗莎·卢森堡、卡尔·李卜克内西、弗里德里希·艾伯特。而在奥地利，显然奥地利马克思主义的思想家承担了工人运动领袖的职责，他们是伦纳、麦克斯·阿德勒、古斯塔夫·埃克斯坦、弗里德里希·阿德勒以及鲍威尔等。值得注意的是，19 世纪 90 年代的奥地利马克思主义者最初接受马克思主义主要是受到卡尔·格律恩堡[①]的影响，他甚至被称为奥地利马克思主义之父[②]。奥地利马克思主义最主要的理论家几乎都受教于格律恩堡。伦纳、希法亭、麦克斯·阿德勒、鲍威尔、弗里德里希·阿德勒等对于马克思主义作为社会科学的最初认识均源自格律恩堡。格律恩堡在实践上也是奥地利马克思主义团体的导师，他积极参与到工人教育运动中，这也成为奥地利社会民主运动一以贯之的实践阵线。

在德国社会主义思想和工人运动影响下，奥地利工人组织（工会、社会民主党等）开始大量涌现，在政治和知识生活上都开始发挥巨大作用。奥匈帝国的第一批工会成立于 19 世纪 60 和 70 年代之交，而且从一开始，只要稍事扩大规模，便遭到当局的激烈反对。甚至到 80 年代末期，奥地利工人运动仍处于危机之

---

① 卡尔·格律恩堡（1861～1940）早年在维也纳大学学习，后来成为讲师和教授，他在经济史和社会主义史方面都有很高造诣。1910 年，他创办了《社会主义和工人运动的历史档案》杂志。1924 年，他放弃了在维也纳的教职去了法兰克福，成为日后如日中天的法兰克福社会理论研究所的第一任所长。

② Bottomore, T. and Goode, T. (eds.). *Austro - Marxism*. Oxford: Clarendon Press, 1978: 10.

中。直到 1889 年奥地利社会民主劳工党的建立，工人运动才有了新的契机。1891 年，奥地利已有约 300 个工会，将近 60000 名会员。工会为争取成立统一组织的权利与当局开展了顽强的斗争。1890 年至 1891 年先后召开了各行业的全奥工人代表大会，这是建立各部门工会的一个极为重要的步骤。在筹建过程中，一些由相近行业的无产者组成的工会常常联合起来，这就是说，脱离了行会的组建原则。最后，第一次工会代表大会把各种不同的工会联合起来建立了一个全国性工会中心。此次代表大会表示要与社会民主党密切联系，在大会通过的决议里特别提到，工会组织为了取得胜利将开展各方面的斗争，将采用各种政治手段，并同意社会民主党在这方面的观点和原则。[①] 值得一提的是，工会在奥地利工人运动和社会主义运动中起到的作用在欧洲各国中显得尤为突出。奥地利的工会贯彻社会主义精神并与社会党密切合作。社会民主党的任务主要是组织和领导政治斗争，工会的任务则是组织和领导工人阶级的经济斗争，二者是相辅相成的。

（二）奥地利社会党的创立

我们发现，工人运动在奥地利依赖于无产阶级政党的领导，这也是德国工人运动的经验。19 世纪 70 年代中期，在奥匈帝国的匈牙利和奥地利都曾尝试建立无产阶级政党。匈牙利工人党于 1873 年 3 月成立，但很快就被当局取缔。在奥地利，1874 年 4 月成立了统一的奥地利社会民主党，它所通过的纲领以德国社会民主党"爱森纳赫纲领"作为基础。对丁奥匈帝国这样一个多民族国家来说，纲领包括民族自决权的要求具有特殊意义，但是改良主义分子和激进分子之间的斗争很快导致社会民

---

① 苏联科学院国际工人运动研究室编《国际工人运动——历史和理论问题（第二卷）：从巴黎公社到第一次俄国革命》，工人出版社，1984，第 226 页。

主党实际的分裂。① 70 年代后半期，几次代表大会都试图弥合这种分裂，但没有成功。虽然如此，奥地利各支社会主义力量仍然继续寻求团结的机会。一部分左派活动家在对无政府主义策略失望之余，认识到利用合法斗争方式的必要性。许多积极参加工人运动的人，愈来愈强烈地要求重建一个统一的政党。② 最终，1889 年海因菲尔德会议上，维克多·阿德勒建立了奥地利社会民主劳工党。

党的代表大会通过了称为"原则宣言"的纲领（由维克多·阿德勒起草，考茨基参与定稿），这个纲领论证了实现生产资料公有制的必要性，说明无产阶级必须组成独立的工人政党。该纲领确定：生产资料私有制会使工人遭受奴役，使人民日益贫困。现代的国家是仅仅维护资产阶级利益的阶级国家，但是生产力发展的结果，必然是消灭社会制度的这种形式，并建立社会主义制度来代替它。在社会主义制度下，生产资料将是整个社会的财产。从政治上帮助工人准备争取这样的社会制度，就是社会民主党的真正任务，社会民主党应当为此而运用一切有利的并适合于人民法律观念的手段。同时，宣言提出了一些主要的原则：社会民主党是国际主义的政党，它否认某种民族对其他民族的特权地位，正如它不承认与出身和财产状况有关的特权一样。同剥削现象进行斗争应当是各民族工人的事业，党将运用一切方法传播社会主义思想，并赞同取消对于自由发表意见的一切限制。党并不对议会抱有幻想，但将赞同赋予工人普遍、平等与直接的选举权，这种选举权是进行鼓动与组织的最重要手段之一。另外，纲

① 改良主义和激进主义在奥地利工人运动中的对抗主要表现是以海因里希·奥伯温德为首的"稳健派"与以约瑟夫·施尤为首的"激进派"的对立。"稳健派"主张通过合法途径争取逐步的改良，"激进派"则倾向采取革命的斗争方式来实现社会主义目标。参见〔英〕柯尔《社会主义思想史》第三卷（下册），何慕李译，商务印书馆，1985，第 7~8 页。

② 苏联科学院国际工人运动研究室编《国际工人运动——历史和理论问题（第二卷）：从巴黎公社到第一次俄国革命》，工人出版社，1984，第 240 页。

领还包括以下一些要求：保护劳动，限制工作日的时间，结社自由，实施免费教育，教会与国家分离，宣布宗教是各人的私事，用全民武装代替常备军。代表大会宣称，这个党纲的通过，意味着党内意见分歧的结束。海因菲尔德的党代表大会是一个转折点，奥地利社会民主党由于这次代表大会所通过的决议而成了一个具有统一的结构、统一而明确的纲领的巩固组织。① 举行了党代表大会以后，社会主义运动在组织上和政治上完善起来。②

成熟的工会组织和党组织的建立为工人运动的实际运行提供了组织和思想的保障。19 世纪 90 年代前半期，奥地利工人运动势头高涨，社会民主党开展了争取普选权的群众性斗争，于 1896年获得首次胜利。另外，工人们在社会民主党人的领导下，进行了一系列总罢工，特别是在捷克地区。恩格斯看到奥地利残酷的阶级压迫和民族压迫互相交织所造成的巨大潜在可能，认为年轻的奥地利社会民主党的活动具有重要意义："现在奥地利在欧洲的政治运动中占首要位置。"③

奥地利马克思主义的凝聚力保证了在相当长的一段时间内，理论研究和政治实践的系统性和连续性。奥地利社会党的成立和发展对奥地利马克思主义保持其团结统一产生了深远影响。

一方面，奥地利马克思主义团体的主要成员都属于奥地利社会民主党，他们是社会民主党中的第二代（维克多·阿德勒属于第一代）。党为奥地利马克思主义团体的成员提供了物质基础和思想自由的平台。并且，社会民主党是政治党派，它关心的主要

---

① 奥地利社会民主劳工党的"原则纲领"总的说来也是符合科学社会主义精神的。这个文件确定了已组成政党的无产阶级的历史使命是建成社会主义社会，并强调国际主义是党的最重要原则（这对多民族的哈布斯堡帝国的无产阶级特别重要）。文件还提出一系列于工人阶级有利的一般民主主义口号和要求，并宣布党将代表无产阶级的阶级利益。参见《国际共产主义运动史资料选编》第三卷，中国人民大学出版社，1985，第 62~64 页。

② 〔奥〕普里斯特尔：《奥地利简史》下册，陶梁、张傅译，三联书店，1972，第 838~839 页。

③ 《马克思恩格斯全集》第 39 卷，人民出版社，1974，第 163 页。

是理论上的无产阶级的命运问题和实践上的工人阶级的阶级斗争问题。所以奥地利马克思主义也是政治的，在理论上是无产阶级的先锋，实践上是反抗压迫的领导者。因此，即使第一次世界大战爆发，成员之间政治分歧加剧，但是特征鲜明的奥地利马克思主义团体并没有分裂，仍然在党的领导下处理社会主义事务，仍然在同一杂志上发表也许截然相反的政见。正如鲍威尔所言："我们党的精神遗产对于防止共产主义也起了重大的作用……把保持工人阶级各不同阶层的生气勃勃的统一的伟大艺术传给了我们。这样，这里始终保持了工人阶级的统一。而这种统一决定了我们党在国际中的精神特点。"①

另一方面，党的机关刊物给奥地利马克思主义者提供了相对统一的学术平台。考茨基和格律恩堡最初宣扬马克思主义是在《平等报》（1889 年改名为《工人报》），这是奥地利社会民主党的机关报，承担了发布党的最新主张、宣传工人运动策略的重要任务。1904 年，麦克斯·阿德勒（时任维也纳大学法学教授）和希法亭（时任马克思主义的《前进报》编辑）共同创建《马克思研究》丛刊，为马克思主义的奥地利主题提供了一个学术论坛。《马克思研究》是科学社会主义的理论和政治杂志，标志奥地利马克思主义在欧洲社会主义运动中的独立思考能力。这一丛刊从 1904 年到 1923 年共出版五辑，在创刊的最初几年，井喷式地推介了奥地利马克思主义理论家最重要的一些著作。1904 年第一辑刊登了伦纳的《私法制度及其社会功能》和麦克斯·阿德勒的《科学争论中的因果论和目的论》，1907 年第二辑选刊了鲍威尔的《民族问题和社会民主党》，1910 年第三辑刊发了希法亭的《金融资本》。随着 1905 年奥地利社会民主党促成选举改革的成功和 1907 年选票的激增，奥地利马克思主义必须创建一个月刊来讨论社会主义运动的前沿话题和科学意义。于是，由鲍威尔、

①　〔奥〕鲍威尔著，殷叙彝编《鲍威尔文选》，人民出版社，2008，第 329 页。

伦纳和阿道夫·布劳恩编辑的《斗争》杂志创刊。

由此可见，奥地利社会党这个强大的母体孕育了年轻的奥地利马克思主义，在精神和物质的双重支持下，奥地利马克思主义者迅速成长为欧洲重要的左翼力量。反过来，奥地利马克思主义正是在欧洲和本国社会主义运动风起云涌的年代逐渐在理论和实践上丰富和完善了自己，并通过理论输出和政治实践检验自身，进一步推进奥地利的社会主义事业，甚至延展至欧洲范围。

第二节　奥地利马克思主义的思想渊源

无可否认，奥地利马克思主义的理论在多方面存在欠缺，但是它从来都不缺少对科学的尊重和对欧洲人文主义传统的敬仰。奥地利马克思主义的愿景是改变社会，而他们的实际工作其实在根本上需要努力完成这种改变所需要的科学基础。他们对观念和认识论的发展史很着迷，这反映了奥地利马克思主义的主要价值形成是基于思想史的。

奥地利马克思主义团体的成员基本上属于独立的思考者，他们都有自己独立的哲学基础，他们对相同的理论资源的解释也是千差万别的。[①] 而今，我们要重新梳理包括马克思主义在内的奥地利马克思主义学派的理论触发点。

一　国际上的新哲学思潮

（一）新康德主义

到了 19 世纪中叶，德国的资本主义已经取得很大成就，但

---

① 比如，鲍威尔和伦纳都在民族认同问题上使用"个性"一词。鲍威尔强调的是人的个性依赖后天的养成，而伦纳却认为个性在唯物主义立场上是不言自明的固有概念。

德国四分五裂的君主制严重阻碍了资本主义的继续发展。这种政治和经济的激烈对抗在整个德意志境内引起了尖锐的社会矛盾，并且最终触发了 1848 年的德国资产阶级革命。社会矛盾反映在哲学领域，就是黑格尔的理性主义哲学在现实面前的无能为力。人们从对理性主义的信仰转向对理性主义的怀疑和抛弃。另外，随着科学技术的进步，在哲学领域中，科学主义和实证主义潮流涌动。于是，人们重新审视哲学和社会科学的地位和作用，不少人以为哲学和社会科学应当在理论的实效性和精确性方面做出改进，应当像自然科学那样系统和可靠。这样，以理念论为核心的德国哲学在经历古典哲学，尤其是黑格尔理性主义思辨哲学的高峰之后，就陷入一种分崩离析、逐步没落的境地。① 此刻，人们听到的不再是批判康德的声音，而是"回到康德那里去"的口号。

康德哲学散发着多元本性和调和特征，它是对以往哲学观点的折中表达。先是对莱布尼茨与牛顿的折中，后又对唯理论形而上学观和英国经验论折中，最后转向对牛顿和卢梭的折中。②《纯粹理性批判》开创性地把科学与道德、启蒙精神与宗教传统、唯物主义与唯心主义、经验论与唯理论糅合在一起，使各种相互对立的哲学派别结合在一个体系中。

新康德主义学派在"回到康德那里去"的指引下批判地继承和发展了康德哲学。新康德主义是具有超越传统形而上学倾向的哲学思潮，它在消除康德哲学形而上学因素的同时为人类政治提供一种后形而上学的说明，其学派特点是试图通过复兴和重新解释康德的有关思想来建立自己的知识体系。这种思潮不仅反对把康德的"自在之物"融化于绝对精神之中，更抵制对康德的"自

---

① 参见谢地坤主编《西方哲学史》学术版第七卷（上），江苏人民出版社，2005。

② 陈林：《浅析奥地利马克思主义与民主社会主义在理论上的逻辑联系》，《当代世界社会主义问题》1999 年第 2 期。

在之物"做出唯物主义解释，其根本立场是进一步发挥康德对传统形而上学的批判。从 19 世纪 70 年代开始，新康德主义进入其繁荣期，它形成了众多的支派。由于新康德主义并不是一个具有统一的哲学思想的流派，而是包含了许多不同的理论观点和特色；于是，他们站在各自不同的立场和角度去诠释和发挥康德哲学。

早期新康德主义的李普曼明确提出了回到康德的主张；朗格提出了用理念论立场来补充科学世界观的思想；而里尔的工作是诠释康德的先验逻辑，把作为实证科学的认识论前提的科学哲学观与承载人类世界观需求的价值哲学观进行比较。新康德主义真正达到高潮是以马堡学派和西南德意志学派为标志的古典新康德主义（即通称的新康德主义）。在他们的理论繁荣期内，19 世纪 70~80 年代是对康德的注释时期，90 年代起是创造体系时期。以威廉·文德尔班、海因里希·李凯尔特为代表的西南德意志学派（也被称为弗赖堡学派或巴登学派）不仅承认康德道德哲学普遍和永恒的意义，而且把康德的道德理想与人类真理观相结合，引申出所谓道德的绝对价值观，力图对人们的道德判断做出指导。更进一步，他们指出康德体系中纯粹的认识过程也包含了一种价值性的、规范性的因素，以推动理论行为接近伦理行为。因此，每一种正确的认识判断行为都预设了存在一种自主的伦理意志。① 由于该学派关注的重点是价值问题和社会历史问题，政治上主张向过去看齐，因此他们在政治上比较狭隘和保守。

新康德主义的另一重要分支马堡学派明确表示要在了解康德的基础上超越康德。以赫尔曼·柯亨为代表的马堡学派主要学术旨趣有以下两点：一是反对认识论中的心理主义。柯亨反复强

---

① 参见〔英〕克里斯·桑希尔《德国政治哲学：法的形而上学》，陈江进译，人民出版社，2009。

调,哲学的根本任务不是要像心理学那样去澄清意识现象、意识结构和意识事实的关联,不是要考察认识的心理基础,而是必须首先阐明数学和其他自然科学的可能性。接下来就有可能说明其他知识部门的一般逻辑前提和逻辑结构,比如道德、艺术、宗教等,共同的先验逻辑形式统一了各个知识门类。于是,哲学就是科学认识的逻辑,或者说纯粹认识的逻辑。最后,考察人类对自然世界和人类世界本身的认识,揭示这些认识的逻辑前提和一般的逻辑结构,确认它们的有效依据,并评价它们的价值。二是非常重视自然科学,尤其是数学与哲学的关系。在柯亨看来,以数学为核心的科学和以理性为本质特征的哲学都奠基在科学理性之上,科学的理性与理性的科学之间有一种内在的本质联系。①

我们看到,与其说柯亨是诠释康德哲学,还不如说他是通过批判康德哲学来表达自己的哲学思想。其中,他对康德批评最激烈的概念是"自在之物"。通过修订"自在之物",柯亨否弃了康德的先验感性论,把全部知识活动归结为纯粹思维的创造,这也是柯亨对奥地利马克思主义哲学建构影响最深的范畴。柯亨认为,人只能从经验中提取认识,认识无法超越经验的范围。所以,柯亨把"自在之物"理解为不可知物,由此排除了其客观实在的意义。这样看来,"自在之物"并不是引起感觉的原因,认识的起点不是感觉,而是思维,即:思维从其本身开始。对于这一点,柯亨在《纯粹认识的逻辑》中强调,逻辑先于感性,我们是从思维开始的,思维除了它自身以外,不可能有任何原因。这表明了从先验感性论到先验逻辑是一种直接的飞跃。由于思维能够把纯直观的因素包含在自身之中,这里不存在那种由直观的形式因素和思维的形式因素之间的同义性而产生的同质性媒介。一言以蔽之,只有纯粹思维才是真实的

① 谢地坤主编《西方哲学史》学术版第七卷(上),江苏人民出版社,2005,第 227~229 页。

存在，全部认识都是纯粹思维本身的活动。空间和时间并不是感性的先天形式，而是纯粹思维本身所创造的范畴，它们的作用是表现纯粹思维活动结果。马堡学派像实证主义者一样企图超越形而上学和本体论意义上的唯心主义，宣称他们的哲学是一种科学认识论和方法论。

奥地利马克思主义者麦克斯·阿德勒承袭了马堡学派（主要是柯亨）的基本观点，他认为思维不只是从自身这里开始的，还把规律加诸自然界，或者更确切地说，思维借助范畴、判断等逻辑概念创造自然、构造世界。麦克斯·阿德勒提出了社会化意识，企图通过这个概念将康德哲学同马克思主义调和起来，以他的先验社会化意识的理论重新解释唯物史观。就像柯亨一样，麦克斯·阿德勒的先验社会化意识把精神作为研究的出发点，是第一性的。他认为，人之所以是社会的人，之所以具有社会性，并不是人不能脱离社会，恰恰相反，人在社会中是因为早已在自我意识中发生了关系，直接社会化了。通过新康德主义中介的生产力也变成了精神的东西，生产力不是存在于人之外的客观物质因素，而是精神力量。可见，在麦克斯·阿德勒那里，唯物史观已经完全不是马克思论著中的本来样貌。

（二）马赫主义

"如果说，马克思和恩格斯是从黑格尔而来的，后来的马克思主义者是从唯物主义而来的，那么，年青的'奥地利马克思主义派'部分地来自康德，部分地来自马赫。"[1] 鲍威尔的话准确地说明了支撑整个奥地利马克思主义团体的思想背景，如前文所述，麦克斯·阿德勒沉浸在康德哲学中，与此同时，马赫哲学也在深深影响着奥地利马克思主义的思想流向。

---

[1] 〔奥〕鲍威尔著，殷叙彝编《鲍威尔文选》，人民出版社，2008，第327～328页。

马赫被认为是现代西方最早的科学哲学家之一，他以批判的态度对科学史（主要是物理学史）做了认真的探讨。他认为科学史不只是为了了解历史，更是为了促进对现在和未来的认识，从而推进科学事业的发展。他把自然科学和哲学研究结合起来，企图为自然科学的理论和方法寻找哲学的立足点，对当时旧的机械论和批判科学的非理性主义都大加批驳并毫不犹豫地否弃。马赫的理论期望超越包括唯物主义和唯心主义在内的传统形而上学的哲学框架，去建立一种将各门自然科学统一起来的认识论和方法论，为不同的科学门类找到共同的基础。

从思想渊源说，马赫主义是对近代经验主义传统的继承。马赫也承认在哲学上走的是从康德出发，返回贝克莱和休谟的路线。马赫主义把经验当作哲学的出发点，标榜一种超出了"心—物"对立的中性思维。确切地说，马赫主义试图建立一种超越传统哲学"唯物—唯心"对立的不偏不倚的折中哲学，他们主张取消现象范围以外的存在和本质问题，认为科学和人类认识所及的世界就是经验世界，物质和精神、主观和客观的区别只是经验内部的区别。他们同新康德主义的马堡学派一样，仅仅把哲学归结为科学的认识论。

从哲学观念上说，马赫的主要贡献是以科学的态度揭示了人类认识活动的心理模式，以实证的方法论证了感觉构成一切认识活动的基础，以实验的手段表明了科学研究的经济和精确。这些就是马赫提出的"要素一元论"思想、感觉经验论主张和科学的思维经济原则，它们共同构成了所谓的"马赫哲学"的主要内容。①

马赫主义在当时投合了许多关心科学和进步的西方知识分子的心态。从德国到奥地利，马赫为科学提供的认识论角度是有一

---

① 江怡主编《西方哲学史》学术版第八卷（上），江苏人民出版社，2005，第69页。

定进步意义的。奥地利马克思主义者就试图利用马赫哲学作为重建马克思主义唯物论的理论基础。在马克思主义内部，马赫主义的流行在现实性上有其客观依据，所以绝不是马赫的一厢情愿或社会民主党人的一时冲动。[1] 巴黎公社的失败挫伤了马克思主义实践的信心，资本主义发展过程中的新情况也不断动摇社会主义运动，工人阶级政党在这一新时期艰难对抗资本主义的勃兴。一系列新问题反映了工人阶级的现实斗争急需社会主义理论的支持，这也就促生了社会主义运动中的理论危机感。这种思维模式在一部分社会主义理论家那里发展为反教条主义的包容论。他们把马克思主义与晚近的自然科学、社会科学理论相结合，企图为新时期的工人运动作论证，新康德主义和马赫主义在当时的流行便是典型例证。第一次世界大战前，马赫哲学就和奥地利马克思主义结下了友谊[2]，说明了奥地利社会主义者识别的马克思主义与经验主义的兼容性。

一方面，奥地利马克思主义和马赫主义的思想关联。奥地利马克思主义理论家弗里德里希·阿德勒本身就是马赫的博士生，他早年发表的一系列关于马赫思想的论文引起学界轰动。[3] 1907年12月，弗里德里希·阿德勒为祝贺马赫的 70 岁生日所撰写的纪念论文发表，该文概要式地介绍了马赫的重大发现。他的文章肯定了马赫在经验科学上所取得的成就，特别强调了感觉的自然本性是关系性的（主体—客体），并且驳斥了物质的元素从不发生改变的旧理论模式。弗里德里希·阿德勒声称马赫提出了革命

---

① 董光璧·《马赫的科学哲学与马克思主义》，《自然辩证法研究》1988 年第 6 期。

② 马赫一直维持着与维克多·阿德勒的亲密关系，他甚至在 1916 年逝世时给奥地利社会民主党留下了一部分自己的私有地产。马赫的同事们也纷纷表示了对奥地利马克思主义的亲近感，这体现了知识分子在战前共同的对于社会发展进步的诉求。

③ 另外，大卫·约瑟夫·巴勒也较早发表过专门讨论马赫的论文，他是"红色维也纳"时期著名的文化和政治学者，早年曾师从马赫，并撰写了多篇关于马赫思想的文章。

性的创见，因为他颠覆了以往科学"恒定不变的模型"等观念。相反，他强调科学探究的重点是元素的易变性，这是科研的先决条件，也可相应彻底改变社会的观念。马赫主义另一个主要观点就是在阿芬那留斯"费力最小原则"基础上提出的"思维经济原则"，他以主观性的生存原则取代了客观物质世界必然性、因果性原则。鲍威尔对于资本主义世界观的认识以及关于民族的形成与发展中的民族生存斗争理论就是受到了马赫的这一理论的影响。随着时间推进，奥地利马克思主义者对马赫的工作赞赏有加，诸多支持他的文章出现在奥地利马克思主义机关理论刊物《斗争》上。

奥地利马克思主义者研究和传播马赫哲学，使之成为社会改良思潮的重要思想来源。他们认为马克思主义哲学是社会主义历史观同机械唯物主义的混合物，是一种历史宿命论。随着以否定机械唯物主义为主要内容的物理学危机的到来，奥地利马克思主义者坚持：有必要用马赫的实证主义来完善马克思主义。改良主义者否认社会主义必然要代替资本主义是客观规律的要求，而认为社会主义只是通过充满政治责任感的社会民主党人长期艰苦的努力才能实现的伦理价值，所以，社会主义只能是一种现实的、渐进的改良运动，并不是社会发展的必然要求。马赫哲学就这样被引入社会主义运动而成为现代社会民主党人的行动指南。

另一方面，奥地利马克思主义和马赫主义产生了密切的政治实践关联。在科学研究之外，马赫对社会主义运动表现出极高热情。1896 年，马赫开始担任奥地利内廷参事，之后他的政治活动与日俱增。他的政治立场是左派的，从一开始就反对教权主义的基督教社会党，而站在社会民主党一边，表现出对工人运动的同情和对马克思主义的好感。同年，他主持了支持社会民主主义的工人集会，在维也纳街头抗议以基督教社会党人卡尔·吕格尔为首的市政府。1899 年，他投入一笔资金给社会民主党机关报——《工人报》。1901 年，他贵为奥地利上议院议员，得知矿工的 9 小时工作法案在议会投票，他不顾身体的瘫痪，乘救护车去投票支持该法案生效。1902 年，基督教社会党企图在萨尔茨堡建立反动的自由天主教大学，马赫坚决反对，并挫败了反动势力的图谋。1906 年，马赫开始对约瑟夫·狄慈根的著作感兴趣，并且把这位工人唯物主义理论家的著作推荐给自己身边的哲学爱好者们阅读。1907 年，他在议会投票支持扩大民主的选举法改革案，还在《新自由报》上撰文反对罗马教皇和基督教社会党，支持社会主义的工人和学生。① 奥地利社会民主党领袖维克多·阿德勒对马赫的这些言行极为敬佩，马赫在奥地利社会民主党中享有极高的威望。

由此我们看到，在欧洲思想史上，马赫主义不仅把老实证主义挤到了后台，也夺得了新康德主义一度占有的主导地位。另外，马赫主义哲学家中多数人政治上比较开明，有的还表现出支持工人运动和社会主义的倾向。这与强调所谓"独立地研究实际问题"的奥地利马克思主义者非常相似。于是，马赫主义被当作哲学方法论运用于奥地利马克思主义者的理论研究和实际运动之中。

二 奥地利国内的思想背景

奥地利在 19 世纪末 20 世纪初成为欧洲思想的中心之一，奥地利思想界在哲学社会科学方面贡献了世界最出色的一批理论成果，其中具有巨大影响力的是哲学上的维也纳学派和经济学上的奥地利学派。奥地利马克思主义身处奥地利和维也纳的中心，或对这些新理论感同身受，或把它们当作自己理论建构的标靶。

（一）维也纳学派

克拉夫特认为，维也纳学派（与柏林经验哲学学会一起）构

---

① 董光璧：《马赫的科学哲学与马克思主义》，《自然辩证法研究》1988 年第6 期。

成了一个国际性的哲学运动的出发点①，他们促进了实证主义与经验主义的再生与革新。维也纳学派的逻辑实证主义其实是对国际上流行的新康德主义哲学思潮和马赫主义哲学思潮的反思和拼接。它的逻辑原子主义学说在形式上接近新康德主义的逻辑主义，而在内容上又与马赫主义强调的经验主义契合，于是维也纳学派被看作一种哲学上对形而上学的超越尝试。但其在本质上只是摒弃了旧哲学的极端倾向而取其中，没有真正完成对两极的超越，仅仅是外观上的折中主义。

维也纳学派明确表达了自己思想的经验主义来源，强调了休谟、孔德、约·斯·穆勒和马赫的思想对他们的深刻影响。特别需要肯定的是，马赫的经验主义使他们找到了知识论和世界观的基础。马赫的思想在现代哲学的转折关头成为触发实证主义的决定性因素。马赫对逻辑实证主义的影响主要表现在取消"形而上学"和建立"统一的科学"这两个方面。他提出的"要素一元论"（也称作"世界要素论"）就是实现上述目标的工具。马赫认为，世界既不是物质的，也不是精神的，唯物主义和唯心主义都是形而上学。在他看来，我们所观察和经验的世界实际上是由"要素"构成的。② 于是，他的理论采取了"要素一元论"的形态。马赫否定科学研究的对象是人以外的物质世界，认为无论是心理学或物理学，都只与人的意识相关。物理学所研究的物体不是存在于人的意识之外的客观对象，而只是人的感觉之间的联系。感觉（或者表象）不是物或物体的印象，相反，物倒是感觉之间联系的符号，是感觉的复合。维也纳学派最初就是受到马赫"要素一元论"的影响，决定尝试建立一种哲学而进行的启蒙运动。他们的立场就其主要方面来看，是 19 世纪马赫及其弟子们的实证主义与 20 世纪初弗雷格与罗素逻辑哲学的混合物。现在

---

① 〔奥〕克拉夫特：《维也纳学派》，李步楼、陈维杭译，商务印书馆，1998，导言2。

② 〔奥〕马赫：《感觉的分析》，洪谦等译，商务印书馆，1975，第24页。

看来，20 世纪 20 年代的逻辑实证主义（逻辑经验主义）被当作马赫实证主义的"现代化和普遍化"，其作为一种哲学运动是由维也纳学派开始的①。这是一个哲学家和数学家的集团。维也纳学派主要成员和领袖人物有石里克、卡尔纳普、纽拉特、费格尔、汉恩、伯格曼、弗兰克、魏斯曼、哥德尔等。

维也纳学派与马赫的联系是多方面的：第一，石里克担任归纳科学哲学讲座教授，1895 年这个职位的最初担当者是马赫；第二，1928 年"恩斯特·马赫普通自然科学教育协会"（后简称为"马赫学会"）成立，编辑专门的文集——《恩斯特·马赫学会出版物》；第三，马赫学会与柏林经验哲学学会共同编辑了《认识》杂志，其后来成为传播维也纳学派逻辑实证主义思想的重要阵地。②

"实证主义"思潮在西方哲学史上占据相当重要的地位，指涉的是人类认识世界时的哲学态度，宣称为人们的知识提供了一套规则，同时也是认识活动的评价标准。维也纳学派是实证主义思潮的现代版本，主要目标是提出一种清晰而精确的经验主义理论来说明认识问题（日常认识和科学认识）。维也纳学派将哲学的目的设定为对知识进行逻辑分析，科学语言更是其考察的重点。由此，维也纳学派确立了逻辑经验主义哲学上的重要特征：一是通过对语言的逻辑分析拒斥形而上学；二是经验证实原则；三是哲学的任务是逻辑分析；四是物理主义与科学主义的统一。

我们发现，逻辑实证主义思想的实证主义气息非常强烈地表

---

① "第一个维也纳小组"是哈勒和斯塔德勒组建的。"早期小组"形成于 1907 年左右，核心成员主要有汉斯·哈恩、菲利普·弗兰克、奥托·纽拉特、理查德·冯·米泽斯等人，他们定期讨论哲学和科学问题，也讨论政治、历史、宗教等问题。1929 年，这个小组发表了自己的纲领——《科学的世界观：维也纳小组》，这个纲领标志着维也纳学派的正式形成。

② 江怡主编《西方哲学史》学术版第八卷（上），江苏人民出版社，2005，第 177～178 页。

现在对形而上学的敌视上。他们认为形而上学企图从事的是这样一些所谓哲学的事业：要整个描绘现实，要寻求宇宙的目的，要探求日常世界以外的一些超感觉的精神秩序。他们断言形而上学的这些目的毫无道理，不但是不适当的玄想，甚至是错误的。他们之所以得到这样的结论，是由于运用了所谓可证实性原则的意义标准。①

可以说，作为"新实证主义"的代言人，维也纳学派内部虽然在许多重要的观点上仍然存在分歧，但整个学派的基本精神却是一致的，这就是要以科学的实证态度对待一切哲学理论，用语言分析的形式解决传统形而上学问题，以经验证实的标准检验一切真理。

19 世纪中后期，自然科学和社会科学研究领域普遍采用了实证经验研究方法。在这一社会文化背景下，马克思主义和社会主义运动内部出现了将马克思主义"科学化"或实证主义化的意图。尤其在第二国际内部，包括奥地利马克思主义在内的大部分思想家都对实证主义以及之后的逻辑实证主义充满好感。

从社会背景上看，奥地利马克思主义的重要理论家都毕业于维也纳大学，其中就包括我们将重点探讨的鲍威尔、麦克斯·阿德勒、希法亭、伦纳、弗里德里希·阿德勒等。维也纳是马赫主义的发源地和根据地，1895 年起维也纳大学就有一个归纳哲学的哲学教授席位，马赫主持到 1901 年，之后波尔兹曼和阿道夫·施特尔以及逻辑实证主义的石里克接替了马赫的工作。这表明维也纳一直有着经验主义的传统，这极大影响了奥地利马克思主义者的思维方式，营造了该学派实证主义气息浓厚的学术氛围。特别是弗里德里希·阿德勒，他干脆就把马赫主义当作自己的直接理论基础。

维也纳学派的逻辑实证主义和奥地利马克思主义之间的连接

① 参见〔英〕艾耶尔等《哲学中的革命》，李步楼译，商务印书馆，1986。

是丰富和强大的。汉恩、纽拉特等逻辑实证主义的主要领袖都多次在奥地利马克思主义机关刊物《斗争》杂志上发文，与奥地利马克思主义的一流理论家展开辩论。另外，奥地利马克思主义的许多社会运动也与逻辑实证主义关联在一起，比如约瑟夫·弗兰克是维也纳公屋运动的主要建筑师，而他的兄弟菲利普·弗兰克则是石里克小组的成员。此外，社会民主党为逻辑实证主义提供教学场所（人民大学），提供工作（纽拉特建立了由政府资助的社会和经济博物馆），还为他们的科学成果提供出版平台。由此，科学家和哲学家都对奥地利马克思主义团体更加信任。值得一提的是，弗兰克和鲍威尔分别在 20 世纪 20 年代末和 30 年代初以马赫这个维也纳学派的思想源头作为自己科学论坛的讨论域。

（二）边际学派经济学

马克思认为，所谓资产阶级古典经济学到庸俗经济学的转变，是从无产阶级立场和对资本主义生产方式的本质与发展趋势科学认识的角度加以判定的。而从现代西方经济学的视角来看，这正是从古典理性经济学向现代实证经济学的转变，是经济学最终摆脱"形而上学"并完全"实证科学"化的过程。其整个过程大体上可分为三个阶段：第一阶段是 19 世纪初至 30 年代，英法经济学实证化的开始和庸俗经济学的产生，主要代表是英国的马尔萨斯和法国的萨伊，也包括后来法国的巴师夏和美国的凯里。第二阶段是 19 世纪 50 至 70 年代德奥经济学的实证化和英法经济学的"数理"化，主要表现为 50 年代开始，德国经济学"历史学派"的形成、发展，特别是 70 年代由杰文斯、门格尔和瓦尔拉斯开始的资产阶级经济学的"边际主义革命"，为实证经济学在经验主义基础上同数理逻辑演绎的结合创造了条件。第三阶段即 19 世纪 90 年代以马歇尔为首的剑桥学派，在折中主义的基础上实现了实证主义和逻辑主义、"生产费用"和"边际效用"的"综合"，形成了所谓"新古典综合派"，最终奠定了现代西方经济学的基础。该派最大的特点就是折中主义，它试图将各种庸俗经济学说综合到一起。

从经济史角度来看，奥地利学派是 19 世纪 70 年代"边际主义革命"的主要代表，他们的折中思维方式与在奥地利流行和发展的逻辑实证主义不谋而合。他们深受马赫和实证主义的影响，追求经济学研究的科学化和精确化，这相当于逻辑实证主义在经济学领域中的应用。

边际效用学派的兴起是西方经济学史的一个重要变化，甚至被称为"边际革命"。边际效用学派的三本奠基之作都出现于 17 世纪 70 年代初：威廉·斯坦利·杰文斯的《政治经济学理论》和卡尔·门格尔的《国民经济学原理》出版于 1871 年；里昂·瓦尔拉斯的《纯粹政治经济学纲要》第一部分出版于 1874 年，第二部分出版于 1877 年。边际效用论的 3 位创始人认为，各种生产要素只有在它们生产出满足消费者需求的物品时才有效用。他们强调了以下事实：当物品数量增加时，边际效用减少（边际效用递减），这也是他们的边际效用方程式的最显著的特征。效用方程式全都同这样的效用相关。边际效用是某个人从他所消费的物品中所获得的，这些方程式引导个人按照自己的兴趣去买或卖一定量的物品。值得注意的是，边际效用理论的奠基者无一例外都公开地拒绝劳动价值论，这成为他们的共同纽带之一。门格尔对劳动价值论进行了严厉的斥责，他认为在经济学的发展过程中，劳动价值论带来了最严重后果。[①]

以奥地利经济学家门格尔的《国民经济学原理》为肇始，包括维塞尔、庞巴维克在内的奥地利经济学派（或心理学派）[②] 于

---

① 参见〔美〕豪伊《边际效用学派的兴起》，晏智杰译，中国社会科学出版社，1999。

② 该学派的奠基性著作是门格尔的《国民经济学原理》（1871），维塞尔的《自然价值》（1889），庞巴维克的《马克思体系的终结》（1896）以及《资本与利息》中的第一卷《资本利息理论的历史和批判》（1884）、第二卷《资本实证论》（1889）。

19 世纪 70 年代出现。奥地利经济学派是近代资产阶级经济学边际效用学派中最有特色且影响巨大的一个理论团体，它之后发展成为 20 世纪经济学研究的重要转捩点。奥地利学派的主要代表都执教于维也纳大学，都用边际效用的个人消费心理来建立其理论体系。

奥地利经济学派的主要观点有：第一，方法论上主张个人主义，主张对经济现象的解释应该回溯到个人的行为中去。比如，他们肯定抽象演绎方法在经济学中的意义，所以极力反对德国历史学派否定一般经济规律和理论经济学的态度。他们也对英国古典学派及其众多的拥趸感到不满，尤其反对价值论（李嘉图的劳动价值论）和分配论的盛行。奥地利经济学派的主要目标是在经济分析时把现实生活编织在关系中的"经济人"简单地还原为仅仅追求消费欲望的抽象个人。在奥地利经济学派那里，需求超越了供给成为经济过程的核心。

第二，认识论上，奥地利经济学派断定，人们的行为过程是受到个人主观因素影响的，比如知识、信息、感觉和期望等，只有通过对这些因素的分析，才能解释人们的行为。随着人本主义的兴盛，他们在哲学目标上倾向于研究人及其心理。奥地利学派的政治经济学研究不再把人与人之间的生产关系当作直接对象，他们转而研究人与物的消费关系，考察人对物的主观评价。这种纯粹的消费者和消费品之间的关系把政治经济学变成主观主义的个人消费心理学。①

第三，经济分析中，奥地利学派发展了边际主义，肯定了数量预期变化对决策者的重要性。在经济运行中，他们强调效用

---

① 埃德温·多兰认为，奥地利学派经济学作者坚守的方法论原则是经济理论的基本组成部分必须是个人行动。而穆雷·罗斯巴德在他的《人类行为学：奥地利学派的经济学方法论》中特意补充说明这一观点，奥地利学派经济学理论是基于对这样一个事实的逻辑推导，即人的确从事有目的的行动。参见〔美〕埃德温·多兰主编《现代奥地利学派经济学的基础》，王文玉译，浙江大学出版社，2008。

（尤其是边际效用）递减对需求（继而对市场价格）有决定性作用。庞巴维克是门格尔的学生，亦属于第一代奥地利经济学的代表人物，他以马克思的政治经济学为标靶。整个奥地利学派经济学对经典马克思劳动价值理论展开的论战，也就是挑战马克思所坚持的生产领域的决定性作用。①

第四，与实证主义思潮相契合，奥地利经济学派提供了一种可以把经济现象加以逻辑建模的思想，主张假设和逻辑演绎主义，力图将自然科学的数理方法引入经济学研究。

奥地利经济学派的边际效用价值论和分配论是同马克思的劳动价值论和剩余价值论针锋相对的。奥地利学派的主要理论趋向是解释价格形成和价值形成，消费个体是经济研究的中心。他们的理论核心是边际效用，它决定了个体在市场中的选择，因此，边际效用价值论是奥地利学派经济学说体系的理论基础。庞巴维克利用戈森定律，把主观效用和边际概念相结合，用以说明价值的决定过程。门格尔提出，生产资料的价值是由它们生产出来的产品价值决定的，庞巴维克随后提出了所谓"补全物品价值论"，进一步用它来解释分配。由此，边际效用原则被延展到了整个生产和分配领域。庞巴维克以边际效用论为基础，在竞争环境中说明市场价格的形成。庞巴维克的价格理论把纯主观的价值理论与纯客观的交换价值相联系，从而发展了主观价值论。庞巴维克认为，商品的价值由需求的重要性决定。边际学派转向了需求，因而站在了经典政治经济学劳动价值论的反面，与马克思主义的经济学对立。奥地利经济学派的主要论点抹杀了劳动在价值创造中的决定性作用。马克思的工作是将价值固定在劳动之上（比如商品的生产），马克思认为资本主义利润的来源不是商品销售过程，而是劳动力带来的剩余价值。资本家通过支付工资的形式在市场

---

① Streissler, E. The intellectual and political impact of the Austrian school of economics. *History of European Ideas*, 1988（2）.

上购买这种劳动力。在日常生产活动中，工人被迫在额外的劳动时间继续干活，但得不到更多的工资，而资本家占有劳动者全部的劳动产品，可以任意在市场售卖，这就是马克思认为的剩余价值生产过程。剥削是资本主义生产的最重要特征，没有它就没有利润。消灭剥削的唯一途径就是劳动者捣毁资本主义生产过程本身。

在维也纳大学，希法亭和其他的奥地利马克思主义者都旁听了奥地利边际效用学派最杰出的经济学家的课程。[①] 其中最著名的大概就是庞巴维克，他称自己为"马克思最凶狠和聪明的批评者"。确实，他对马克思的批评成为当代经济学最重要的对话。庞巴维克在维也纳大学的第一次研讨会上已经成为传奇。一方面，随着热烈的讨论，更多的人对奥地利边际效用经济学痴迷，但在希法亭、鲍威尔和伦纳等奥地利马克思主义者看来，这正是他们批判工作的起点。另一方面，这些年轻的"奥地利马克思主义派"必须在奥地利的高等学校里同政治经济学中所谓奥地利学派展开争论以占领理论空间的话语权，这一争论也对他们的思想方法和思想结构产生了影响。[②]

三　第二国际内部的思想资源

在马克思逝世后，资本主义在世界范围内发生了许多重要转变，已经和当初创立这一经典模式时的历史情境有了很大不同，有一些却是马克思在著作中未曾预见到的。这就给第二国际的理论家们提出了新的挑战：如何创造性地运动马克思主义来面对资

[①] 这些课程的主讲人有：学界公认的学派创始者卡尔·门格尔，将边际效用学说体系化的弗里德里克·冯·维塞尔，在维也纳大学讲授最受欢迎的经济学课程并编写了经典经济学教材的尤金·冯·菲利波维奇以及声名赫赫的尤金·冯·庞巴维克。参见 Johnston, W. M. *The Austrian Mind: An Intellectual and Social History*, 1848 - 1938. Berkeley, CA: University of California Press, 1972.

[②] 〔奥〕鲍威尔著，殷叙彝编《鲍威尔文选》，人民出版社，2008，第328页。

本主义的新情境？奥地利马克思主义的理论生长期正是第二国际思想家展开激烈对抗的时期，修正派和正统派的论战给奥地利马克思主义者以双重理论挤压，使他们在各派的基础上试图革新社会主义理论。

（一）全球资本主义的深刻变化

资本主义经济持续繁荣的背后是持续性的萧条，这是资本主义经济发展中的必然现象和逻辑结果。另外，随着股份制公司的产生，"资本的人民化"现象是最新的潮流。伴随着经济的发展和股份公司的出现，垄断组织（托拉斯、卡特尔等）发展迅猛，国家资本主义形态隐现。阶级结构也由单一的、线性的阶级结构向多元的阶级结构转变。在自由竞争资本主义阶段，社会结构更多地固定为资产阶级和无产阶级的对立状态，而到了垄断资本主义阶段，这种阶级结构变得不那么明晰了，社会阶层明显呈现出复杂化趋势。而意识形态上的新状况是民主和法制的手段越来越多地运用于调节社会生活，资本主义有意识地弱化阶级矛盾，妄图实现对无产阶级民意的控制和统治。在绝大多数资本主义国家中，工人阶级的政治地位得到一定保障，比如被授予一部分民主权利，开始获得参加选举的权利，无产阶级政党也从非法状态逐步取得合法地位等。工人阶级通过工会与资本家进行合法斗争，以期提高待遇水平和劳动保障，无产阶级政党则通过议会斗争的方式为自己争取政治利益等。

资本主义新情况造成了上述诸多的经济、政治、意识形态领域的变化，这些和经典的马克思批判理论形成了一定的反差。马克思在创立自己哲学的过程中，就坚定地宣称他的哲学是为无产阶级革命服务的，其最主要的目的就是批判资本主义制度，为共产主义的胜利提供科学依据，这也构成了马克思哲学最为革命性的一面。但是，马克思对资本主义的价值批判并不是建立在空洞的道德谴责基础之上的，相反，是植根于历史唯物主义和剩余价值论的科学论断。由此，马克思将社会主义置于科学的根基之上，实现了社会主义由空想到科学的转变。[①] 马克思主义在本质上是科学与价值的统一，但是到了第二国际阶段，马克思主义科学的体系被拆解了。在实证主义的巨大影响下，第二国际的理论家普遍接受了实证的原则，他们把马克思主义看作一种科学的客观学说，它的任务就是描述因果关系，因而不允许有任何价值判断，否则就会玷污马克思主义的科学性。此时，第二国际的马克思主义者已经无法正确理解马克思主义和社会主义的真正意涵。社会主义是目的，是一种政治意志和价值悬设的目标；而马克思主义作为一种科学，是一种客观公正的知识，两者被截然割裂开来。这就是第二国际内部思想分裂的现实基础，修正派和正统派在何谓真正的马克思主义问题上展开了激烈交锋。

(二) 第二国际内部的变形和分化

面对资本主义的新发展、新现象，及这些新情况所带来的与马克思主义经典批判理论之间的反差，马克思主义运动内部出现了两种重要的趋势：第一种倾向认为，面对当前资本主义的态势，必须坚持并发展马克思主义，实现马克思主义在新历史条件下的创新；另一种则认为，随着资本主义的最新发展，马克思主义的经典批判理论无法科学地解释资本主义的现实，宣称马克思主义已经失去效用，因此，必须用其他理论来"补充"或替代马克思主义。

如前文所述，19世纪末20世纪初，资本主义发展进入了一个新阶段，世界历史呈现出一些新的特点。就在此时，修正主义者错误地解读了资本主义发展的这些新情况、新现象，认为它们证伪了马克思主义关于资本主义发展和社会革命的理论，因而对

---

① 参见姚顺良等《资本主义理解史》第二卷，江苏人民出版社，2009。

马克思主义哲学和经济批判理论进行了修正和否弃。

修正主义者的攻击目标包括马克思主义的哲学、政治经济学以及科学社会主义等，他们意图全面、系统地拆解马克思主义基本构架。他们歪曲马克思主义的唯物主义，宣扬新康德主义的不可知论，并且坚决否定社会主义运动的最终目的。他们肆意攻击马克思主义的劳动价值学说和剩余价值理论，企图用边际效用学派的资产阶级经济学来推翻马克思主义的模型，并依靠形而上学和实证主义的观察来否定马克思主义关于资本积累、生产集中、工人阶级贫困化、资本主义经济危机等理论。修正主义者断言，资本主义经济可以在内部克服危机，社会结构并没有分化，工人阶级的状况大大改善了。并且由于错误理解了资本主义经济发展和政治上的一些新转变，修正派妄想着资本主义可以"和平地长入社会主义"，因而在实践策略上把合法斗争篡改为合法主义的改良主义，推行一系列改良主义的妥协政策。

在第二国际内部，修正主义的最大代表是伯恩施坦，他的思想蜕变时期也正是新康德主义流行的时期。伯恩施坦对新康德主义表现出极大的兴趣，并极力主张用这种主观唯心主义哲学来取代马克思主义哲学。伯恩施坦的出发点和麦克斯·阿德勒有很大的相似性，他们对马克思主义的所谓开放性态度实则是一种理论上的修正主义，为政治改良主义埋下了伏笔。

伯恩施坦试图用一种折中主义的庸俗唯物论取代马克思主义的唯物史观。伯恩施坦强调，要像恩格斯一样研究除生产方式和交换方式以外的其他因素及其相互联系。据此，伯恩施坦公开提出，要用一种"折中精神"来重新规范唯物史观。他认为："折中主义——从对于现象的种种不同的解释和处理方式中进行选择——往往只是对于企图从一物引出万物并且以独一无二的方法处理万物的教条主义渴望的自然的反作用。每当这种渴望发展过度，折中精神总是要一再以强大的自发力量为自己开辟道路。"[1] 于是，在伯恩施坦看来，用这种"折中精神"重新规范的"今天所见到的唯物主义历史观的形态"，就成了"真正的科学"。可见，伯恩施坦对马克思唯物史观所做的"修正"绝不是细枝末节的批评，而是一种从本质上的彻底否定。伯恩施坦把折中主义方法看作推进马克思主义历史理论向前发展的最佳道路，这是对马克思主义的偏离，或者说是有意识地想与资产阶级达成和解。伯恩施坦的折中主义"在社会民主党的实践上意味着经济发展的必然性和空想主义的自由之间的折中，意味着阶级斗争和通过公共精神做到的阶级和解之间的折中"[2]。

另外，伯恩施坦假借否定黑格尔的辩证法来攻击马克思的辩证法。他认为黑格尔的辩证法实质上是概念的自我发展，是一种神秘的头足倒置的唯心辩证法。而马克思恩格斯的辩证法则是对黑格尔辩证法的颠倒，从而使其重新站立起来。但是伯恩施坦指出，完成这种颠倒必须凭借经验实证主义，而在马克思恩格斯的著作里，却无法根据经验事实来判定他们颠倒的实际效果。于是，伯恩施坦断言，马克思恩格斯对黑格尔辩证法的颠倒也只不过是一种非科学的论证，也像黑格尔一样完全陷入了概念推演的圈套之中。由此出发，伯恩施坦向马克思的阶级斗争理论发起了攻击，他臆造出所谓"矛盾融合论"，企图用形式逻辑和阶级调和的论调公然代替马克思的革命辩证法，这显然是要为其右倾机会主义路线制造哲学依据。

我们认为，伯恩施坦在没有弄清黑格尔辩证法要义的情况下全面否定了黑格尔的进步因素。他把马克思的辩证法和黑格尔的辩证法完全等同起来，从而把黑格尔辩证法的缺陷强加到马克思科学的辩证法上。他完全没有理解马克思辩证法对黑格尔辩证法

---

① 〔德〕伯恩施坦：《社会主义的前提和社会民主党的任务》，殷叙彝译，三联书店，1965，第55页。

② 〔德〕伯恩施坦：《社会主义的历史和理论》，马元德等译，东方出版社，1989，第290~291页。

所进行的革命性变革，这其实暴露了他对马克思思想的无知。最后，伯恩施坦企图用形式逻辑来代替辩证法，取消辩证法的合法地位，从政治上看是一种彻头彻尾的资产阶级的阶级调和的论调。

哲学观上的折中主义和修正态度转换到政治斗争中便露出了改良主义的苗头。第二国际时期的马克思主义者在两条战线上进行了斗争，既反对无政府主义和无政府工团主义，又反对右倾机会主义。由于这时资本主义处于相对和平发展阶段，工人运动和社会主义政党中的改良主义、右倾机会主义思潮日益滋长，并且在伯恩施坦修正主义中得到了完整的理论表述。修正主义和改良主义在第二国际各社会党的理论和政策上都有反映。

在《社会民主党内的修正主义》中，伯恩施坦对"修正主义"的内涵做了解释。概括地说，他认为修正主义是"对于理论问题才有意义的词，翻译成政治用语就成为改良主义，即系统的改良工作的政策"①。起初伯恩施坦反感自己的理论被扣上"修正主义"的帽子，后来又乐于承认自己是"修正主义分子"，但避而不谈修正主义的实质，直到修正主义在十年的理论发展过程中聚集了大批信徒，他终于敢于表述修正主义的实质就是"改良主义"。如果说伯恩施坦在对马克思主义理论和无产阶级革命策略的最初"修正"中，还是以对马克思主义理论的"补充"为旗帜的，那么现在，伯恩施坦不再忌讳人们指责他为"修正马克思主义"。甚至，伯恩施坦干脆按其"改良"的意图，任意地肢解马克思主义。

19世纪末，改良主义正式形成，他们的政治观点开始在实践中发挥效应。这一阶段，改良主义（特别是伯恩施坦主义）首次系统化、理论化地指导发达国家的工人运动，并逐渐成为社会主

---

① 〔德〕伯恩施坦：《社会民主党内的修正主义》，史集译，三联书店，1963，第33页。

义思潮中占重要地位的理论形态。1879 年，"苏黎世三人团"（赫希伯格、施拉姆和伯恩施坦）的活动让改良主义思潮明朗化。他们在《社会科学和社会政治年鉴》上联合发表《德国社会主义运动的回顾》。该文要求放弃阶级斗争、暴力革命，取消非法党组织，转而走所谓合法改良的议会道路。在伯恩施坦的鼓吹下，第二国际早期在批判无政府主义、否定议会活动时忽视了国际内部日益滋长的改良主义倾向，甚至有时还把改良主义当作马克思主义本身予以肯定。越来越多的工人运动领袖向伯恩施坦靠拢。比利时的王德威尔、法国的饶勒斯在国际代表大会上都大肆宣扬议会斗争，从而淡化了阶级斗争等其他重要斗争形式。在德国，机会主义大行其道，直接在社会党内宣传改良主义。格里连贝格放弃暴力手段推翻现存制度，声称社会民主党从来就没有同意马克思关于暴力革命和无产阶级专政的思想。福尔马尔认为，社会民主党应该用阶级合作来取代阶级斗争。

19 世纪末 20 世纪初，资本主义完成了向帝国主义阶段的过渡，伯恩施坦借口时代发生了变化，进一步提出必须重新探索实现社会主义的道路。他身披修正马克思主义的外衣，抛出了一整套改良主义理论。恩格斯逝世后，伯恩施坦看准时机，开始对马克思主义进行系统、全面的篡改。1896～1898 年，他在《新时代》上以《社会主义问题》为总题目发表的系列论文成为他对马克思主义"传统解释进行批判"的代表。1899 年 1 月，他完成题为《社会主义的前提和社会民主党的任务》一书，即他与马克思主义公开决裂的宣言书。在这些文本中，伯恩施坦对马克思主义阶级斗争和无产阶级专政学说进行了彻底背叛。"目的是微不足道的，运动就是一切"是伯恩施坦改良思想的主旨。他指出，应该避免使用无产阶级社会来代替资产阶级社会的说法，而采用"社会主义社会制度来代替资本主义社会制度"的提法。他继而鼓吹通过合法改良来实现社会主义，完全否定无产阶级专政的必要性，强调使资本主义"和平长入社会主义"。伯恩施坦认为社会民主党当前的任务就是集中注意力于改良①，党的全部活动就是保证资本主义在"不发生痉挛性爆发的情况下转移为一个更高级的社会制度"。但我们认为，他所说的社会主义制度本质上延续了资本主义制度，伯恩施坦的改良主义从始至终与科学社会主义理论大相径庭。

另外，伯恩施坦在1900年编辑出版了《社会主义的历史和理论》的文集。该文集系统总结和阐述了他所谓的改良主义（书中被称为"自由科学"）的要义。一是，改良主义的最重要特征是取消马克思主义作为指导社会主义运动理论基础的地位。伯恩施坦断言，马克思恩格斯的理论已经不符合时代，再用它来衡量社会主义运动的得失是不合适的，甚至是错误的。二是，改良主义特别注重理论的包容性，要把原先被社会主义运动"排斥"的学派和理论都重新引进。伯恩施坦认为，社会主义运动应该借鉴"伦理学""讲坛社会主义"等资产阶级、小资产阶级意识形态。② 三是，改良主义的核心就是所谓的"民主"和"自由"。随着资产阶级国家政治上镇压职能的削弱，伯恩施坦指出："民主"就是实现社会主义的形式；"民主"就是放弃宣传和实施无产阶级专政；"民主"就是放弃阶级斗争。我们看到，伯恩施坦的"民主"实际上就是背离马克思主义的要义，以放弃无产阶级专政、阶级斗争学说和社会主义革命目标为代价换取所谓资产阶级的"民主"。另外，伯恩施坦的"自由"实际上就是维护资产阶级现有经济制度和社会制度的"自由"。在伯恩施坦的不断鼓噪和社会、历史的共同作用下，改良主义此后在各国社会党内迅速蔓延开来。

---

① 王振亚：《论民主社会主义的改良主义道路》，《陕西师范大学学报》（哲学社会科学版）1992年第3期。

② 例如，在"抛弃"马克思剩余价值理论的同时，伯恩施坦赞赏洛贝尔图斯的理论，甚至表示应该融合杜林主义。因为他们已经"循着另一条途径得到了和马克思主义用劳动价值及剩余价值的学说所得到的完全同样的结论"。参见〔德〕伯恩施坦《社会主义的历史和理论》，马元德等译，东方出版社，1989，第328页。

奥地利马克思主义的理论发展和政治实践一再表明他们吸取了改良主义的诸多因素。奥地利马克思主义虽然仍旧自认为是马克思主义的或科学社会主义的，仍旧认为生产资料的公有制或社会所有制是社会主义社会的主要标志，主要领导仍旧没有完全放弃对暴力夺取政权的幻想；但是他们开始过分推崇民主制在实现社会主义道路上的作用，开始逐步把混合经济作为夺取政权道路上的主要经济形式，开始模糊作为敌人的资本主义和作为自我认同的社会主义。所以，奥地利马克思主义是一种改良主义的社会主义流派。

理论与现实的落差，加上其他一些主客观根源，使得第二国际正统派的理论家们在传播、捍卫、应用乃至发展马克思主义的经典理论的时候，也多多少少误读了马克思的方法论模式和历史观范式。实证主义、进化主义、折中主义和经济主义成为当时第二国际的主流思潮。第二国际后期（1899年以后），马克思主义的资本主义批判理论从经典一元模式断裂和分化为现代多元模式，这是奥地利马克思主义者陷入的理论误区的主要思想源头。其中，对奥地利马克思主义影响最深的是恩格斯和考茨基对马克思唯物史观的理解模式。

恩格斯是马克思逝世后马克思主义正统思想的当然传播者和理论领袖。他对马克思著作的整理和思想发挥使马克思主义自19世纪下半叶开始逐渐战胜其他学说成为各国社会民主党的指导思想。在社会主义实践中，他还主导了第二国际，为国际共产主义运动做出了卓越贡献。

19世纪70年代，恩格斯在《反杜林论》中认为，随着实证科学的发展，哲学不断趋向消亡。在《路德维希·费尔巴哈和德国古典哲学的终结》中，他又强调，传统哲学已经在黑格尔那里终结了，哲学的任务是"沿着实证科学和利用辩证思维对这些科学成果进行概括的途径去追求可以达到的相对真理"[1]。马克思的

---

[1] 《马克思恩格斯选集》第4卷，人民出版社，2012，第226页。

"历史观结束了历史领域内的哲学，正如辩证的自然观使一切自然哲学都成为不必要的和不可能的一样"，恩格斯强调现在不应该再从头脑中冥想出联系，而是要从事实中发现联系。"这样，对于已经从自然界和历史中被驱逐出去的哲学来说，要是还留下什么的话，那就只留下一个纯粹思想的领域：关于思维过程本身的规律的学说，即逻辑和辩证法。"① 可以看出，恩格斯的世界观确实带有一定的实证主义倾向，在他晚年的研究中，一些提法也客观上诱发了第二国际进化主义和折中主义的倾向。恩格斯在国际共产主义运动中的巨大影响力使得第二国际的理论家多少都会沾染上他的思想印记。以考茨基为代表的第二国际主流派理论家发展了这一倾向，把马克思主义范式完全实证主义化了。

考茨基和奥地利马克思主义有着天然的联系和亲密的关系。考茨基生于奥地利帝国的布拉格，9岁移居维也纳。青年时代的考茨基在维也纳大学学习历史和哲学，1875年加入了奥地利社会民主党。虽然后来他到德国继续参与马克思主义理论的传播工作，但是同奥地利社会党的联系依旧紧密。他与维克多·阿德勒的私交甚密，在1889年参与定稿了维克多·阿德勒起草的奥地利社会民主工党"原则纲领"。他还欣赏希法亭的经济学研究，并主动邀请希法亭到德国从事理论研究和社会主义实践。考茨基对马克思主义哲学观的理解存在着浓厚的实证主义和折中主义意味，这些都对奥地利马克思主义者的思维模式产生了巨大影响。

第一，考茨基的实证主义倾向。在考茨基眼中，马克思主义和达尔文的进化论别无二致，它们都是一种纯粹的"经验科学"。在1907年回答一个俄国工人关于"马克思主义和马赫主义之间关系"问题的一封信中，考茨基写道："我并不把马克思主义理解为任何哲学，而是把它理解为一种实验科学，即一种特殊的社

① 《马克思恩格斯选集》第4卷，人民出版社，2012，第264页。

会观。……马克思没有宣布任何哲学，而是宣布了所有哲学的终结。"① 在考茨基看来，马克思主义被分为三个部分：唯物史观是历史科学；政治经济学是经济科学；科学社会主义是应用科学。唯物史观就是关于历史的科学，它根本不是什么哲学。考茨基认为，所谓"辩证的唯物主义"或"历史的唯物主义"，就是唯物主义方法和辩证（或历史）方法"这两种考察方式"的统一：前者是经验归纳的方法——把作为科学出发点的概念确定下来；后者是"发生学方法"②——"了解现象的唯一方法就是研究现象怎样发生"③。在他看来，马克思主义的唯物史观至多是一种历史研究方法，即从对"事实"的总和进行经验研究并从经验研究中得出历史规律的方法。这样，作为马克思主义理论大厦根基的哲学完全被抽空了。

从考茨基的论证可以看出，他始终站在实证主义的立场来解释马克思主义的哲学革命和马克思主义的科学性质。马克思主义的诞生确实宣告了此前所有哲学的终结，但那是指旧的本体论意义上的哲学，即形而上学。马克思主义也当然是科学的，但这种科学并不是实证主义意义上的经验科学，马克思主义的哲学革命和科学性质集中体现为实践哲学与历史科学的内在统一。考茨基对唯物史观和整个马克思主义的实证主义理解，使得他忽视了马克思主义哲学的批判性质和实践功能，抛弃了马克思主义的人文关怀和价值尺度。

奥地利马克思主义者受到恩格斯和考茨基的影响，无法理解马克思哲学实践变革的真正内涵，走上了把马克思主义实证化的道路，共同制造着马克思哲学作为"知性科学"和"实证科学"

----

① 〔南斯拉夫〕弗兰尼茨基：《马克思主义史》上册，李嘉恩等译，人民出版社，1988，第351~352页。

② 〔德〕考茨基：《唯物主义历史观》第一分册，《哲学研究》编辑部译，上海人民出版社，1964，第27页。

③ 〔德〕考茨基：《基督教之基础》，叶启芳等译，三联书店，1955，第17页。

的神话，这显然是一种理论倒退。与马克思经典资本主义批判理论原有的理性批判精神和实践批判精神相比，考茨基排除辩证法的企图只能导致一种"无批判的实证主义"，即在理论上无法穿透资本主义日常经验的现象层面，在实践上堕入同资本主义现实妥协和改良的道路。

第二，考茨基的折中主义倾向。考茨基的折中主义观点首先还是建立在他否认马克思主义包含哲学这个命题上，他不承认哲学的党性原则，试图将马克思主义辩证唯物主义的认识论同马赫主义经验批判主义和新康德主义调和起来。由于持"哲学终结论"和对马克思主义的实证主义理解，考茨基完全丧失了对各种不同哲学思潮和流派的批判分析能力，陷入了无原则的折中主义。在晚年的《唯物主义历史观》中，考茨基写道："唯物主义历史观并不是与一种唯物主义哲学结合在一起的。它可以与任何一种使用辩证唯物主义的方法的世界观合得拢，或者至少与它不发生合不拢的矛盾。……唯物主义历史观不仅可以与马赫和阿芬那留斯合得拢，而且可以与许多别的哲学合得拢。"① 这里需要说明的是，考茨基指称的"唯心主义哲学"只是"观念论哲学"（或者"先验主义哲学"），而"辩证唯物主义的方法"指的是"经验主义发生学的方法"。由此，考茨基得出结论：实证主义或感觉主义、经验主义或经验批判主义既然都反对先验主义哲学，因而都同唯物史观这种"经验科学"合得拢。我们认为，尽管考茨基一再宣称自己坚持辩证唯物主义的立场，但他的哲学在实质上陷入了折中主义的泥沼。考茨基后期在政治实践上在社会革命和社会改良之间动摇，同他的这种折中主义哲学立场紧密相关。

在马克思主义与机会主义斗争的过程中，第二国际内部受

---

① 〔德〕考茨基：《唯物主义历史观》第一分册，《哲学研究》编辑部译，上海人民出版社，1964，第 29~30 页。

到折中主义的影响而产生了的中派主义①。考茨基在政治实践上从左派转向了中派，他游移在左派的革命要求（从革命理论转到革命实践）和机会主义的右派要求（反对采取坚决的革命行动）之间。考茨基认为，巴黎公社的失败给我们的教导是，"击破战略"已经失效，要把希望全部寄托在议会斗争上。总体上看，考茨基表面上似乎并不排除无产阶级夺取政权的最后大决战，并不反对群众性政治罢工，但是只把这种罢工看作决战时使用的最后武器。其实，他认为决战是遥远的，时机还远不成熟。他一方面以此为借口，坚决否定左派的主张；另一方面，他又同右派划清界限，强调随着政治局势的进一步发展，"疲劳战略"必然要过渡到"击破战略"②，那时无产阶级将会采取群众性政治罢工作为决战的手段。这样，考茨基的折中主义政治暴露无遗，他实际把政治性群众罢工同击破战略等同起来，从而截断了在当时条件下采取这种激进斗争方式的可能。

考茨基的中派思维还建立在对议会制的充分依赖上，他认为现代议会制已经成为国家政治活动的重心，保障了统治阶级对社会高效的管理，"议会制度是保证他们在国家中的政治统治和迫使下层阶级的力量政治上为他们服务的最合适和最有效的手段"。③在此基础之上，考茨基得出了一个重要的论断：无产阶级作为一个自觉的阶级参加议会斗争，议会制同样可以成为无产阶

① 关于第二国际中派形成的时间问题，国内外史学界看法并不相同。现在普遍接受的观点是，中派主义的形成有一定的发展过程：19 世纪末 20 世纪初是中派主义的萌芽时期；1910 年至 1914 年是中派主义的正式形成时期；1914 以后则是中派主义的机会主义暴露的时期，1917 年之后在国际上形成了规模相当的中派集团。参见殷叙彝等《第二国际研究》，中央编译出版社，1998，第 540 页。

② 考茨基先后在《新时代》上发表了《现在做什么?》《新战略》《在巴登和卢森堡之间》等文章。他提出"击破战略"，就是集中自己的全部力量给敌人以致命打击，使之丧失战斗力，从而击破他们；而所谓"疲劳战略"则是尽量避免决战，采取迂回机动的方式，迫使敌人处于紧张状态，使之疲劳不堪。敌方士气低落，战斗力下降，我们从而最后能战胜他们。

③ 中央编译局资料室编《考茨基言论》，三联书店，1966，第 16 页。

级争取自身利益的工具，它已经"不再单纯是资产阶级的统治工具了"①；而在无产阶级取得政权以后，议会制也同样"成为无产阶级专政的工具，正如它是资产阶级专政的工具一样"②。在这里，考茨基已经明显背离了马克思主义的立场。

除了以议会选举代替暴力革命之外，超帝国主义和平、以保持中立求得党的团结、以普遍民主代替独裁专政等中派主义思想以一种机会主义变种的形式出现，得到奥地利马克思主义者的赞同，并为后者继承、发展和付诸实践。考茨基主义从而被深深地植根于奥地利的社会主义实践之中。奥地利马克思主义者都属于理论上的中派，他们的特点是摇摆于马克思主义派和机会主义派之间，力图调和双方的原则分歧并保持同机会主义者的统一。正如列宁对中派的评价：他们是"第二国际各种矛盾的社会产物，是既要在口头上忠实于马克思主义又要在实际上屈服于机会主义的社会产物"③。

（三）奥地利马克思主义的理论选择

第二国际时期，马克思主义丰富的哲学内涵往往遭到不同程度的简化和阉割，以便应用于各国社会党的现实实践，而世纪之交，时代的巨大变化又急需对理论做出新的概括和解释。围绕第二国际时期对马克思主义的各种理解，"修正派"与"正统派"的论战也就随之而起。奥地利马克思主义者显然不满足于老一代马克思主义者对马克思主义的解释，他们声称把马克思主义历史观应用于复杂的社会斗争情境之中，积极面对一切肤浅地、公式化地应用马克思的方法所无法解决的现象。据此，奥地利马克思主义者到力主调和的新哲学（新康德主义、马赫主义）那里去寻找理论资源。这就产生了第一次世界大战前作为思维方式存在的

① 中央编译局资料室编《考茨基言论》，三联书店，1966，第17页。
② 中央编译局资料室编《考茨基言论》，三联书店，1966，第34页。
③ 《列宁全集》第26卷，人民出版社，1990，第336页。

奥地利马克思主义，其思想特点是糅合了当时各种思潮的混合物，体现出对新思想和新方法的折中与调和。

面对各种形态的马克思主义思潮的涌现，奥地利马克思主义者认为，真正联结他们的是社会转型的历史使命感（政治目标）——建立社会化的民主国家。他们都认为这是知识分子的自觉，他们有义务作为无产阶级的先锋教给群众科学的批判方法，接受马克思主义的理论，为社会转型的斗争做好心理和纲领的准备。以第一次世界大战爆发为界，奥地利马克思主义在 1914 年前坚持和维护了马克思主义的主要原则，第二国际范围内的马克思主义和修正主义的斗争在奥地利社会民主党内没有明显的反映，这说明中派思想起着支配作用。但是一战后，奥地利马克思主义见证了哈布斯堡王朝向共和国时代的变迁。奥地利马克思主义不得不做出必要的妥协，政治张力也突显出来，于是以往的凝聚力渐渐瓦解。但是不容否认的是，政治分化其实只是表象，奥地利马克思主义对待科学研究的态度是基本一致的，即奥地利马克思主义成员总体上承认了马克思主义是一门经验社会科学（确切地说是社会学）。一战前后的马克思主义阵营总会以贴标签的方式指认修正主义者、改革主义者或正统的马克思主义者。[①] 奥地利马克思主义团体的著作或清晰地表达了修正主义的一般原则及对经典马克思主义理论的挑战[②]；或表现出对改良派马克思主义的亲和态度，这强调了对实用性改革政治策略的偏好，他们认为这是唯一可以达到政治目标的途径。我们发现，奥地利马克思主义的社会主义观反映了修正主义和改良主义的文献和实践对他

---

① 奥地利第一共和国历史学家查尔斯·古利克是奥地利马克思主义史学研究专家，他认为在一战前拥有极大影响的修正主义运动有其根源。他的观点是，奥地利马克思主义介于正统马克思主义和修正主义之间。参见 Gulick, C. *Austria from Habsburg to Hitler* (*Vol. 2*) . Berkeley：University of California Press, 1948。

② Joll, J. *The Second International. 1889 – 1914.* New York：Harper Colophon Books, 1966：93.

们的影响。

　　总的来说，奥地利马克思主义试图拓展出"第三条道路"，即奥地利马克思主义者从 20 世纪初开始在考茨基的正统马克思主义和伯恩施坦的修正主义马克思主义间采取中派立场，之后他们也采取了相同的立场对待第二国际和第三国际。理论上看，奥地利马克思主义是对政治意图的知识总结；实践上看，他们又试图用知识手段改变政治现实。"奥地利马克思主义"的术语本身代表了对马克思的奥地利式解释，他们致力于在奥地利发展马克思主义的理论，比如在多民族的哈布斯堡王朝建立和谐的民族关系等。他们认为，虽然马克思和恩格斯没有考察到当代社会的种种状况，但是马克思主义的社会主义仍然十分重要，马克思的教义不应被视作信条，而是研究不断变化的社会条件的出发点。他们在古老的、被民族斗争所震荡的奥地利，必须学会把马克思主义历史观应用于传统马克思主义方法所无法解决的问题。① 但是，从理论研究和政治实践来看，奥地利马克思主义对马克思主义的背离远多于坚持。

---

① 〔奥〕鲍威尔著，殷叙彝编《鲍威尔文选》，人民出版社，2008，第 328 页。

第三章
奥地利马克思主义的哲学体系

"奥地利马克思主义"在理论上属于第二国际的"中派",意图对旧哲学中唯物主义和唯心主义的二分法进行彻底清算,从而搭建一种具有超越性的新体系。哲学上,他们的共同点是进一步发展了第二国际"正统马克思主义"的实证主义和折中主义倾向,根本否定马克思主义的唯物主义哲学基础。他们认为,唯物史观是经验的历史科学,需要补充其哲学基础。于是,麦克斯·阿德勒公开挪用新康德主义,而弗里德里希·阿德勒则奉马赫主义为圭臬,这表明前者更倾向于科学主义中的逻辑主义,后者则更倾向于科学主义中的实证主义。实际上,这已经超出了"正统马克思主义"的框架。

第一节　麦克斯·阿德勒的新康德主义认识论

麦克斯·阿德勒在他一系列著作中一贯主张以认识批判论观点来代替马克思主义的唯物主义观点。如 1904 年在《马克思研究》上发表的《科学争论中的因果论和目的论》,1908 年和 1921 年分别发表的两篇论马克思和恩格斯的文章,以及他在维也纳担任哲学教授时所写的《唯物史观读本》(第 1 卷 1930 年出版,第 2 卷 1932 年出版)。麦克斯·阿德勒是新康德主义者,他把历史事件和社会问题都归因到人类意识的分析上。他认为辩证的运动都基于人的情绪和思想，虽然它受社会结构的影响，但终究社会结构的过程是以人的思想和意志为转移的。

麦克斯·阿德勒一方面几乎全部承认和运用马克思主义的基本论点，另一方面却始终力图把马克思和恩格斯的全部主要原理归根到底作唯心主义的解释。这种做法源于一种特殊的、精心制作的"康德化的马克思主义"。[①] 麦克斯·阿德勒实质上是将马堡学派所理解的康德与他自己所理解的马克思合二为一。[②]

一　麦克斯·阿德勒用新康德主义补充马克思主义

麦克斯·阿德勒认为马克思主义是一种社会科学，这就需要为马克思主义建立理论和方法论上的原则，他的工作就是为马克思主义提供社会分析的框架。麦克斯·阿德勒继承了新康德主义把逻辑范畴当作纯粹思维创造的观点。康德的范畴是先验的，具有永恒、固定的意义，在一定程度上，它涉及的只是知识形式。但新康德主义者柯亨反对这种观念，他认为知识的形式和内容均来源于纯粹思维的创造，因此它们都具有纯粹的主观性、相对性。麦克斯·阿德勒根据新康德主义（主要是柯亨）的要义，区分了科学真理和哲学真理。在《康德和马克思主义》中，他把马克思主义归列为科学真理，马克思主义在他那里和任何其他的科学在专门领域所做的工作一样——寻找社会事件的因果关系。因而，马克思主义是时代真理，它在已经获得的事实基础上被推导出来。换言之，马克思主义在具体的时间范围内发挥效用，若事实随着时间的进展而发生了改变，那么科学真理就会失去其真理价值。他的根本用意是拒绝承认马克思主义是哲学，所谓的本体

---

① 〔南斯拉夫〕弗兰尼茨基：《马克思主义史》上卷，李嘉恩、韩宗颉等译，人民出版社，1986，第237~238页。

② Kolakowski, L.. *Main currents of Marxism*. Oxford：Oxford University Press, 1981：265.

论问题或对世界的唯物主义解释都超出了人们的经验，是纯粹的形而上学，是哲学范畴讨论的永恒话题。而科学真理在对待哲学基本问题上是保持中立的，它不去解释精神以及精神和物质的关系问题。所以，马克思主义的唯物主义基础被麦克斯·阿德勒拆除了。

而在《马克思主义问题》中，为了使马克思主义摆脱一切形而上学，麦克斯·阿德勒特别坚持马克思主义不是任何世界观。他认为，马克思主义提出的问题只是认识社会现象和社会过程，因此它是一种关于历史规律、经济范畴实质和社会发展实质的学说。麦克斯·阿德勒宣称，马克思主义是"一种全新的社会科学，它是真正社会学理论的开创者"[①]。

如上文所述，麦克斯·阿德勒声称马克思主义探讨的是社会问题，即社会的形成、发展以及对人们生活的直接作用，它也只是具体的专门科学，这种社会科学本身与任何哲学和世界观都不存在固定的关系。他强调："马克思主义不与任何世界观相联系，马克思主义也不与任何哲学基础相联系。"[②] 受到考茨基的影响，麦克斯·阿德勒认为唯物史观既可以同唯物主义世界观相联系，又可以同唯心主义世界观相联系，还可以同泛神论或无神论的体系相联系。正因为马克思主义缺乏哲学基础，麦克斯·阿德勒所做的第一步工作就是为马克思主义寻求适当的哲学补充。

麦克斯·阿德勒选择的是康德，不过，他不是用新康德主义的伦理学来改造马克思主义[③]，而是为社会科学提供知识批判的基础。通过康德阐发的"社会化意识"以及以柯亨为代表的新康德主义"意识第一性"思想，他调和了康德哲学和马克思主义，用先验的社会化意识理论重新解释唯物史观。也就是说，麦克

---

① Adler, M. *Marxistische Probleme*. Stuttgart: J. H. W. Dietz, 1913: 63.

② Adler, M. *Marxistische Probleme*. Stuttgart: J. H. W. Dietz, 1913: 64.

③ 福伦德尔等德国新康德主义者也强调康德主义，不过他们的理论基础是康德伦理学。参见下文对伦理社会主义的分析。

斯·阿德勒所谓用新康德主义补充马克思主义，就是用理性批判主义代替马克思主义的唯物主义理论体系。类似齐美尔对"社会如何可能"的发问，麦克斯·阿德勒也要探究是何种先验概念和哪类原则组成了社会实体，并需要进一步解释日常经验和社会生活中的特殊现象。

二 麦克斯·阿德勒用认识批判论重构唯物史观

在《唯物史观读本》中，麦克斯·阿德勒企图证明："唯物主义"这个术语仅仅受到历史的制约，是为了反对唯心主义提出来的，而马克思、恩格斯都是实证主义者。他在《唯物史观读本》中甚至直白地写道：马克思和恩格斯的唯物主义是"实证的唯物主义，是现实主义的实证唯物主义，绝不可能是别的东西。马克思和恩格斯本人也往往毫不犹豫地承认这一点"①。

麦克斯·阿德勒认为，哲学的基本考察对象是物质和意识的关系，只有站在康德的认识批判论角度，才能参透这个哲学的终极问题。认识批判论强调物理的东西不可能产生心理的东西，因此，社会关系（麦克斯·阿德勒认为这是心理关系）不可能由物质条件产生。他的表述非常明确："事实上，除了把心理—物理平行并置之外，我们无法理解物质过程对精神过程、历史过程和心理过程产生任何影响的观念。"② 麦克斯·阿德勒提出，历史上看，生产力首先是精神的东西，生产力依赖人的存在而得以实现，即生产力不是在人之外或超越人之上的自然力。人们对生产力的使用出于自身的主观目的，有意识地将自然力纳入自身的社会活动中。简言之，生产力的称谓是自然力被人们有目的的使用时才生成。可见，自然力本身只有被纳入一定的生产关系的时候才能成为真正的生产力。生产力在这种逻辑推演下变成人自身的

---

① Adler, M. *Lehrbuch der materialistischen Geschichtsauffassung*（Vol. 1）. Berlin：E. LauB, 1930：100.

② Adler, M. *Marxistische Probleme*. Stuttgart：J. H. W. Dietz, 1913：63.

力量，是人自觉的活动，是精神的力量，就再也不是存在于人之外的客观物质因素了。因此，麦克斯·阿德勒从物质和意识分离的观点出发，力图表明：社会过程由于是某种人为的东西，所以事实上是精神的，而绝不是物质的过程和关系。于是，麦克斯·阿德勒曲解了社会生活的全部过程，他把人所参与的各种社会联系以及各种关系都看作人为的东西，它们无一例外都是精神过程，与物质过程无关。弗兰尼茨基对此的观察是，在麦克斯·阿德勒那里，既然物质的东西就是精神的东西，社会关系就是精神性质的关系，"那么观念对社会关系的关系，事实上就是一种心理范畴对另一种心理范畴的关系"。①

接下来，麦克斯·阿德勒对唯物史观进行了全面的康德化解读——构成人类社会全部基础的经济关系也是人与人之间的关系，它永远包含着人们的目的。有意识、有目的的活动在他看来就是精神关系，经济关系自然也被界定为精神的。他发挥了康德主义对机械唯物主义的批判，坚决反对把经济关系看作物质关系。按照麦克斯·阿德勒的说法，如果物质是第一性的话，那么历史的发展成了与人们的精神完全无关的物质过程，历史发展就是纯机械的运演过程，人的活动则成了纯粹客观的物质力量。他继续将其引申到社会主义运动的愿景中，若按照机械唯物论的判断，人们完全不需要具有什么理想及奋斗目标，资本主义随着经济的发展，会自发地脱胎成社会主义。②

三　麦克斯·阿德勒高扬"意识第一性"的哲学

麦克斯·阿德勒标榜自己解决了哲学二元论的理论问题，他

---

① 〔南斯拉夫〕弗兰尼茨基：《马克思主义史》上卷，李嘉恩、韩宗翙等译，人民出版社，1986，第 238 页。

② 刘佩弦、马健行主编《第二国际若干人物的思想研究》，中国人民大学出版社，1994，第 390～391 页。

本着新康德主义的精神，不仅得出了意识第一性的结论，而且事实上把现实的全部内容都纳入了意识的规定性之中。麦克斯·阿德勒认为他的社会化意识是客观性的概念，不具有任何伦理或心理的意义。他把社会化理解为人们建立在意识上的固有联系，那么人就不是孤立的存在，他的意志、价值、判断等都是社会存在形式。于是，社会化似乎是一种意识现象，社会存在是一种意识存在。这里论说了社会存在的意识化，存在和意识完成了一体化。麦克斯·阿德勒学说中的马克思主义是实证科学，那么马克思的社会化概念的哲学基础就需要用康德认识批判理论来补充。社会化的概念如果停留在马克思意义上的经验层面的话，就只能是个人的意识，和他人的意识是偶然的、相互独立的，无法说明科学认识的普遍性。麦克斯·阿德勒所指的社会化是从个人出发的，但因为他把个人置于互动的意识共性之中，所以其结果就是自我意识处于意识的普遍联系中。明确一点说，认识的本质可以概括为：个人的意识要成为可能，就必须已经处于与自身一致的其他个体的联系中。简言之，麦克斯·阿德勒认为，个人的意识总是超越个人的，是众人的意识。①

基于对社会意识的理解，麦克斯·阿德勒发展了其意识第一性的哲学。1904 年发表的《纪念康德》回溯了语言的起源、社会发展的起点——人类意识。文中处处体现了他形而上学地高扬人类意识的作用，他认为存在的真谛是个人的自我旅程，即使外部世界是荒芜的、低劣的，人也应该肯定自身的价值，树立个人的权威。同年，他的代表作《科学争论中的因果论和目的论》在《马克思研究》论丛的第一期节选刊登。文章为建立新社会和新人做了思想准备，即再次强调意识的概念和法则②，把个人意识

---

① 刘佩弦、马健行主编《第二国际若干人物的思想研究》，中国人民大学出版社，1994，第 393~394 页。

② 麦克斯·阿德勒的这项工作是一以贯之的，从 1904 年发表的两篇文章开始到 1936 年的《社会之谜》，他对意识问题的探究是一以贯之的。

看作所有客观事物的基础。①

综上所述，麦克斯·阿德勒强调个体意识的作用和个体独立意识的觉醒，研究个体意识对现实的作用力。显然，对主观性的过分强调势必会忽视个人作为社会存在的方面，他的学说注定是单向度的，缺失了在独立选择过程中社会和个人的相互作用。比如，麦克斯·阿德勒在事实上取消了他对所谓的哲学基本问题的讨论，他把物质与意识的关系辗转置换为精神关系问题。此时，他与马克思主义唯物史观渐行渐远，他自我标榜的康德化马克思主义其实只保留了康德主义的元素，而抛弃了马克思主义社会存在的一切正确意涵。

第二节　弗里德里希·阿德勒和鲍威尔对马赫哲学的全面继承

在《马赫克服了机械唯物论》中，弗里德里希·阿德勒强调了马克思主义的开放性，试图以此来引介新的科学哲学成果。他试图和解机械论、科学的唯物论和马克思主义的历史唯物主义，并且明确赞扬马赫的科学方法，倡导社会主义事业应采取类似的方法。弗里德里希·阿德勒认为引用马赫观点的关键之处在于非教条式的知识斗争的概念。阿德勒的观点是：良好的科学是主体间性和可修正的。于是，他将马赫主义的态度与奥地利马克思主义联结，一方面回顾了物理学家马赫对于社会主义的同情，另一方面贬斥了基督教社会党的保守主义政策。弗里德里希·阿德勒虽然和麦克斯·阿德勒一样拒斥列宁的反映论和"正统马克思主义者"所提倡的机械唯物论的粗糙形式，但他也否认康德主义对

---

① Bottomore, T. and Goode, T. *Austro - Marxism*. Oxford：Clarendon Press, 1978：10.

意识存在的先验解释。在康德那里，任何法则（思想的、科学的、社会的）都是被贬斥的。最终，弗里德里希·阿德勒高扬马赫的相对主义认识论：物质存在建立了意识，并且框定意识；新的社会历史需要必须与人类社会的即时存在相联系。

一 弗里德里希·阿德勒用马赫主义补充马克思主义

唯物史观认为，社会结构的变化不是自发产生的，而取决于生产方式的内部变化。这样就使得人们可以更为准确地再现客观历史的真实情况，揭示出人类社会发展的规律，从而使历史学成为真正的科学的历史学。弗里德里希·阿德勒认为，唯物史观的形成昭示了社会发展的共性，对我们的世界观具有里程碑式意义，但他不断强调，尽管如此，唯物史观仍需要"补充"。

（一）用现代科学补充马克思主义

弗里德里希·阿德勒认为，马克思主义不需要再用黑格尔哲学来理解，而应用现代的科学思想来"补充"。他表示，马克思在阐述自己的观点时，主要是把他自己与黑格尔区别开来，因此马克思总是强调自己与黑格尔不同的地方。人们在阅读马克思的著作时，只有从马克思与黑格尔的联系与对立中才能完全理解马克思阐述的有关细节。今天我们已经有可能，也有必要不再通过钻研生僻的黑格尔体系迂回地掌握马克思主义。现在应更直接地了解马克思的思想，所以必须从人们的世界观出发，直接表述马克思思想，对某些世界观给予必要的批判，研究现代自然科学与马克思主义的关系。这些都是极其必要和尚未完成的任务。当然，弗里德里希·阿德勒要求对马克思主义进行必要的"补充"。

（二）建立统一的世界观

弗里德里希·阿德勒宣称，对马克思"补充"的必要性还来自于建立统一的总体世界观的需要。他认为，建立这样一种既适

用于自然界，也适用于人类社会的统一的总世界观已经成为唯物
史观本身存在的条件。因为随着科学技术的快速突进，必须以新
的知识彻底武装马克思主义，以便在与资本主义激烈的斗争中，
深入敌人内部，有效地发起反击。弗里德里希·阿德勒指出，马
赫的物理学发展史观是承担这一任务的最有力的武器。另外，马
赫主义对马克思主义的"补充"，不应将自然观与历史观毫不相
干地并列在一起，因为自然观与历史观之间有着密切的联系。在
弗里德里希·阿德勒看来，这种联系的现实基础和基本原则就是
马赫提出的"经验"概念和"发展"概念。尽管马赫没有直接抛
出历史观问题，甚至不熟悉马克思恩格斯，但他在自己的研究
上，独立地得出了与唯物史观类似的结论。在叙述力学、热学和
数学发展史的过程中，马赫始终以经济关系作为出发点，这就为
唯物史观提供了新的、重要的证明。

二　弗里德里希·阿德勒用马赫主义认识论取代唯物史观

弗里德里希·阿德勒认为，马赫主义理论体系中，可以作为
对马克思主义"补充"的另一思想因素是他对事物间因果性关系
的理解与表达。马赫在著述中写道：随着科学技术的发展，在表
达事物的因果性关系方面一般不再使用"自然必然性"意义上的
"原因"和"结果"等概念，而应当用"引致"、"作用"和"明
确性"三个能更准确表达事物间因果关系的词取代这些陈旧的、
原始的和泸化的概念。① 弗里德里希·阿德勒遵循马赫的意见提
出，按照目前科学发展情况来看，唯物史观必须不断吸收最新的
科学发展成果，顺应时代和群众的要求。当然，自然科学中的一
些新概念也应补充到唯物史观中去。

---

① 刘佩弦、马健行主编《第二国际若干人物的思想研究》，中国人民大学出版
社，1994，第398~399页。

（一）弗里德里希·阿德勒用"适应"代替"决定"

弗里德里希·阿德勒的根本用意是以生物学中的"适应"概念代替马克思的"决定"概念。他强调，如果用生物学"适应"概念取代物理学的"决定"概念，就可以避免唯物史观所遭受的大部分误解。弗里德里希·阿德勒从马克思唯物史观的一个经典原理出发展开自己的论述。众所周知，人们的社会存在决定人们的意识，而不是人们的意识决定人们的存在。弗里德里希·阿德勒觉得这一原理不断地被人们错误地理解和运用，而且正是使用了"决定"一词，才造成了理论上的混乱。因为马克思的"决定"不具有物理学上确切的指向性，所以人的意识不能说成是生产关系的明确作用的结果。他声称，马克思唯物史观的经典原理应该表述为：头脑中的变化相对于生产关系的变化来说是第二性的。

于是，为了避免所谓的"误解"，弗里德里希·阿德勒着手用"适应"这个词来取代马克思的"决定"。他认为，我们从"适应"这个概念出发，首先应明确地指出，即使在生产关系不变的情况下，思想也可以变化。也就是说，即使生产关系不起作用，思想本身也在发展。因为我们所说的作用不过是指变化决定另一种变化。概括地说，存在着思维对事实的适应，即思维相对于事实来说是第二性的，这样才从根本上说明了所有经验科学的原理。① 他进一步表示，当我们把这种原理应用于人类社会，断言经济关系是思想所适应的一切事实的中心时，我们就得出了马克思得出的特殊认识。整个自然界都是思维适应的对象，但经济关系是中心，这种适应会随着对象的变化而获得新的出发点。弗里德里希·阿德勒继而认为，对象不变，适应也在

---

① 刘佩弦、马健行主编《第二国际若干人物的思想研究》，中国人民大学出版社，1994，第399页。

进行，思维也在发展。这样就使得我们可以更准确地表达马克思对思维同经济基础的关系的认识，因而就可以免遭误解，因为科学直到现在还不能清楚地说明思维对经济基础的决定作用。①

（二）弗里德里希·阿德勒用认识论取代历史观

弗里德里希·阿德勒强调的是经济关系对思维的决定作用并不是明确的，貌似这是用一种概念替代另一种概念，但本质上就是用认识论来取代历史观。他认为，在自然科学的许多学科中，尤其是在认识论研究的领域，思维适应与思维对象的变化从来就不存在决定的关系。适应对象的任一层次的思想总有其存在的前提，并非只出现于特定的经济关系和特定的历史时期，这是因为认识并非经济关系明确作用的结果。虽然有许多关于哲学对经济关系的思维适应的阐述，但自然科学本身的认识论问题却与此无关。自然科学认识论的进步多半是对基本自然联系的实证认识，可见"适应"概念比"决定"概念更符合马克思的思想。这其实是斯宾塞理论的一种翻版。斯宾塞将实证主义和进化论融为一体，认为"社会学"应从外部世界、事物和构成自然界的各种现象等客观因素出发。自然环境是影响社会进化的最基本因素，为了适应环境和进化，社会有机体便会自然生成自己所需要的一系列功能性机制。

第二国际的主要理论家（考茨基、拉法格、普列汉诺夫等）在不同程度上认同这种观点，普遍采取了诸如"人工器官""人为环境"（社会环境）等范畴来阐释马克思主义的唯物史观。这些阐释表面上看起来似乎是从马克思和恩格斯的某些论点出发的，实际上从根本上偏离了马克思主义唯物史观的实质，助长了第二国际时期实证主义、科学主义、进化主义和自然主义思潮的

---

① 刘佩弦、马健行主编《第二国际若干人物的思想研究》，中国人民大学出版社，1994，第400页。

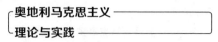

泛滥。

三　弗里德里希·阿德勒用马赫的要素一元论构建本体论

弗里德里希·阿德勒还批评了以往所有关于物质的概念，认为过往的"物质"定义都是先验的形而上学概念，因为我们无法得知概念的出处，也无法凭直觉去认识它。所以，科学家以这样的概念作为出发点就注定是错误的。他认为，马赫的物质观才是进步的、科学的；在本体论方面，马赫对"物质"概念的阐释是对唯物史观的重要补充。

（一）马赫的物质概念

弗里德里希·阿德勒强调，马赫与别的自然科学家不同，他说明了我们沿着什么样的道路，由经验、由直接的事实上升到物质概念。同时马赫又指出，"物质"这个概念在物理学概念的自然发展史上是作为终极概念而提出的，在科学实际的道路全部走完之前，人们是无法把握它的。这种发展仍将继续下去，现在还无法认为物质概念是确定的。从前的物理学指认的物质都是一成不变的固定物，马赫则不同，他不是从某种未曾发现过的、纯粹假定的、绝对不变的物质出发，而是重现科学本身无意识的、事实上走过的道路，也就是由已知的物体出发的道路。作为马赫研究出发点的物体，是我们经验中已知的、不断变化着的物体，科学的基础不应当是关于绝对不变的物体的假设。弗里德里希·阿德勒的观点是：科学必须从实际的、已知的、变化着的经验物体出发。

那么，这种实际的、已知的、变化着的经验物体是什么呢？这要联系马赫哲学理论的核心概念"要素一元论"和"感觉的复合"。马赫认为，"物质"和"精神"的问题在经验层面上无法解决，而许多哲学家却把这一原则上无解的问题当作解决其他一切问题的出发点。他对这种科学研究中的根本错误感到非常失望。为了消除谬误，建立坚实的科研基础，他提出了"要素一元论"。弗里德里希·阿德勒对"要素一元论"推崇备至，他反复强调马赫的基本观点：人类对世界的任何认识、我们所知道的任何东西，都必须以感觉表现出来，即要素。要素不仅构成物理世界，而且构建心理世界。要素是全部世界的基始。因此，一切物理概念和心理概念都是同类要素以各种不同的方式互相联结而成的"复合体"。马赫指出，"我们将整个物质世界分解为一些要素，它们同时也是心理世界的要素"，这些都是我们指称的"感觉的要素"，"如果更进一步将一切科学领域内同类要素的结合、联系和相互依存关系的研究当作科学的唯一任务"，那么，在这种概念基础上"形成一种统一的、一元论的宇宙结构"，借此，我们就可以摆脱"恼人的、引起思想紊乱的二元论"。①

（二）弗里德里希·阿德勒对本体论问题的马赫主义解释

弗里德里希·阿德勒不仅对马赫"要素一元论"的本体论非常着迷，而且在马赫逝世以后，他主动为马赫的学说辩护。弗里德里希·阿德勒批判传统的唯物主义观并未真正解决主客体的关系问题。也就是说，它并没有证明"自在的客体"如何作用于主体，最后又是如何在纯心理的作用下"形成纯粹的精神现象"。弗里德里希·阿德勒斥责传统观点根本是一个无法解决的"虚假问题"，他提醒人们，若从要素学说的角度观察，这个被悬置的问题便迎刃而解了。因为像"自在客体"以及这种"自在客体"的相互作用都是超验形而上学的，反之，要素产生的"人化客体"才表现为彼此相互依存。精确地说，一定客体所具有的要素

① 〔奥〕马赫：《感觉的分析》，洪谦等译，商务印书馆，1975，第95～96页。

依赖于其他客体所具有的要素。弗里德里希·阿德勒认为，客体并不作用于主体，主体并不依赖于客体，而是主客体同时存在；一个客体所具有的要素，也总是包含在主体之中。"要素之间的相互关系性应该成为科学研究的对象，对主客体关系的研究不是科学研究的使命，也不是科学的目的，这种由要素直接产生的关系是科学的出发点。"① 他从马赫的主客体关系性出发强调，从物质推导出"感觉"这一唯物主义原则是机械唯物论的，传统科学的错误在于对现象背后的"自在之物"真实映像的虚假探索，从物理学世界中寻找"感觉"和"感情"的企图是荒谬的。② 机械唯物论存在根本失误，那么，感觉又应该从到哪寻找呢？在马赫的启发下，弗里德里希·阿德勒声称到要素的运动中去寻找。他甚至断言："如果物理学找到了绝对不变的物体，也许真的会进一步简化物理学世界观，但这不可能成为另一种原则性的倾向，更不会使机械唯物论提高为一种基本的世界观。从经验性的物体到物质的道路、从要素到物理学的道路才会永远祛除一切虚假问题，只有这条道路才可能建立精密科学的可靠基础，只有这条道路才是科学研究真正经历的道路，也只有这条道路才能够帮助我们认识恩斯特·马赫的毕生事业。"③

四　鲍威尔的马赫主义世界观

在奥地利马克思主义者中，鲍威尔亦是马赫主义的信徒，他在《资本主义的世界观》中，提出了自己对马克思主义世界观的理解，但这种理解本质上是马赫主义的。

---

① Adler, F. *Ernst Machs Ueberwindung des mechanischen Materialismus*. Vienna：Wienervolksbuchhandlung, 1918：116.

② 刘佩弦、马健行主编《第二国际若干人物的思想研究》，中国人民大学出版社，1994，第405页。

③ Adler, F. *Ernst Machs Ueberwindung des mechanischen Materialismus*. Vienna：Wienervolksbuchhandlung, 1918：118.

（一）有组织的资本主义时代的世界观

鲍威尔指出，随着社会观念的转变，自然观也必然发生转变，这样的变革延伸到人们对自然规律的认识。机械论和原子论的自然观覆灭了，随后，个体主义和普遍主义也在个人资本主义向有组织的资本主义过渡中被克服。鲍威尔接纳了马赫的"要素一元论"思想，他认为现代人的世界观所包含的无非要素的复合体、知觉群，它们"交替着的知觉构成，它们忽而互相联合，忽而重新分离，它们在任何地方都不会截然互相分离，而是到处都在互相转化"①。新时代的实践消除了个人主义和普遍主义之间的对立，个体不再是至高无上的，而仅仅是组织的产物和工具；组织也不是运转良好的、整体的组织②，而仅仅是个体的工具。

（二）鲍威尔驳斥新康德主义世界观

鲍威尔驳斥了新康德主义对马克思主义历史观的诘难，他指出，新康德主义（特别是什坦姆列尔、文德尔班、李凯尔特）在反对马克思主义的斗争中把因果律局限于自然科学方面。新康德主义坚持，科学不应当按照原因和结果的范畴，而是应当从手段和目的的范畴去整理历史和社会。但是鲍威尔辩称："因果性的自然规律只是用以达到我们目的的手段；因果性本身只是以目的论为论据的。因果律给我们提供的不是对事物的本质的说明，而只是对我们的经验的经济的表述；它不能向我们指明，一个原因怎样产生一个现象，它只向我们指明，一个现象怎样继另一个现象之后发生，一个现象怎样伴随着另一个现象发生。"③ 由此，在

---

① 〔奥〕鲍威尔著，殷叙彝编《鲍威尔文选》，人民出版社，2008，第70页。
② 鲍威尔认为，有组织的资本主义中的组织是以股份公司、卡特尔、合作社和工会的形式出现的，而组织的理想类型应是社会主义的共同体。
③ 〔奥〕鲍威尔著，殷叙彝编《鲍威尔文选》，人民出版社，2008，第70~71页。

鲍威尔看来，因果性和目的论之间的对立也消失了。

（三）鲍威尔高扬马赫主义世界观

鲍威尔通过对资本主义世界观的梳理，阐明了关于自然科学任务的全部观念都要转变，引出了他所认为正确的世界观模型。鲍威尔认为，马赫怀疑论的实证主义教导我们以新的眼光看待自然科学：我们的认识是生存斗争的一种工具，只是为达到实际目的的一种手段。认识不能去探讨事物的本质，只能为达到实际目的收集和整理经验。与弗里德里希·阿德勒一样，鲍威尔也主张用马赫主义"补充"马克思主义。他认为，马克思主义的历史观脱胎于黑格尔的辩证哲学，在它成熟并从母体中分离出来以后，就与唯物主义发生了联系。但随着机械论的自然观解体，唯物主义也解体了，晚近的马克思主义者就试图将它与最新的认识理论联系起来。马赫的科学是一项用最简单的方式整理我们经验的事业，马克思的历史观引导我们把科学看作一项以某种方式整理经验的事业，这种方式能最充分地适应处于某一具体社会状况、属于某一特定阶级的人们的倾向。一旦完成了马赫主义认识论和马克思主义历史观的结合，我们便超越了现代人，也超越了马赫，"就会是一种马克思主义的认识论"①。

从上述观点可以看出，弗里德里希·阿德勒和鲍威尔比麦克斯·阿德勒更彻底地代表了科学主义中的经验主义倾向，甚至可以说完全成为后者所批判的"浅薄的实证主义"的典型。马克思主义理论是以历史唯物论和唯物辩证法作为自己的方法论基础的，从认识论上说，历史辩证法强调对资本主义生产方式的理解不能停留在其经验现象的表面，必须充分发挥辩证理性的批判功能，穿透资本主义的表象去揭示其真实的历史本质，从而发现资

---

① 〔奥〕鲍威尔著，殷叙彝编《鲍威尔文选》，人民出版社，2008，第53～54页。

本主义生产方式产生、发展、灭亡的特殊运动规律。而马赫的实证主义和弗里德里希·阿德勒、鲍威尔的阐发则同马克思主义相反，主张停留在经验事实上，把区分现象与本质，追寻现象背后的真实本质当作"形而上学"的虚假问题统统加以拒斥。科学知识的唯一基础和意义所在是经验，逻辑和理性仅仅是形式的。我们认为，实证主义这种看似科学的方法，其实是非科学的，它越是强调自己的科学性，就越是固守在资本主义生产方式和社会生活呈现出来的虚假表象上，最终无法把握资本主义的本质。

第三节　伦理社会主义与奥地利马克思主义哲学观的区别

新康德主义者认为，社会主义的基础不可能建立在科学之上，只能建立在伦理之上，康德才是社会主义的真正奠基人。由此，他们的理论体系必然会把马克思主义作为主要攻击目标，而伦理社会主义的全部教义都是建立在这种理论假设基础上的。奥地利马克思主义哲学家麦克斯·阿德勒的思想虽然与新康德主义的主要观点切近，但是他的社会主义观建立在"社会运动"而非"伦理准则"的基础之上，因此坚决反对伦理社会主义的原则立场。

一　伦理社会主义的主张

伦理社会主义是新康德主义者用来反对科学社会主义的主要理论，它的基本特点是否认以马克思主义的历史唯物主义为社会主义的理论基础，而推崇康德的伦理学。伦理社会主义的基本论点和理论前提早已由新康德主义的哲学家提出，马堡学派和西南德意志学派都反对历史唯物主义，他们从伦理道德观念出发，企图把人类的进步归结为道德观念的进步，社会历史在他们看来便只是由伦理准则构建的。

柯亨较早提出了伦理社会主义的主要思想。他认为历史唯物主义只关注经济层面的社会发展，不重视道德原则的决定性作用；因此，在他看来，马克思主义的社会历史观是片面的，唯有道德原则才能主导社会发展的全部方面。在社会主义理想状态到来之际，人们的普遍行为准则应是康德的"绝对命令"，它内化为个人的道德素养。因此，康德伦理学就是一种社会主义理论，是指导社会主义实践的基本原则。当柯亨把伦理应用于政治时，他的主张同社会改良主义是接近的，这是他的思想在第二国际理论家中被大量援引的原因。由此，柯亨构建的伦理社会主义体系也为其他新康德主义者的伦理社会主义思想奠定了基础。

另外，新康德主义的西南德意志学派致力于社会历史问题研究。他们认为，存在着两个不同的世界：一个是事实世界，一个是价值世界。与此相对，也存在两种知识：一种是事实知识，一种是价值知识。事实知识根本不涉及主体自身的评价，因而是无意义的；只有那些涉及价值的问题才是真正的知识。于是他们判定，哲学所要研究的实质并不是"对象是什么"的问题，而是"对象应是什么"的问题。换言之，价值问题才是哲学研究的核心。无形之中，自然科学和社会历史科学之间形成了尖锐的对立。自然科学的目的在于寻找自然界中的规律和共识，而社会历史科学的目的则在于把某一过去的事件再现到当前的观念之中，一种是制定规律的科学，一种是描述特征的科学。[①] 这也就必然会引发一个争论，即所谓的社会问题是不是严格的科学？西南德意志学派的回答显然是否定的，因为社会问题被他们界定为纯粹的伦理问题和价值问题。

---

① 参见谢地坤主编《西方哲学史》学术版第七卷（上），江苏人民出版社，2005。

路德维希·沃尔特曼和卡尔·福伦德尔都属于新康德主义者中明显带有伦理社会主义倾向的著作家。他们在 20 世纪初通过一系列著作①系统地论证了伦理社会主义，并试图沿着柯亨的道路将伦理社会主义直接用于他们的改良主义的政治实践。

二 麦克斯·阿德勒对伦理社会主义的批驳

虽然麦克斯·阿德勒实质上把马克思主义归结为唯物史观，也就是归结为可以以任何哲学为基础的科学，并且对唯物史观做了新康德主义哲学的解释和论证。但是他在理解马克思主义和社会主义的伦理学的根据方面，与具有社会主义倾向的其他新康德主义者（如福伦德尔）是不同的。伦理社会主义者认为社会主义是伦理学的公认原则，因而把康德也算作德国社会主义的先驱，麦克斯·阿德勒则不同意这种说法。在《马克思主义问题》一书中，麦克斯·阿德勒认为根据马克思主义，社会主义是一种社会历史的运动，是一种自然现象。当然，它不具有物理的本性，而具有社会的本性。因此，应当把这种现象本身看作事实，而不应当看作价值。可见，马克思主义"只和这种历史运动的现实的因果根据有联系，任何伦理学的根据都意味着否定马克思主义的科学方法，意味着直接根据康德的说法把截然不同的理论经验和实践经验的观点不加批判地混淆起来"②。马克思主义根本不需要再从伦理的角度来论证正在实现的社会历史过程，麦克斯·阿德勒不承认康德的实践哲学是马克思主义的必要补充，他进而批判了福伦德尔对康德伦理学社会主义性质的论证。

到了 1925 年，麦克斯·阿德勒在《康德和马克思主义》中

---

① 比较有代表性的是路德维希·沃尔特曼的《道德意识体系》《历史唯物主义》《社会主义和伦理》和卡尔·福伦德尔的《马克思和康德》《现代社会主义对伦理哲学的态度》《康德和马克思》。

② Adler, M. *Marxistische Probleme.* Stuttgart：J. H. W. Dietz, 1913：143.

进一步批驳了伦理社会主义的谬误。他指出，虽然康德和马克思在方法论上有相似的地方，他也使用新康德主义的逻辑补充马克思主义，但是这两种思想体系没有历史的关联。康德哲学没有直接影响马克思，康德的"绝对命令"也未构成社会主义的基础。总而言之，麦克斯·阿德勒把马克思主义看作科学，而伦理学则不是，所以马克思主义不能以伦理学为基础，也不能由伦理学来补充。

第四节　折中主义——对奥地利马克思主义者哲学观念的简评

折中主义是奥地利马克思主义哲学最突出的特点，无论是信奉新康德主义，还是企图嫁接马赫主义，其根本归宿都是想摆脱过往哲学的极化思维，调和出最新的理论成果，企图在社会主义实践中修正马克思主义，以便用奥地利社会党的政策主张更好地指导工人运动。但是从奥地利马克思主义的文本来看，他们的尝试虽然颇具影响力，但不仅没有达到最初的设想，也从根本上背离了本真的马克思主义道路。

奥地利马克思主义的哲学观念和政治上的解释方式，都植根于新康德主义和马赫主义。麦克斯·阿德勒认为意识的先验社会化（社会化意识）为他的社会科学研究提供了哲学基础。[1] 但是我们看到，康德的先验意识论属于认识论的纯形式的、超历史的和超经验的范畴，它把自身规律强加给现实。麦克斯·阿德勒不

---

① 伦纳对西方传统法律的研究极大促进了麦克斯·阿德勒思想的形成，因为他解释了不同社会环境下建立的法律的相互影响，以及与之相关的价值观的养成和人的价值观的变迁。观念在缓慢的修正和积累过程中也作用于社会，这不同于激进的意识变革和社会结构转型，这也是麦克斯·阿德勒对康德和马克思调和的产物。

加批判地挪用了康德的认识论，严重脱离社会事实，并在错误的逻辑上进一步颠倒了认识和存在的关系。另外，麦克斯·阿德勒歪曲了马克思关于人的社会性的界说。马克思的社会人是在社会中生活的人。人在社会中以生产关系为联结进行各种社会实践，在这些实践的基础上才能形成意识和对人、自然、社会的科学认识。可见，麦克斯·阿德勒不得马克思主义要义，深陷康德主义的泥淖，钟情于范畴，才会将毫不相关的先验认识论和辩证唯物主义认识论并置。

而弗里德里希·阿德勒提出的以马赫对科学问题的研究来"补充"马克思的唯物史观也不过是一种折中主义的典型。弗里德里希·阿德勒要求人们随着科学与技术的发展放弃表达事物因果关系方面的传统观念，而以"适应"等概念代替"决定"等概念。根本上说，他是在折中马赫主义认识论和马克思主义认识论这两条根本对立的哲学路线。弗里德里希·阿德勒并不是为了更准确地表明事物之间的因果关系，说明这种因果关系的相对性和相互转化的可能；他的目的是用比马赫更为隐晦的言辞否定事物之间的因果关系，以马赫主义调和马克思主义，甚至替代马克思主义。

在奥地利马克思主义内部，麦克斯·阿德勒从新康德主义出发提出了先验的社会化意识，企图调和先验的认识论和马克思主义的反映论。弗里德里希·阿德勒强调马赫的基本哲学观点是"感觉的复合"，以此来综合辩证唯物主义认识论和先验唯心主义认识论。于是，奥地利马克思主义的主要思想家都以马克思主义需要补充为借口，建构他们自己的哲学观念。他们认为只有新康德主义和马赫主义的认识论与马克思的历史理论结合才能完成所谓的马克思主义认识论。虽然麦克斯·阿德勒、弗里德里希·阿德勒以及鲍威尔等理论家分别受惠于康德和马赫，在世界观上存在种种差异，但是就其本质来说是相似的，或是互通的。他们的哲学首先都标榜自己超越了唯物主义和唯心主义，但因为他们都否认"自在之物"的存在，把感觉作为研究的出发点，所以仍然没有跳脱出旧哲学的窠臼。我们发现，无论是新康德主义还是马赫主义都是折中主义哲学，而奥地利马克思主义者走向了极端，他们都没有经过历史和实践的中介。所以，奥地利马克思主义哲学至多算是一种折中，而绝非超越。

第四章
奥地利马克思主义的政治经济学

  麦克斯·阿德勒把马克思主义看作社会学体系，他的哲学研究是奥地利马克思主义学派整个思想结构的基础之一。这样的哲学方法也被其沿用到对政治经济学的分析中。奥地利马克思主义的主要经济学家是希法亭，希法亭和麦克斯·阿德勒一样，把马克思主义当作科学来探讨。麦克斯·阿德勒已经开始区分唯物主义和历史唯物主义的概念，即区分19世纪形而上学的唯物主义和由马克思恩格斯创始的社会科学。他在方法论上标榜自己的理论是批判性的，并在马克思主义的表象下重拾康德的遗产。[1] 这种思想轨迹是麦克斯·阿德勒和希法亭著作的基础——用"回到康德"来重建马克思。换句话说，他们所谓的马克思主义社会科学是康德的先验论中介过的，这在希法亭的经济分析中表现得十分明显。

  正是因为对奥地利马克思主义哲学方法论的承袭，希法亭的经济学也沾染了折中主义的思想特征，他在资本主义发展的现代阶段提出了以"金融资本论"和"有组织的资本主义论"为代表的学说。我们发现，希法亭企图在资本主义的自由主义经济学和布尔什维克的帝国主义理论间找到平衡点，即构建一条不同于他们的经济学解释路径。

---

  ①   Heintel, P. *System und Ideologie*：*Der Austromarxismus im Spiegel der Philosophie Max Adlers*. Wien und Munchen：Oldenbourg, 1967：15 – 21.

第一节　希法亭对边际学派的批判

希法亭虽然在职业生涯的起步阶段远离政治，但学生时代就建立起的强烈学术兴趣还是将他引入了经典政治经济学领域。希法亭把《驳庞巴维克对马克思的批判》的终稿给了考茨基，希望刊发在《新时代》上。考茨基赞扬希法亭是杰出的马克思主义理论家，让马克思主义理论富有时代感，并鼓励他为《新时代》多写稿件，但最终没有刊登希法亭的文章。希法亭自己解释说，任何对于马克思和庞巴维克之争感兴趣的读者都应具备一定的学术素养。这大概反映了当时马克思主义界对政治经济学的普遍见解，归根到底，用社会－哲学方法来解决实际政治问题（特别是工人运动问题）的做法还很少见，人们也许对于经济学上劳动价值论的讨论并不感兴趣。当时的理论状况的确如此，大多数马克思主义者或自称为马克思主义者的人都是通过《共产党宣言》进行自我认定的，很少有人涉猎《资本论》。当时流行的经济学读本是考茨基的《马克思的经济学说》（1887），它是阐释经典资本主义批判理论的通俗化作品，这个文本并不是替代对《资本论》的阅读，而仅仅是为了导引人们阅读《资本论》和马克思其他经济学著作撰写的一个导引性质的"入门书"。正如维克多·阿德勒所言，人们不关心剩余价值的问题，这些经济学理论问题似乎对普罗大众来说没有什么区别。而英国社会主义联盟创始人威廉·莫里斯则干脆表示曾试图理解剩余价值理论，但是没有成功。即使这样，莫里斯仍然是公认的社会主义者，因为他和当时大多数的社会主义者对政治经济学的理解局限于有闲阶级富裕、劳动阶级贫困、财富是通过抢夺贫困者实现的等观念上。我们看到，工人运动的领袖们尚且认为追求理论会损害真正的工人运动实体，更不必说一般劳动者了。1904 年，希法亭的最初科研成果终于在《马克思研究》第一辑上刊发，这个时候考茨基已经把希法亭看作有力的写手，希法亭也接受了考茨基的邀请，加入了《新时代》，开始不断深化对政治经济学的研究。

《驳庞巴维克对马克思的批判》是关于马克思主义劳动价值论的，从此刻开始，希法亭就以奥地利马克思主义团体科学研究的总框架关注了马克思理论的科学性和正确性。《驳庞巴维克对马克思的批判》一直被看作一个回应，批驳了奥地利学派庞巴维克对劳动价值论的否定。其实，希法亭主要是重申了马克思的立场，即使庞巴维克对马克思的攻击算不上激烈，希法亭也严肃地将马克思的经济学路线和奥地利学派的经济学区别开。[①] 希法亭的用意是确立马克思劳动价值论对资本主义模式的批判效应，这也是工人运动的政治基础。

一 奥地利学派对马克思的攻击

庞巴维克 1884 年在《资本与利息》一书中专设一章（第 6 篇第 3 章）批判了马克思的劳动价值论。1896 年，他又专门出版了《马克思及其体系的终结》一书，对马克思经济学说从理论到方法进行全面的批判。

《资本与利息》中提到，劳动价值论是一种剥削理论，而这种理论是诞生在现代社会主义摇篮中的，这是对 1884 年逐步组织化的社会的反驳和抵制。[②] 庞巴维克认为，劳动价值论使得马克思没有公正地看待资本家在对劳动者剥削的同时对于社会产生的正面影响。如果无法连接对劳动者的剥削和资本主义带来的成就的话，资本主义生产模式对工人阶级的持续剥削怎么会

---

① See Kauder, E. Austro – Marxism vs. Austro – Marginalism. *History of Political Economy*, 1970（2）. Howard M. C. and King, J. E. *A History of Marxian Economics*, vol. 1: *1883 – 1929*. Princeton: Princeton University Press, 1989.

② Bohm – Bawerk, *Capital and Interest*, vol. 1: *History and Critique of Interest Theories*. South Holland II: Libertarian Press, 1959: 241.

如此流畅得持续发生作用呢？为了驳斥劳动价值论，庞巴维克强调了市场需求和市场竞争，他的解释是：其实经济的运作是打破利润和剥削关系的。庞巴维克不否认资本家的某些钱赚得很肮脏，但在他看来这不是常态，他认为工人阶级失去的政治权力是由于伦理视野中的被忽视造成的。被马克思看来污浊的资本主义秩序是有可能被净化的，而清澈的步骤很简单，即是工人阶级的生活状况由于整个社会的发展水平提升而得到根本的改善。基于此，庞巴维克认为自己是温和的社会自由主义和社群主义的推动者。总的来说，庞巴维克对马克思的批判基于以下几点。

（一）关于劳动价值论问题

庞巴维克在《资本与利息》中认为，马克思的劳动价值论建立在错误的经典政治经济学基础之上。[①] 庞巴维克指出，马克思之所以执着于价值的问题，是因为他想获得交换过程中的等价概念，分析出交换过程中的一般因素，通过价值与价值的交换，得出社会一般劳动时间决定了商品价值的结论。但是，庞巴维克指认这个价值规律在经济现实中是无效的。庞巴维克在《资本与利息》和《马克思及其体系的终结》中分别批判了马克思在价值源泉、劳动还原和价值实现问题等观点。

在价值源泉问题上，庞巴维克认为，马克思在《资本论》第一卷开篇论证的三个步骤在逻辑上都是错误的。首先，商品交换不需要共同因素；[②] 其次，使用价值既有特殊性也有一般性；最后，即使使用价值被忽略掉，具有交换价值的产品也不只具有劳动属性，它还有其他的属性。在劳动还原问题上，庞巴维克认

---

① See Bohm – Bawerk, *Capital and Interest*, vol. 1: *History and Critique of Interest Theories*. South Holland II: Libertarian Press, 1959: 281 ~ 302.

② 庞巴维克在《资本与利息》中对交换需要共同因素即"交换公因子"是认可的，在《马克思及其体系的终结》中他改变了观点。

为，不同能力并且不同量的劳动之间无法相互通约。马克思的劳动还原实际上是通过交换过程的比价关系，即从熟练劳动的报酬高于非熟练劳动反推过来的，还原比例其实是工资的折算率，因而完全是一种循环论证。[①] 在价值实现问题上，庞巴维克坚持，竞争和供求关系不是实现价值，而是决定价值。庞巴维克引入弹性观念说明供求总是平衡的，强调在供求弹性中的"价格定位"，他指出马克思的错误是"从有效进入市场的供求部分的平衡来论证对供求作用的完全搁置"[②]。

（二）关于价值转形问题

庞巴维克从四个方面批驳马克思关于价值转形问题的观点。首先，他否认价值向生产价格转化的可能性。[③] 其次，他认为社会必要劳动时间主导价格运动不准确，进而提出生产过程的缩短和资本有机构成的变化也会影响价格运动。再次，关于历史上由价值规律向生产价格规律的转化问题，庞巴维克认为马克思没有提供任何证据，只是一种想当然的看法。最后，庞巴维克认为，马克思关于价值规律最终调节生产价格的理论是片面的。他列出两个图表，以说明马克思没有明确工资与利润的比率也会影响到生产价格，而工资是异于价值规律的。这表明，马克思的价值转形理论是错误的，因为"根据马克思的价值规律，必须完全并唯一地支配商品交换关系，却表明本身实际上只是与其他因素并行的一个决定因素"[④]。

---

① 参见姚顺良等《资本主义理解史》第一卷，江苏人民出版社，2009。

② Bohm – Bawerk, E. V. *Karl Marx and the Close of His System*. New York：Augustus M. Kelly, 1949：97.

③ Bohm – Bawerk, E. V. *Karl Marx and the Close of His System*. New York：Augustus M. Kelly, 1949：73.

④ Sweezy, P. （ed.） *Eugen von Bohm – Bawerk. Karl Marx and the Close of His System & Rudolf Hilferding. Bohm – Bawerk's Criticism of Marx*. New York：Augustus M. Kelley, 1966：73.

（三）关于方法论问题

《马克思及其体系的终结》是对《资本论》第三卷的回应，庞巴维克还比较了自己的理论体系和马克思的差别，指出了马克思主义经济学所谓"理论的症结"所在。庞巴维克将方法论的批判贯彻到对马克思经济学观点和原理批判的每一环节中。他认为，正确的方法应当是"自然的探究方法"，它首先是一种经验主义的方法，即理论必须以经验事实为基础，并且其正确性与非正确性必须在经验事实中加以证明。另外，它应当是一个心理学的方法，我们能够通过结合科学中常用的归纳和演绎方法，探究一方面指导人们从事交换事务并决定交换价格，另一方面引导他们进行生产合作的动机；并且从其他东西中推导出典型行为模式的这些动机的性质上，可以想象在常规需求和接受的价格与生产商品所必需的工作量之间有 个联系。

庞巴维克指责马克思没有为自己的劳动价值论提供任何经验或心理上的证明，马克思运用了纯逻辑的方法来推演资本主义商品的现实生活，运用辩证的演绎来证明价值的本质是无差别的人类劳动。庞巴维克的最终目的其实是全面拆解马克思经济思想在现实中的基础。

二 希法亭对庞巴维克的回击

希法亭把对庞巴维克的批判作为自己第一次涉足政治经济学领域的好机会——站在马克思主义的角度对奥地利学派的经济学理论作一个反批判。在两点上希法亭初次收益：一是自我认识，到底自己对于马克思主义的批判理论掌握了多少，在多大程度上对政治经济学问题客观地思考了；二是希法亭知道奥地利学派已经在工人运动中有了很大的影响力甚至有了一定的意识形态领导权，庞巴维克抛弃马克思主义的资本主义批判理论是因为他声称自己掌握了更新更复杂的政治批判途径，希法亭认为他的反批判这正是抨击修正主义的绝佳契机。

《驳庞巴维克对马克思的批判》中，希法亭对庞巴维克进行了针锋相对的反批判。全书包括三章：第一章针对庞巴维克对马克思劳动价值论的攻击进行反驳；第二章驳斥庞巴维克在价值转形问题上的攻击；第三章揭示庞巴维克的思想根源。除了该文的集中反驳之外，希法亭还在《论卡尔·马克思理论经济学的问题》一文和后来的名著《金融资本》中对庞巴维克进一步进行了回击。

（一）对价值范畴性质的阐释

在整个反批判计划的一开始，希法亭就提出了一个问题：什么是马克思的劳动价值论？他试图修复整个劳动价值论的全貌以区分奥地利学派的政治经济学和马克思的政治经济学。"与庞巴维克截然不同的是，马克思高扬劳动价值论不是为了探明价格，而是发现整个资本主义社会的运行规律。"[①] 希法亭认为两者之间的根本区别是到底以价格为核心，还是以社会为核心。

希法亭反驳了庞巴维克对马克思价值理论的恶劣攻击，他对马克思价值范畴的内在规定性作了阐发。认识论－方法论的区别使得希法亭强调了商品形式的概念，"商品，它表征了生产者之间的依赖关系远远大于商品工具性价值的影响"[②]。导向一般商品分析的是使用价值和价值形式之间的对立，即商品本身的自然存在与其社会存在之间的对抗。这种对抗在希法亭看来是严格的概念形式的两分法。因此，对于商品的实际分析应该科学地从两方面来考察：商品一方面是自然科学客体形式，表现出自然物的特

① Sweezy, P. (ed.) *Eugen von Bohm – Bawerk. Karl Marx and the Close of His System & Rudolf Hilferding. Bohm – Bawerk's Criticism of Marx.* New York: Augustus M. Kelley, 1966: 139.

② Sweezy, P. (ed.) *Eugen von Bohm – Bawerk. Karl Marx and the Close of His System & Rudolf Hilferding. Bohm – Bawerk's Criticism of Marx.* New York: Augustus M. Kelley, 1966: 130.

征；另一方面，它也是社会物，是政治经济学研究的客体。那么相应的，它的自然科学方面（使用价值）联结了政治经济学分析的外部，它的社会科学方面联结了社会政治经济关系的内部。[①]任何产品都确定了特定的社会关系，也就是说，"生产过程的性质是由社会劳动的自然组织确定的"[②]。劳动是价值的来源，因为劳动使零散化的社会连接起来。生产过程（从物品到商品）、产品的社会关系被包裹在产品之中，就像马克思所说的"虚幻的外衣之下的理性内核"。因此，希法亭认为政治经济学分析的钥匙是社会劳动组织化的历史发展过程。政治经济学被定义为社会的一部分，而社会学又是历史科学的一部分。希法亭对马克思理论的判断是，商品形式是产品交换的历史现象，但不同于原始的（简单的）使用价值的交换，商品形式在历史舞台的出现依赖于有组织地生产过剩的产品。这种产品交换的延伸是因为社会历史经历了不同的组织形式——从简单的商品生产到资本主义的商品生产。

简单的商品生产依赖个人的生产者，劳动者交换剩余的劳动产品，甚至是和交换者直接见面的，在这个意义上，商品的销售价格取决于每个商品的必要劳动价格。延伸的商品生产过程使得产品和产品的生产者分离，产品的直接生产者（劳动者）生产的剩余产品由另一个阶级掌握其在市场中的命运。随着资本主义商品生产时代的到来，这种分离在现实中被激化了，劳动者完全与剩余产品分离，劳动者也不再占有劳动产品本身，即完全地剥离出生产过程。原先占有剩余产品的阶级如今占有了全部的产品，而劳动者低贱到只能为了工资出售自己的劳动力。在资本主义商

---

① Sweezy, P. (ed.) *Eugen von Bohm – Bawerk. Karl Marx and the Close of His System & Rudolf Hilferding. Bohm – Bawerk's Criticism of Marx.* New York：Augustus M. Kelley, 1966：130.

② Sweezy, P. (ed.) *Eugen von Bohm – Bawerk. Karl Marx and the Close of His System & Rudolf Hilferding. Bohm – Bawerk's Criticism of Marx.* New York：Augustus M. Kelley, 1966：132.

品生产中，整个的生产过程是由剩余价值连接在一起的，任何一种特殊的产品生产过程都是独立的，每一个经济单元也是相对独立的。即是说，不再有包纳一切生产过程的生产者，产品的所有者是资本。资本主义的商品生产方式由于劳动的分离和财产的分离，带来了一种价值规律"更高级的改变"，但是价值规律的基础是不会发生松动的。[1]

劳动价值论的意义和重要性在于分析了真实现象中的资本主义生产模式如何历史地和结构地生成。于是，希法亭提出，劳动价值论没有经验地得出任何一种商品的价格，而是描述了产品的社会关系，也是提供了一种独特的资本主义批判视角。此外，从这个视角出发，社会主义的规划可以清晰地界划工人阶级和资产阶级。正如希法亭所言，只有在无阶级的社会主义生产模式下，个人才是解放的。

（二）劳动价值论带来的"价值转化形式"的问题

在价值转形问题上，希法亭首先以马克思《资本论》创作史为依据，指出马克思早在 1865 年就已经写出了第三卷手稿，而第一卷则出版于 1867 年，驳斥了庞巴维克关于《资本论》第三卷第十章是对第一卷的收回这一谬论。接着他从理论上指出，马克思并非像庞巴维克所称的那样是论证交换关系如何随着价值规律变化，而是论述在交换关系随历史条件变化时，价值规律有着怎样不同的表现。[2]

按价值交换和按生产价格交换是与特殊的竞争阶段相联系的交换。"商品交换关系只不过是个人的社会关系的物质表现，实际上在交换中确保实现的是生产法人的平等。"[3] 在简单商品生产

---

[1] Cohen, F. *Bukharin and the Bolshevik Revolution: A Political Biography, 1888 – 1938.* Oxford: Oxford University Press, 1980: 21.

[2] 参见姚顺良等《资本主义理解史》第二卷，江苏人民出版社，2009。

[3] Bohm - Baweek, Eugen, *Karl Marx and the Close of His System.* New York: Augustus M. Kelly, 1949: 147.

阶段，生产法人是拥有自己的生产资料的劳动者，他们平等的实现条件是按价值交换。"在目的是实现剩余价值的资本主义交换过程中，经济个体的平等再次被反映出来。然而这些个体不再是独立工作的生产者，而是资本所有者。他们的平等确保实现的条件是交换正常利润相等，彼此都是平均利润。"① 剩余价值分配现在不再相应地受劳动力尺度，即个别生产者在其特殊领域为了剩余价值生产所进行的耗费所影响，而是受到资本量的调节，分配的变化只影响到个别商品价格的变化。要确定这个变化，只有从价值概念出发。"价值因此是我们说明来自资本主义竞争的特有价格现象的必要理论出发点。"②

关于平均利润率在历史上的实际形成过程，希法亭也反对庞巴维克（以及桑巴特）的看法。他指出，商人开始是为了有稳定的货源和扩大出口才自己生产商品，商业利润开始会大于工业利润，但自己从事生产的商人相比专门的商人会获得超额利润。而在工业领域中，当时资本的有机构成对于利润形成并不起太大作用，因为在早期垄断的情况下，工业资本家主要是通过法律特权独占某些生产领域和高级技术的应用。利润的平均化实际上形成于垄断的终结和对资本转移限制的取消，"一旦资本主义竞争确立起相等的利润率，这个利润率就成为资本家计算生产投资去向的出发点"③。

至于庞巴维克关于"平均利润率只是与耗费的工资共同规定价格的因素之一，而这个工资是异于价值规律"的说法，希法亭指出，他正是重复了马克思早已驳斥过的"自从亚当·斯密以来充斥于全部政治经济学中的令人难以置信的错误分析"，这个错

---

① Bohm – Baweek, Eugen, *Karl Marx and the Close of His System*. New York：Augustus M. Kelly, 1949：143.

② Bohm – Baweek, Eugen, *Karl Marx and the Close of His System*. New York：Augustus M. Kelly, 1949：128.

③ Bohm – Baweek, Eugen, *Karl Marx and the Close of His System*. New York：Augustus M. Kelly, 1949：136.

误是"工资价值、利润率和地租率形成价值的独立组成部分，不须考虑不变（资本）部分，它们的组合造成商品价值"，也就是说，"它们是商品价值或生产价格的构成因素。"①

（三）希法亭对庞巴维克方法论的否定

希法亭最终从方法论的视角指出了庞巴维克理论的无效性。首先，庞巴维克出发点的唯心主义。希法亭认为，只有所处的社会关系及其变化，才制约并阐明个别资本的运动，这些个别资本本身不过是总资本的一部分。但是，心理学派的经济学家没有看到这种社会联系，因而必然会对那种旨在揭示国民经济现象的社会制约性的理论产生误解，他们总是从个人主义的观念上来理解和表述这种理论。希法亭强调，心理学派试图通过把经济本身排除在研究范围之外来建立一种理论。他们不从经济社会的关系出发构建其体系，而是选择消费者和消费品之间的心理关系作为理论基础，进而把"人对物的欲望"这种从心理学论证看作自然永恒的规律。在排除了生产关系的社会规定性之后，庞巴维克将心理状态的研究推向极致，完全不顾社会经济发展的根本规律。可以说，边际主义是对经济学科学研究方法的根本否定。

其次，庞巴维克历史观上的非社会性和非历史性。希法亭认为，边际效用论的范畴是自然的和永恒的范畴，其非社会性首先表现为用对自然物的研究取代对社会物的研究。使用价值和价值是商品不同的质，它们呈现出商品的自然形式和价值形式，即通过自身的两面性表达了自然物和社会物之间的差异。而边际效用论者不仅"混淆了自然物与社会物"，也完全用对前者的研究取代了对后者的研究。另外，他们还将对个人行为动机的研究取代对社会关系的研究。以庞巴维克为代表的"心理学派"其理论的出发点是个人而非

① Bohm‐Baweek, Eugen, *Karl Marx and the Close of His System*. New York: Augustus M. Kelly, 1949: 137.

91

社会。正是由于这种个人主义思想的影响，他们才不能理解马克思从社会和社会关系的立场上阐发的价值理论及其相关解释。所以庞巴维克错误地指出马克思理论的矛盾，源自于他本人对两种立场理解的混乱。① 边际效用理论的非社会性必然导致其非历史性。马克思从人类社会构成因素含义上的劳动出发，这个因素的发展在关键的分析上规定了社会发展。马克思的价值原理把握住了这个要素，社会通过它的质和量、组织和生产力而受到必然的控制。基本经济观点随之与唯物史观相符②，而边际效用理论由于其错误的出发点，根本无法解释社会的动态发展。

最后，在批判庞巴维克要求从经验上对马克思关于价值与价格的关系进行验证时，希法亭提出了"理论的度量性"和"实践的度量性"的区别，强调社会在价值形成中的关键作用。这在一定程度上触及到实证主义和心理主义方法在理论与经验关系问题上的要害，触及实证主义的经验证明与马克思主义的实践检验之间的关系问题。实际上这正是马克思"从抽象到具体"和"逻辑与历史统一"方法的关键之处。只是由于希法亭本身同样带有实证主义倾向，所以未能深入下去。

三 对希法亭早期经济学研究的评价

希法亭是第一个对边际效用学派进行系统批评的马克思主义者。《驳庞巴维克对马克思的批判》虽然是他政治经济学研究的最初尝试，但他准确地阐明了边际效用价值论的主观主义错误，也维护了马克思主义经济研究的科学性。《驳庞巴维克对马克思的批判》的双重意义在于：它一方面是马克思主义内部首次全面

① 在《论卡尔·马克思理论经济学的问题》中，希法亭也批判了边际效用论者把社会关系归结为私人交换关系的错误，边际效用论企图通过对作为纯粹私人活动的交换的分析来探索资本主义社会的规律只不过是一种幻想而已。

② Bohm-Baweek, Eugen, *Karl Marx and the Close of His System*. New York: Augustus M. Kelly, 1949: 131.

回应庞巴维克的攻击，另一方面向我们清晰地表述了马克思的经济学和现代正统经济学的理论差别。

希法亭在他知识分子生涯的早期重新分析了马克思的劳动价值论，从而批判了奥地利经济学家庞巴维克的边际效用理论。在《驳庞巴维克对马克思的批判》中，希法亭系统驳斥了庞巴维克的错误。第一，庞巴维克从唯心主义出发，试图从主观个人出发推导出一个客观的价值尺度。其实，希法亭对庞巴维克和奥地利学派的批评没有否认心理主义的科学价值，他认为心理学是对人类心智动机的研究，是正确的科学努力。希法亭反对的是他们把心理学作为证明资本主义经济学存在方式合理性的唯一方法，滥用心理学方法来解释供求关系、市场等。希法亭认为，奥地利学派的心理主义是一种"政治经济学的自杀"。第二，庞巴维克的边际效用论用对自然物的研究取代对社会物的研究，用对个人行为动机的研究取代社会关系的研究，因而无法理解马克思从社会和社会关系的立场上阐发的价值理论。希法亭的反批判首要的一点就是针对资本主义生产方式的自然性，他认为任何一种经济的组织形式都是关系性的、历史性的（人为的、可变的），价值不直接来源于使用价值和它的价格定位，不是人类需要的直接结果。第三，边际效用理论把政治经济学归结为静态的学说，无法理解社会的动态发展，无法理解政治经济学是关于资本主义社会运动规律的学说，这归结于他们方法论上的非辩证性。劳动价值论是对社会商品生产一般规律的认识，资本主义特殊的商品生产也包纳在社会劳动组织形式的总体框架之内。资本主义社会运行规律并不是抽象的，而是构建于人类活动之上的。希法亭抵制奥地利学派的经济学，在与资本主义对抗中，马克思的劳动价值论使得社会主义政治上反对改良主义。

总结一下，希法亭指出，庞巴维克的所有错误判断基于对于经济过程非历史的、非社会的、主观的心理感受。希法亭并不想将庞巴维克的"心理主义"的认识论－方法论扩大到黑格尔－马克思主义对资本主义生产模式的分析。商品的实现只能通过对它的组成部分的分析而获得，即产品的社会关系，它将社会劳动历史地组织在一起。庞巴维克事实上解释了作为"物"的商品，并将其永恒化，这就是马克思所说的商品拜物教。① 虽然社会科学研究在原则上与自然科学区别不大，但是自然和科学是截然不同的两种领域。资本主义社会的运行规律通过劳动价值论来发现，不同于自然科学的目标是在自然界中去发现。科学发现的不是物的规律，而是通过现象之间的关系来找出其组织在一起的原则。科学即人类意识组织原则的一个（也是最后一个）鲜活实例。

我们看到，在希法亭看来，政治经济学和历史在概念上的联系可以这样表达：就像社会学一样，政治经济学也是一门历史科学。商品不是一个"物"，而是一个"产品"，所以它包含着产品的社会关系，也表征着政治经济学在社会历史的特定时间如何组织着人类的劳动力。这时，希法亭开始真正地启动了他关于"金融资本"的论述。

第二节 《金融资本》对资本主义现代形态的初步阐述

1910 年，《金融资本：资本主义发展的最新阶段研究》在《马克思研究》第三辑出版，这是希法亭在他有生之年出版的唯一专著，但仅这一本著作就让他跻身他那个时代最重要的马克思主义理论家行列。考茨基认为，它是《资本论》的"继续"和对马克思主义的一个"真正的修订"。② 列宁和布哈林则认为希法亭

---

① 遗憾的是，包括希法亭在内的奥地利马克思主义者都没有对商品生产中的拜物做出马克思主义的解读。

② Kautsky, K. Finanzkapital und Krisen. *Die Neue Zeit*, 1910/11（1）.

的分析是发展马克思主义的帝国主义理论的新起点。[1] 《金融资本》不仅是社会理论，也是政治理论。它表达了希法亭通过分析资本主义在 20 世纪的"泛化"来定位社会科学，并且用他的眼光来审视马克思主义的社会学。《金融资本》讨论的重大问题毫无疑问是一个政治问题，即在资本主义经济崩溃前的情况下，提出从资本主义到社会主义的转变问题。

虽然《金融资本》到 1910 年才出版，但他写信给考茨基自荐的时候（他后来在序言中也提到），这项工作的大致轮廓早就成型。这里所指的思想源点可以追溯到他早期的两篇论文——《保护性关税的职能变化》[2] 以及《德国的帝国主义和国内政治》[3]。《保护性关税的职能变化》中，希法亭梳理了资本主义发展史上国家商业政策的演变过程。保护关税政策之所以在资本主义各国普遍化，其根源在于它的功能发生了转变：由后起的资本主义国家保护幼小产业的防御性手段变成所有资本主义国家对外经济扩张的进攻性武器。在阐发现代保护关税制度的历史意义时，希法亭明确提出了资本主义的现代阶段是"资本主义的最后阶段"，是"社会主义社会的直接前提"的论断。《德国的帝国主义和国内政治》对魏玛帝国进行了政治评估，首先是在政治经济上的发展缓慢，另外，帝国主义的政治结构可以定义为资产阶级和贵族之间的联姻。希法亭提出资本输出和争取经济区的斗争对于现代资本主义的重要意义，指出了帝国主义对外扩张政策的经济根源及其同对内政策的内在联系。两篇文章都为希法亭提供了洞察金融资本的视角和对政治－经济现实展开讨论的契机，然而它们都对德意志帝国政治－经济发展的物质基础保持沉默。这交

---

[1] See Brewer, A. *Marxist Theories of Imperialism*: *A Critical Survey*. London: Routledge, 1980.

[2] Hilferding, R. Der Funktionswechsel des Schutzzolles. Tendenzen der modernen Handelspolitik. *Die Neue Zeit*, 1902/03（2）.

[3] 《德国的帝国主义和国内政治》出版于 1907 年，作者署名为卡尔·埃米尔，系希法亭的假名。

给了《金融资本》来完成。

《金融资本》全书共二十五章，分为五篇，前四篇是理论部分，论述了金融资本的形成及其对自由竞争的限制和对经济危机的影响；第五篇是政策部分，论述了金融资本对国家政策、阶级关系和工人运动的影响。通过这些论述，希法亭系统阐发了自己关于资本主义现代形态的理论，其内容涵盖了现代资本主义的经济实质、经济特征、政治表现和意识形态，现代资本主义的历史地位和历史趋势以及社会主义的发展方向等方面。

一　《金融资本》的经济学分析

《金融资本》中，希法亭对资本主义现代阶段经济实质的分析是从财产形态的演化角度实现的，这实际上是拉法格思路的继承和推进。希法亭认为，资本主义发展的不同阶段集中表现为占主导地位的资本形态的不断演化，资本主义已经从"货币主义"阶段、"重商主义"阶段发展到了"自由主义"阶段，这一发展实质上反映了"工业（产业）资本"打败了"高利贷资本"和"商业（商人）资本"，成为占统治地位的资本形态。不过现在，资本主义又进入了一个新的发展阶段，"货币（金融）资本"上升为统治地位的资本形态，"工业（产业）资本"时代一去不复返了。希法亭断言，现代资本主义的经济实质就是"金融资本"的全面统治。

（一）金融资本的概念

《金融资本》开篇是对货币和信贷的论述[①]，希法亭把它放在其论著的开端显然表明这是他很重视且是颇为得意的研究成果。

[①]　有的学者认为希法亭对货币和信贷无休止的讨论是冗长无趣且观点偏颇的，但实际上，希法亭的《金融资本》有着内在统一的逻辑结构。希法亭的任务是揭示现代资本主义的经济实质和发展趋势，并由此出发，说明资本主义国家经济政策转变以及帝国主义政治和意识形态形成的经济根源。《金融资本》逻辑演进的实际起点只能是第一篇第四章"产业资本流通中的货币"。参见姚顺良等《资本主义理解史》第二卷，江苏人民出版社，2009。

希法亭要讨论的是货币流通过程如何给资本主义带来魔力，并最终主宰整个社会过程。他所揭示的是在生活铰链上发挥社会功能的货币，它们如何在交换和流通中起作用，这是资本主义发展到最新阶段的关节点，即它建立了随后成为统治的"金融资本"。希法亭强调，历史的发展使得流通领域占得了统治地位，要解释资本主义发展的最新阶段，我们必须去工厂、银行和股市，我们不得不把商品如何生产的问题转换成"为何生产中的资本影响到了整体的经济结构"。

希法亭认为，金融资本的形成是一个信用从产业资本流通中产生和分离出来，成长为银行资本，又反过来支配产业资本的过程。他从"产业资本流通中的货币"① 开始考察这一过程，"探索那种作为资本主义信用最终取得对社会进程的统治的力量，如何由流通本身中成长起来的秘密"②。在希法亭看来，这一过程包括三个阶段：金融资本在信用本身的发展中萌芽；随着股份公司的发展而发展；伴随产业的垄断化而达到它的顶点。

新企业的发展和银行的作用是希法亭《金融资本》的基础性问题，它们构成所谓的"古典政治经济学系统"。产业对银行的依赖，是财产关系演化的结果。银行负责将受限的资金转化为积极的货币资本，银行收集所有其他闲置的货币收入作为资本家阶级的货币资本。③ 这些功能反过来加强了工业过程中的集中，而在同一时间，工业上的集中过程继续，这让银行系统被迫接受这个过程。银行的金融职能使银行在资本主义经济中处于强势地位。希法亭清楚地认识到新企业的特点是所有权和管理功能的分

---

① 应该说"信用"包括"信用货币"和"借贷资本"。希法亭在《金融资本》中时常会混淆货币、货币资本、借贷资本、银行资本和股份资本，这不能不说是一个根本性的理论偏差。

② 〔德〕希法亭：《金融资本》，福民等译，商务印书馆，1994，第 57 页。

③ Rudolph, R. L. *Banking and Industrialization in Austria - Hungary: The role of banks in the industrialization of the Czech Crownlands, 1873 - 1914.* Cambridge: Cambridge University Press, 1976: 67.

化，希法亭认为，这导致了所有权和控制权的转变，从产业资本
（独资企业）的经典结构转轨为货币资本。在他看来，现代的资
本主义经济体系中，货币资本的利息和股息比生产利润更具有战
略优势。这里，希法亭的扩展依赖于一个经典的马克思主义的推
断，由于生产过程中固定资本（技术）越来越多的取代了可变资
本（活劳动），生产利润率趋于下降。然而，利率及股息证明是
相对稳定的。因此，股份制公司代表资本主义发展新阶段，货币
资本优先于工业、"生产"以及部分传统企业。这时，银行不仅
促进股票发行，且作为主要债权人的受益方，意在控制自己的投
资，银行日益转变为产业资本家。资本主义的最新发展表明：以
美国为首的发达国家兴起管理革命，通过"离散的原子属性"破
坏了过去三个世纪的经济秩序的基础，所有权和控制权（管理）
身份剥离。[1] 于是，股份制公司加上金融资本的双重作用给予银
行在资本主义经济系统中的结构性统治。最后它们通过董事会制
度，变成了直接统治者。

由此，希法亭给金融资本下了这样的定义："我把通过这种
途径实际转化为产业资本的银行资本，即货币形式的资本，称为
金融资本。对于所有者来说，它总是保持货币的形式；它由所有
者以货币资本、生息资本的形式投放出去，并总是能以货币形式
收回。但是，实际上，这种投入银行的资本的最大部分，被转化
为产业资本、生产资本（生产资料和劳动力），并在生产过程中
固定下来。用于产业的资本越来越大的部分是金融资本，即归银
行支配、并由产业资本家使用的资本。"[2]

（二）金融资本和垄断

希法亭的论述表明，金融资本同垄断有着不可分割的内在联

---

[1] Berle, A. and Means, G. C. *The Modern Corporation and Private Property*. New York: Harcourt, Brace and World, 1967: 8.

[2] 〔德〕希法亭：《金融资本》，福民等译，商务印书馆，1994，第 252~253 页。

系：一方面，如前文所述，金融资本尽管孕育于信用本身的发展，开始于股份公司的普遍化，但其最后的形成却离不开产业的垄断化和银行的垄断化；另一方面，金融资本的形成和金融资本的统治，又不断地限制自由竞争，推动了垄断的形成和发展。

希法亭认为，克服利润率平均化的障碍、阻止企业利润率下降是垄断形成的内在动因。马克思在《资本论》中揭示了资本主义生产方式取得统治地位以后，尽管每个资本家都力图获取超额利润，但由于竞争促使资本在不同部门间转移，客观上最终他们得到的都只能是平均利润。希法亭看到，这种情况在资本主义进入新的阶段时发生了变化。随着生产的发展和科学技术的进步，资本的有机构成迅速提高，这就必然带来利润率的下降，有机构成高于社会平均水平的部门，其利润率就会下降到平均利润率以下。与此同时，资本有机构成的提高，又必然造成固定资本在资本总额中的比例增大，从而导致资本转移的困难，给利润率的平均化造成障碍，这就使该部门的利润率不可能靠竞争和市场的自发作用自行回升到平均水平。当然，虚拟资本造成的资本动员增强了资本的流动性，但这也不能完全克服利润率平均化的障碍。此刻，若采取新建企业的方法，也会面临新的困难。要阻止利润率下降的趋势，只有两种方法：一是上下游企业间的合并，在企业内部拉平利润率；二是同与本企业生产同类产品的其他企业联合起来，直接控制该产品的价格。于是，资本主义的企业联合就应运而生了。虽然这两种联合本身还不能称作垄断，其形成的最初动因也不是为了获取高于平均利润的垄断利润，而是为了阻止本部门利润率降低到平均水平之下；但是，它们已经为垄断组织的形成提供了技术基础和进一步发展的出发点。希法亭特别重视"联合制"[①]，即纵向联合的作用，认为它是资本主义发展到新阶

---

① 企业联合可以划分为两类：纵向的、部门间的"联合制的联合"和横向的、部门内的"同种的联合"。

段在生产和技术方面出现的最重要的特征。只要"企业联合"发展到一定阶段，控制了某一类产品的生产和市场，其目的转化为攫取高于平均水平的利润，垄断就形成了。用希法亭的话说，这就是从"局部联合"变成了"垄断联合"。

希法亭不仅论述了垄断形成的内在动因，还强调了银行在垄断形成过程中的促进作用。从银行的目的和手段上说，每个银行也都对尽可能高的利润有利益关系。在其他条件相同的情况下，一个产业部门内的竞争被完全消除时，这种利润达到顶点，银行力求建立垄断也正基于此。我们可以说，银行资本和产业资本消除竞争的趋势是一致的。此外，"最大的安全性"这一银行技术的原则，使银行从一开始就厌恶竞争。[①] 希法亭认为银行对垄断的巨大推动作用突出体现在新企业的创建上，建立一个新企业所需要的资本越大，银行和垄断联合的关系越紧密，经济垄断本身也就越巩固。

（三）垄断的实质和发展趋势

希法亭要求区分垄断和企业联合，虽然垄断组织是一种资本主义的企业联合，但不能将他们等同起来。因为"局部联合和垄断联合的区分是基于它们在市场上的不同地位，即它们控制价格还是相反地被价格所控制。这里，对价格的控制并不取决于一切同类企业是否联合"[②]。希法亭要说的是，垄断的实质在于价格控制，在于保持垄断价格。我们认为，希法亭的这一判断是基本准确的。如果说，非垄断的市场机制作为一个联动效应体系，供求机制是基础，竞争机制是动力，价格机制则是其核心和实质；那么垄断作为市场机制的对立面，对某一类产品的生产和市场的控制是手段，攫取垄断利润是目的，只有价格控制、保持垄断价格

① 〔德〕希法亭：《金融资本》，福民等译，商务印书馆，1994，第197页。
② 〔德〕希法亭：《金融资本》，福民等译，商务印书馆，1994，第227页。

才能把手段和目的连接起来、统一起来。

从价格控制是垄断的实质出发，希法亭考察了垄断价格的决定问题。表面上看，由于客观的价格规律只能通过竞争为自己开辟道路，而垄断消灭了竞争，也就因此而消除了客观的价格规律能够实现的唯一手段。价格不再是一个客观决定的量，从而变成了纯粹由意志决定的、主观的甚至是任意的和偶然的东西。"因此，马克思集中理论的实现，即垄断联合，看来要废除马克思的价值理论。"① 但实际上，我们知道，一方面，垄断并不能消灭竞争，它改变的只是竞争的形式；另一方面，垄断本身并不创造价值和剩余价值，它能做到的只是对已有价值和剩余价值的重新分配。希法亭赞同后一方面，认为在垄断和竞争并存的情况下，如果只考虑生产性消费，"卡特尔价格"（即垄断价格）不过是垄断企业与非垄断企业之间利润的重新分配。但是由于希法亭反对"垄断不可能消灭竞争"的观点，所以他坚持认为"这种价格决定（像孤立的或局部的卡特尔本身一样）仅仅是暂时的"②。垄断的发展趋势是形成一个囊括全社会的"总卡特尔"，并在保持资本主义私有制的前提下最终消灭竞争，消除商品和货币，取消价格决定。

这里出现一个问题：卡特尔化的界限实际定在哪里？这个问题必须这样来回答：不存在卡特尔化的绝对界限，相反，倒是存在着卡特尔化不断蔓延的趋势，从而产生了总卡特尔。希法亭认为，从资本主义新的发展趋势来看，资本主义生产将被一个主管机关自觉调节，这将是一个以对抗形式进行自觉调节的社会。③

希法亭通过以上的经济分析提出了对社会主义危机理论的修订。在现实中，希法亭维护集中的倾向也并不意味着远离经济危机的趋势。卡特尔没有取消资本主义生产方式的"无政府状态"，

---

① 〔德〕希法亭：《金融资本》，福民等译，商务印书馆，1994，第256页。
② 〔德〕希法亭：《金融资本》，福民等译，商务印书馆，1994，第260页。
③ 〔德〕希法亭：《金融资本》，福民等译，商务印书馆，1994，第264页。

也没有"改变投资领域的资金之间的竞争。"他们可能只是更好地吸收危机而已。[①] 社会主义工人运动相信：资本主义的内在不稳定性使其危机缠身，最终与假设中的资本主义经济崩溃相联系。但对于修正主义运动来说，完全不可能（或否定）经济崩溃，它为政治的改革提供了必要的物质基础。希法亭否定了上述观点，而获得了折中的结论，他指出，资本主义生产周期性的经验法则是繁荣和萧条的循环，它的特点是通过危机从周期的一个阶段过渡到另一个。在资本主义经济中，资本主义生产的内在目的是利润，不是消费。经济的不稳定反而刺激了资本主义生产过程的活力，繁荣和危机相互依存。这就颠覆了马克思主义对危机的经典定义，希法亭认为它不预示崩溃，而表示资本主义经济结构功能的必要调整的时机。希法亭所谓的金融资本的发生和结构的分析大致可以归纳为两点：一是，集中的倾向是资本主义最新阶段的特点，导致卡特尔和托拉斯的发展，其身后出现了金融资本；二是，集中的过程使经济危机没有把不稳定的资本主义经济带到崩溃的境地。

至此，我们知道，希法亭在《金融资本》中的经济学探讨出现了新的问题：这个最新的资本主义发展阶段的政治影响和后果是什么？希法亭如何将"金融资本"经济学的前期工作连接到社会主义政治议题上？[②]

二 《金融资本》的政治学分析

《金融资本》的最后一部分涉及资本主义发展的最新阶段的社会和政治后果。希法亭由对现代资本主义经济的理论分析，上

---

① Mattick, P. Review of Rudolph Hilferding, *Finance Capital*, 1982 – 1983 (54).

② 值得一提的是希法亭《金融资本》的研究对象主要是资本主义发展的最新阶段，他认为德国在魏玛帝国时期（包括当时的美国）已经超越英国成为领先的资本主义国家；不论从统泛意义上还是具体现实性上，都必须深入分析德国的历史特殊性和它在欧洲的地位。这导致希法亭对政治和社会因素的确认，削弱了他在帝国主义解释中的经济层面。

升到对现代资本主义国家的政策探讨。他从政治变革的经济根源出发，阐释资本主义国家内外政策和意识形态的变化，分析资本主义社会阶级关系的变动，最后从经济和政治相统一的角度，揭示了现代资本主义的历史地位和历史趋势。

（一） 金融资本的政治影响

希法亭从现代保护关税政策、资本主义经济区和资本输出的内在联系出发，说明金融资本经济政策的实质是经济扩张，而这种经济扩张必然导致政治扩张，即帝国主义政策。在这里，我们再次遇到他在《保护性关税的职能变化》和《德国的帝国主义和国内政治》中提出的问题，虽然很熟悉，但是观察角度已然不同。希法亭的分析试图拾起马克思的分析方法：阶级、意识形态和政治结构。金融资本在经济上的统治地位，不仅改变了资本主义国家的国内政治制度和意识形态，也改变了资本主义国家的对外政策。

首先，"寡头统治的理想代替了民主平等的理想"①。如果说帝国主义在对外政策范围内表面上还包括整个民族，那么它在国内政策范围内却加强了雇主对工人阶级的阵地，强化了资本对国家政权的控制。希法亭认为，政权完全为少数金融巨头或这些巨头联盟所独占。正如预期的那样，金融资本改变了资本主义生产方式中的阶级成分和阶级联盟、积聚和集中的过程，创造了复杂的管理需要。因此，致力于管理的"新中产阶级"增长速度快于工业无产阶级。在统治阶级方面，资本家和大地主（旧秩序的政治统治精英）已经达成了和解，他们相互支持的基础是高保护性关税和他们的共同仇敌——无产阶级。较小的土地所有者②现在已经完全屈从于大地主的政治主张。此外，小店主、客栈老板、

① 〔德〕希法亭：《金融资本》，福民等译，商务印书馆，1994，第387页。
② 值得注意的是，小的土地所有者在旧的秩序下是反对大地主的。

商家们现在依赖于他们的供应商，小型工厂依赖于大型企业的订单。社会－经济结构依赖于金融资本，这就创造了政治表达的热情。"新中产阶级"把小地主、小资产阶级联合到自己周围，他们都痴迷于民族主义和帝国主义意识形态，同时对工人运动越来越不怀好意。

其次，集权主义代替个人自由。希法亭写道："金融资本所希望的不是自由，而是统治；它对个别资本家的独立性毫无兴趣，而是要求对后者的束缚。它厌恶竞争的无政府状态，希望组织。"[1] 也就是说，金融资本并不主张每个资本家有独立性，而是要他们处于从属地位；它避免竞争的无政府状态而力求组织起来，当然，这只是为了能够进行更大规模的竞争。

最后，强权政治代替了和平与人道主义。早期资本主义拥护世界主义和弱国家体制的思想一去不返，金融资本歌颂本民族，宣扬一个强有力的外交政策，拥护帝国主义，以此作为打开境外保护市场的强大手段。希法亭的分析是基本符合资本主义现实的，一旦国内竞争消除，就会产生要求关税保护以抵制外来竞争的压力，以便能实行垄断价格政策。为了维护和加强自己的统治，首先，它需要国家行使一定的职能，通过关税政策保障自己的国内市场，并且更易于争夺国外市场。其次，它需要一个政治上强大的国家，其贸易政策无须考虑其他国家的对抗性利益。再次它需要一个强权国家来增进它在国外的金融利益，并运用其政治力量把恰当的供应贸易协定强加给小国。最后，它需要的霸权国家是能够在世界各地进行干涉，以便把整个世界变成本国金融资本投放的场所。其最终结果是：国家权力加强，并与古典自由主义原则对立起来。[2]

由此看出，帝国主义政策还表现为军国主义和战争政策。争

---

① 〔德〕希法亭：《金融资本》，福民等译，商务印书馆，1994，第385页。

② 〔英〕麦克莱伦：《马克思以后的马克思主义》，李智译，中国人民大学出版社，2008，第67页。

夺殖民地和投资场所的斗争，加剧了发达资本主义国家之间、特别是新老资本主义国家之间的矛盾。全球范围内的金融资本需要强权国家推行扩张政策，把新殖民地纳入到它的势力范围内。在民族主义、种族主义和军国主义思想观念的支持下，资本主义国家日益具有强权和侵略的本性，为垄断市场和原料来源而展开激烈竞争，加剧了国际紧张局势。以垄断性高价向国外倾销在国内滞销的商品，这个做法也在不断增多，它还助长了在国外建立企业从而输出资本的倾向。更极端的表现是国与国之间的经济战和为了扩大潜在市场而对不发达地区进行武力扩张。自由、民主、平等成了牺牲品。

（二）帝国主义条件下的社会主义策略

在系统论述了现代资本主义的经济实质和经济特征，全面分析了由金融资本和垄断造成的国家内外政策和阶级关系的变化以后，希法亭开始转向了帝国主义条件下对社会主义策略的研究。

希法亭把金融资本主义称作"资本主义发展的最高阶段"。一方面，资本占有关系发展到顶点。金融资本融合银行资本和产业资本，消灭商业资本，完成了资本本身的形态演化。随着卡特尔化的不断发展，建立总卡特尔和形成中央银行的趋势正在合流，在它们的联合中，金融资本达到了它权力的顶峰，资本主义财产（所有制）关系发展到了顶点。另一方面，生产的社会化发展到资本主义生产关系所能容纳的最高限度。生产力社会化的突出表现是部门内的横向联合特别是跨部门的纵向联合（即"联合制"）的迅猛发展，"在产业资本自身内部，各个领域的界限被以前分离的和独立的生产部门的进一步联合所冲破。社会分工不断减少，更进一步，联合的企业内部的技术分工则越来越发展"[1]。这一趋势使生产社会化的规模日益扩展到整个社会和一国国民经

---

[1] 〔德〕希法亭：《金融资本》，福民等译，商务印书馆，1994，第265页。

济的规模。而资本输出和扩张经济区的斗争的激化又进一步显示出生产的社会化已经超出民族国家范围，出现了生产国际化的趋势。

针对上述情况，希法亭开始就两方面在资本主义发展的新阶段提出社会主义策略：第一，在经济上，不仅生产和技术的高度发展为社会主义奠定了强大的物质技术基础，而且金融资本对重工业和交通运输业等最重要生产部门的直接控制、对农业和工业的小企业的间接控制，使社会主义的经济改造变得十分容易。集中的趋势应归并入社会化的趋势中，银行和产业资本高度集中到少数人手里，发展高效的管理机构可以有利于抵抗资本主义的任务。这就可以在经济结构上让金融资本的社会化职能克服资本主义。第二，就革命的主体和领导者无产阶级来说，金融资本的统治促使无产阶级在政治上成熟起来。原来，只要自由放任的原则还广泛流行，国家作为阶级统治组织的性质被掩盖起来，这就需要无产阶级有较敏锐的洞察力，以便理解政治斗争的必然性。而现在，资本家阶级直接地、毫无掩饰地、公然地占有国家组织，并以这种方式把它变为自己剥削利益的工具，以致所有无产者都能够感觉得到。资本家阶级对国家明目张胆的攫取，迫使每一个无产者为夺取政权（这是结束自己受剥削地位的唯一手段）而努力。这必然会促进工会和工人政党、经济斗争和政治斗争、当前要求和最终目的的统一。

社会主义的目的是克服资本主义，这就必须占领国家，使其变为社会的自觉执行机关。金融资本已经为这一过程做了铺垫，即统治阶级已经把权力高度集中。金融资本的经济统治支配了国家政治权力，充当其攫取利益的工具。所以，一场政治革命非常必要。不过，虽然金融资本已经创造社会主义发展的组织基础，但在目前资本条件下只能是资本主义阶级社会下的社会化，它本身不会自动转向社会主义。从这里开始，希法亭转向了欧洲帝国主义的讨论域。希法亭的帝国主义解释围绕"欧洲中心主义"展开，帝国主义通过欧洲的发展而起源、变为问题、成为焦点。我们发现，希法亭对帝国主义的论断不仅不是经济主义的，反而侧重于政治因素。虽然经济发展（资本家创造金融资本，耗尽国内市场）提供了经济手段和经济推力，但是统一的德意志民族国家的创建和随之而来的与英国的经济和政治竞争定义了新的帝国主义。德国的帝国主义是现代主义和反现代主义倾向和力量的平衡。事实上，"帝国主义"将松散的魏玛帝国联结在一起，政治、社会、经济和意识形态上锚定了贵族和资产阶级之间的和解，奠定了德意志帝国的政治社会核心。在这种情况下，正如希法亭提倡群众罢工作为武器，抵抗普鲁士的选举改革一样，这不是一个简单的改良派措施，它明确了国内政治行动的必要性——打击军国主义，对抗国内外的反民主势力。普鲁士政治民主化，实际上意味着挑战魏玛帝国资产阶级和贵族之间友好关系的政治经济驱动。

因此，《金融资本》可以看作是希法亭对"斯图加特决议"①的评论。希法亭带来了政治思想改革的结论，他在这里的潜台词是：一个纯粹的经济崩溃的幻想是没有意义的，即是说，社会主义是无产阶级必须从商品生产社会倾向中提取的最终结果，想要资本主义自身一步步走向崩溃边缘的前景是缺乏的。希法亭断言，"社会主义"到了金融资本阶段，"不再是遥远的理想，甚至不再是仅仅对'当前要求'发生决定性影响的'最终目的'，而是变成了无产阶级直接的实际政策的基本组成部分"②。在《金融资本》的最后一页，希法亭指出集中趋势的最终结果是资本独裁统治的高潮，而独裁统治之间的以及独裁统治与国际无产阶级的暴力冲突无可避免。金融资本主义必然成为无产阶级革命和无产阶级专政的前夜，资本巨头的独裁将臣服于无产阶级专政。

---

① 希法亭反对倍倍尔和其他社会民主党领导者拟定的"斯图加特决议"，他认为团结国内外工人阶级的最有效方法是政治性群众罢工。

② 〔德〕希法亭：《金融资本》，福民等译，商务印书馆，1994，第425页。

三 由《金融资本》引发的帝国主义问题

希法亭在形成和阐释金融资本理论的过程中，已指出了生产和资本集中导致垄断以及银行资本和工业资本结合为金融资本这样两个帝国主义的基本特征。同时，他在研究金融资本的对外和对内政策时，还揭示了资本输出、向外殖民扩张以及寡头统治代替民主自由等资本主义发展新阶段的特征。希法亭的《金融资本》一书由于"对'资本主义发展的最新阶段'（希法亭这本书的副标题）作了一个极有价值的理论分析"，因而在国际工人运动和马克思主义发展史上占有重要的地位。[①] 同时，它对后来的马克思主义者（包括列宁）认识和研究帝国主义问题，提供了丰富的材料，做了必要的理论准备。

第一次世界大战暴露并激化了帝国主义所固有的矛盾，第二国际内部社会沙文主义的滋长，使得关于帝国主义及其后果的论争白热化，形成了以考茨基、鲍威尔为代表的阵营同以布哈林、列宁为代表的阵营对帝国主义问题两种截然相反的认识。

（一）第二国际对帝国主义问题的争论

在大战爆发前的几个星期，考茨基写了一篇题为《帝国主义》的文章。战争开始后，他略做补充修改，将其发表在1914年9月的《新时代》上。这篇文章首次完整地提出了"超帝国主义"的理论。之后，他在《民族国家、帝国主义国家和国家联盟》《两本论述重新学习的书》《再论我们的幻想》《帝国主义战争》等文章中做了进一步发挥，从而形成了社会党中派主义的一个重要理论"超帝国主义论"。

考茨基对"帝国主义"的定义是："帝国主义是高度发展的工业资本主义的产物。帝国主义就是每个工业资本主义民族

---

① 《列宁全集》第25卷，人民出版社，1988，第187页。

力图征服和吞并愈来愈多的农业区域，而不管那里居住的是什么民族。"① 考茨基显然吸取了希法亭的"帝国主义是金融资本偏爱的政策"的观点，他强调工业资本主义的高度发展阶段才产生了帝国主义。我们看到，"金融资本"的概念频繁出现在考茨基的论著中，不过考茨基否认帝国主义是资本主义发展的必然阶段和最后阶段。另外，他也反对将"帝国主义"的概念泛化。考茨基认为，帝国主义只是现代资本主义在特定时期采取的一种"特殊类型的资本主义政策，帝国主义扩张仅仅为了获取农业地区的原料和粮食"② 。所以，不能把"帝国主义"与"现代资本主义"画上等号。最后，他抛出了所谓"超帝国主义"模型。考茨基从两个方面论证了超帝国主义阶段的可能性："一是在经济上工业垄断农业的方法很多，不一定采取帝国主义方法。帝国主义的出现有其经济根源，但并不等于是一种经济必然性；二是政治上存在着用国家联盟取代帝国主义国家的可能性。"③

同考茨基一样，奥地利马克思主义思想家鲍威尔也认为，帝国主义只是一种资本主义侵略扩张政策，是一种追求新的投资场所和销售市场的意图和思潮。他提出，帝国主义"促进了工人阶级的福利"，"提高了工资的购买力"。因此，鲍威尔主张帝国主义有利论，在消除保护性关税等弊端之后，应冷静地对待帝国主义。一方面，在资本主义经济的发展趋势上，坚持马克思的资本集中理论并未过时，改变了的不是产业中间等级的衰落趋势，而只是其形式。他认为，大资本吞并和排挤小资本的趋势在现代出现了变种，小企业的衰亡引起了它们数量急剧下降的说法是不准确的，真实情况是现代资本主义的发展在工商业的小企业中造成

① 〔德〕考茨基：《帝国主义》，史集译，三联书店，1964，第 2 页。
② 《第二国际修正主义者关于帝国主义的谬论》，三联书店，1976，第 107 页。
③ 〔德〕考茨基：《国防问题和社会民主党》，何疆、王禺译，三联书店，1964，第 15 页。另参见姚顺良、夏凡《重新审视考茨基理解资本主义现代形态的"另类"模式》，《南京社会科学》2008 年第 10 期。

了结构变化——不仅大多数小企业直接成为大企业的附属企业，即使那些保持表面上独立地位的小企业，也已在各方面"从属于金融资本"，陷入对资本的间接隶属。鲍威尔在这里提出的看法，同拉法格所谓"试验性的公司"一样，实际上包含了后来希法亭称之为"参与制"的思想。另一方面，在帝国主义的经济根源上，鲍威尔突出了危机、资本输出和垄断组织的作用。他认为，资本主义国家经济区域规模的大小，对该国资本主义生产的发展具有重大意义，而资本主义制度下的周期性危机迫使资本家进一步在利润率较高的不发达国家寻找势力范围。资本输出的双重作用即体现在：扩大市场和减缓危机。

1900 年以后，卢森堡经常讨论帝国主义问题，不过是用"帝国主义"一词来指称资本主义现代阶段的政治表现。在《资本积累论》中，卢森堡明确指出："帝国主义是一个政治名词，用来表达在争夺尚未被侵占的非资本主义环境的竞争中所进行的资本积累的。"[①] 卢森堡所理解的政治化的帝国主义是"世界政策、军国主义和殖民政策"三者的统一，资本积累的一般性质和积累方法的现代特点共同决定了这种帝国主义鲜明特征。

麦克斯·阿德勒也谈帝国主义的必然性，但是，这种必然性不是客观的经济发展，"只是社会发展中的一种特殊的发展意志"。也就是说，帝国主义不是资本主义经济客观发展的必然结果，而只是主观意志。麦克斯·阿德勒同时天真地认为，帝国主义（特别是国际垄断资本联合的结果）必将为一种"世界组织""超国家的秩序"所代替。由此，不仅国家、民族间的对立将会缓解，其内部的对立也将真正地被消除。[②]

由考茨基等人提出的帝国主义（"超帝国主义"）论，触及到

---

① 〔德〕卢森堡：《资本积累论》，彭尘舜、吴纪先译，三联书店，1959，第359 页。

② 《第二国际修正主义者关于帝国主义的谬论》，三联书店，1976，第 266～267 页。

了当时国际工人运动中一个最敏感的问题：现代资本主义制度还有没有生命力？考茨基等人对此作了肯定的回答。实际上，这是欧洲社会民主党内长期论争的一个重要话题。伯恩施坦之所以要修正马克思主义，也是以此为基点的。希法亭在阐发帝国主义理论中，不仅包含这种思想，并且越来越鲜明。第一次世界大战之后，由于经济的恢复和发展，发达资本主义国家一度步入稳定和繁荣期。据此，考茨基又进一步论证了资本主义制度的生命力问题。他通过世界大战的事实论证了资本主义的弹性，资本主义对改变了的形势的适应力远远超过它的脆弱性。改良主义者甚至认为，纯粹从经济上来看，资本主义比从前任何时候都更加稳固。资本主义在实践中已经极其深刻地证明了它的生命力和它对于最多样的，甚至最绝望的状况的应对能力。

（二）布哈林和列宁对帝国主义问题的论证

同考茨基等人的看法相左，俄国马克思主义者从对帝国主义的研究中，得出了不同的结论。在这方面，布哈林和列宁最具有代表性。其中，布哈林写成《世界经济和帝国主义》一书，全面地阐释他关于帝国主义问题的研究成果。

布哈林认为，资本主义经济关系的国际化不仅表现在各国经济联合的扩大和加深，而且还表现在产生了资本主义发展历史中的新的经济组织——国际垄断组织。布哈林从世界经济入手研究国际垄断组织问题，他得出结论：帝国主义是一个世界经济问题。[①] 由于世界资本主义生产力的迅速提高，特别是技术的突飞猛进，世界经济的发展态势平稳。这些促使各国的生产关系紧密联系起来，从而产生了资本主义最新阶段的经济组织——国际辛迪加、卡特尔和托拉斯。它们是资本主义商品交换"最高的组织

---

① 〔苏〕布哈林：《世界经济和帝国主义》，蒯兆德译，中国社会科学出版社，1983，第 8 页。

发展阶段"。根据布哈林的判断，从一般的商品经济开始，到国际辛迪加、托拉斯的形成为止的全部发展过程，也就是社会经济生产国际化的过程，它使地理上相互隔离的经济彼此接近。但是，这个过程造成了世界范围内资本家积聚财富，而世界无产阶级的贫困状况却没有得到改善，最终两个阶级之间的差别不断扩大。

关于帝国主义世界经济发展的历史趋势，布哈林强调，我们说帝国时代、金融资本统治的时代是一个特定的历史阶段，并不意味着它的出现是偶然的。实际上，"金融资本主义是工业资本主义时期的历史继续，就像工业资本主义是商业资本主义阶段的继续一样"①。布哈林进一步论证，帝国主义是资本主义一般发展趋势的继续，它是资本集中趋向的延伸，它代表一种特殊形式的资本集中——剩余价值的资本化。布哈林在考察帝国主义发展的历史趋势时，指出了国家垄断资本主义的产生和发展，不过布哈林把它称为"国家资本主义托拉斯"。布哈林强调，决不能把工业的组织化和国家经济活动的扩大认为是国家社会主义的发展。相反，它是"国家资本主义托拉斯结构内加速集中的过程，这个国家资本主义已经发展到最高形式，它不是国家社会主义，而是国家资本主义"②。

布哈林从金融资本的国际竞争和向外扩张中，说明了新形势下资本主义矛盾的发展，揭示了帝国主义与战争的关系，阐述了帝国主义战争的经济根源。关于作为特定历史范畴的帝国主义，他的论断和希法亭不同。布哈林认为，不能仅仅关注帝国主义的"扩张"和"暴力政策"等表象，而应着重分析产生这种政策的基础。在布哈林看来，金融资本是一个历史上限定

① 〔苏〕布哈林：《世界经济和帝国主义》，蒯兆德译，中国社会科学出版社，1983，第78页。

② 〔苏〕布哈林：《世界经济和帝国主义》，蒯兆德译，中国社会科学出版社，1983，第126页。

的时期，而作为金融资本政策的帝国主义，也是一个特定的历史范畴。① 总之，"帝国主义是金融资本主义，即生产组织已经相当成熟的高度发达的资本主义政策。换言之，帝国主义政策存在的本身，就证明了一个新的社会经济形态的客观条件已经成熟"②。

几乎在布哈林研究世界经济和帝国主义关系的同时，列宁也开始了对帝国主义的论证。《帝国主义是资本主义的最高阶段》吸收了大量的材料和观点，其中最重要的参考文献便是希法亭的《金融资本》。列宁一开始就注意到希法亭关于资本主义已发展到一个最新阶段的论断，他认真地研究了希法亭对金融资本产生过程的分析，他在著作中吸收了希法亭对金融资本活动特点的阐述。列宁赞同希法亭指出的"争夺经济领域的斗争"是帝国主义的重要特点。《帝国主义是资本主义的最高阶段》延续了对金融资本政治上反动性的论述：对外扩张和实行武力侵略，争夺世界霸权，对内则极力促使本国政权加强国家权力，以寡头政治取代民主政治。《帝国主义是资本主义的最高阶段》也是对考茨基的"超帝国主义论"的批判。列宁积极地从事帝国主义问题的研究，并从中得出社会主义有可能首先在几国甚至单独在一国获得胜利的结论，这实际上是对考茨基等人鼓吹的"超帝国主义"论的否定。③ 列宁认为，帝国主义是资本主义经济发展过程中的一个特殊阶段。资本主义商品生产的一般特征是自由竞争，但是到了帝国主义阶段，垄断代替了竞争。他由此得出结论："如果必须给帝国主义下一个尽量简短的定义，那就应当说，帝国主义是资本

---

① 布哈林认为，帝国主义包含着一系列其他的历史倾向和特征。从纵向来说，它是旧的前资本主义和旧的资本主义生产关系时代的延续和发展；从横向来说，它集中地反映了金融资本主义时代一定状况的生产关系、一定状况的经济生活的组织形式、一定的阶级关系以及经济关系等。

② 〔苏〕布哈林：《世界经济和帝国主义》，蒯兆德译，中国社会科学出版社，1983，第105页。

③ 《列宁全集》第22卷，人民出版社，1990，第186页。

主义的垄断阶段。"①

关于国家垄断资本主义的成因和本质，列宁分析认为，它是"资本主义经济社会化"的一个重要表现和结果。列宁继续指出，资本主义经济的内在逻辑是国家垄断资本取代一般垄断资本的根本原因，金融资本的集中趋势必然导致金融寡头成为经济社会的统治力量，他们的资本家本质属性不可避免地激化资本主义诸多基本矛盾。国家垄断资本主义的性质之所以仍然是资本主义，是因为国家仍然是资本主义国家，它仍然是垄断资本家和金融寡头们保障其特权地位和镇压工人的工具。

我们看到，以列宁写成《帝国主义是资本主义的最高阶段》为标志，在帝国主义问题上，第二国际内部实际上形成了根本对立的两种看法。考茨基等人认为，帝国主义的形成和发展，绝不意味着资本主义已经接近死亡，恰恰证明了其强大的生命力。因此，代替帝国主义的并不是社会主义，而是所谓"超帝国主义"；无产阶级的任务，不是通过革命取得政权，而是静候"超帝国主义"阶段的到来，并使之朝着社会主义方向和平发展。以列宁为代表的经典马克思主义著作家则认为，帝国主义的发展，特别是世界大战的进程表明，帝国主义是濒死的资本主义，社会主义革命的条件业已成熟，无产阶级有可能在少数甚至单独在一国首先夺取胜利；无产阶级的任务是与机会主义者彻底决裂，将暴力革命提上实践日程，变帝国主义战争为国内战争。这样两种根本对立的认识和主张，最终导致第二国际及其主要成员党彻底分裂。无论如何，从希法亭到列宁，第二国际时期的理论家对 19 世纪末和 20 世纪早期世界图景所做的详细论析，创建了马克思主义理论体系中一个持续多年论争的讨论域——帝国主义。但是随着一战、二战的结束，自由资本主义的思想家们弹冠相庆，认为帝国主义的讨论已经埋葬在世界大战的废墟当中。甚至到了 20 世

① 《列宁全集》第 27 卷，人民出版社，1984，第 401 页。

纪 70 年代新科技革命之后，一些左翼思想家也对资本主义的当代发展产生了乐观的估计，因此，帝国主义的修辞很大程度上被他们弃用了。不过正如渡边雅男所言："无论是卢森堡、希法亭，还是列宁、布哈林，他们的古典帝国主义论依旧魅力十足。"① 百年前第二国际关于帝国主义问题的论争及其引申出的列宁对竞争性帝国主义的科学表述不仅没有过时，反而在当代产生了从理论到实践的全面回响，给世界社会主义运动提供持续的智力支持和实践导引。

四 《金融资本》的理论失误

在政治经济学上，《金融资本》的目标是分析信用货币的增长和股份公司的出现原因，接着深刻认识银行势力发展的本质，进而理解卡特尔和托拉斯等垄断组织成为经济社会统治的实质，最终揭示资本主义发展到最新阶段的诸多因果要素。希法亭宏观地分析了资本主义在 19 世纪末的发展轨迹，可以说，希法亭的《金融资本》对唯物史观基本原理进行了一定的论证和发挥。毫无疑问，《金融资本》引起了马克思和非马克思主义学术圈的轰动。作为历史读本，《金融资本》至今都被援引甚至引发争论。希法亭的理论激发了诸如新结构主义史学的研究范式。② 作为社会主义读本，希法亭的《金融资本》影响了列宁的一系列著作，也影响了拉美被殖民地区的理论家，掀起了"后帝国主义"的浪潮。作为经济学读本，《金融资本》分析了组织化资本主义以及卡特尔和托拉斯等高级的资本集中，这潜在地指向了国家垄断。希法亭是马克思主义理论家中第一个声称资本主义可以通过自身调节来对抗金融危机并持久存在的理论家。

---

① 〔日〕渡边雅男：《当代世界帝国主义的七个问题》，高晨曦译，《政治经济学评论》2017 年第 1 期。

② 受到希法亭影响的杰出历史学家包括汉斯·威勒尔和于尔根·科卡等，他的理论对结构主义史学的最新研究仍有借鉴意义。

虽然《金融资本》对马克思主义的经济理论有重要的发展，但是与马克思主义经济理论存在较大的理论偏差，以致歪曲了马克思主义的正确判断。希法亭无法全面理解资本主义达到帝国主义阶段的本质，他只说明了资本主义新阶段的部分现象，并不能把帝国主义基本的和全体的东西加以分析。① 希法亭的《金融资本》在实现现代资本主义批判理论创新的同时，转换了马克思经典资本主义的理解模式：从生产过程转向流通过程；从经济关系转向财产关系。马克思对资本主义的分析一贯建立在唯物主义基础上。在马克思的分析中，生产关系是人类其他所有关系的基础。而希法亭却把交换关系——流通——看作本质。在说明马克思劳动价值论时，希法亭已经开始错误了，这种错误从李嘉图延续到卢森堡，最后是希法亭自己。希法亭在《金融资本》中阐述价值理论时，只把价值当作量的解释，并且混淆了价值的实体和价值的大小。价值理论是马克思货币理论的直接前提，错误的价值理论必定延伸到货币理论的失误。希法亭接着对马克思的货币理论加以修正，他认为"货币"是流通手段。因为它是价值的一般尺度和商品的一般等价物，才成为一般的支付手段。这是把因果关系颠倒了，因为在流通之前，商品价值首先必须以其他商品（或货币）给它表现出来。希法亭这本著作的主要论题是金融资本，由于未对生产内部所进行的发展过程加以充分的考察，所以就不能够给金融资本以普遍妥当的定义。

（一）《金融资本》理论失误的哲学根源

哲学方法上，希法亭追随奥地利马克思主义流派的基本思路，这在经济学方法上就表现出一种实证主义、理性主义和折中主义的构架。我们发现，经济学研究中，希法亭赞同麦克斯·阿

---

① 〔德〕佛莱特·厄斯纳：《希法亭"金融资本论"的功绩与错误（续）》，蔺碧虚译，《世界经济文汇》1957 年第 1 期。

德勒和弗里德里希·阿德勒对马克思主义进行的补充，即用新康德主义和马赫主义的认识论来调和历史唯物论，其实从根本上是用认识批判论来取代马克思科学的历史观。

第一，认识论上的实证主义倾向。希法亭虽然意图坚持马克思在研究资本主义运行过程中的科学方法，但是他无法领会马克思在政治经济学领域所做的革命性转变，所以也无法理解抽象法和理性演绎法的精神实质。希法亭认为古典经济学派和心理学派的对立就是经济学领域的全部矛盾——前一派别注重客观认知，后一派别则热衷于主观解释。在他看来，马克思是属于前者的，而边际学派则属于后者。所以，希法亭对于马克思政治经济学的认识仅仅停留在和古典经济学相同的层面上，也就无法厘清马克思的唯物主义同经验论和实证主义的界限。最终，他将逻辑与历史统一的方法和"理论假设－经验求证"的方法混为一谈，也就偏离了马克思主义，靠近了实证主义。另外，希法亭所谓对经验世界的超越也只不过类似于弗里德里希·阿德勒的"感觉的复合"或麦克斯·阿德勒的"社会化意识"的翻版。换句话说，他只是用另一种"经验"置换了原来的"经验"。

第二，历史观上的理性主义倾向。希法亭在经济学研究中也暴露出自己历史观上的缺陷，这与其认识论的失误是紧密相关的。在历史观上，他强调的是"流通过程－大信用－财产关系"的资本主义理解模式表现出来的"流通决定论"和"财产决定论"。这当然同马克思历史唯物论中"生产方式决定社会形态""经济关系决定法权关系"的基本原理相违背。我们认为希法亭带有明显的历史唯心主义倾向，这是由实证主义认识论给希法亭历史观带来的理性主义倾向造成的。

第三，马克思主义观上的科学主义倾向和总体的折中主义色彩。受新康德主义影响，希法亭割裂了马克思主义的科学性与价值性之间的内在统一。他一方面认为，马克思主义在学说的性质和研究方法上是与目的、规范和价值无关的纯粹实证科学，从而把价值、理想和信仰从科学中驱逐出去。另一方面又认为，马克思主义的研究对象也包括目的、规范和价值问题，马克思主义的社会功能也不是价值中立的，而是为无产阶级服务的。① 从上述观点可以看出，希法亭的马克思主义观带有浓厚的科学主义倾向，同时又带有较强的折中主义色彩。

(二)《金融资本》理论失误的历史背景

希法亭在《金融资本》中呈现了"流通过程－大信用－财产关系"的资本主义理解模式，这种错误的形成不仅因为他自身理论素养的缺陷，也有着客观的历史背景。它同资本主义由古典形态向现代形态过渡初期出现的局部现象和暂时趋势有着直接的联系。《金融资本》得出的一系列结论，实际上主要反映了伴随第二次科学技术革命，帝国主义世界殖民体系形成这一阶段的特点，也更多地反映了后起的资本主义国家（特别是德国"容克帝国主义"）发展的特殊道路。但当代第三次科学技术革命和信息产业的兴起瓦解了帝国主义世界殖民体系，资本主义进入了"后工业社会"、"后殖民时代"和"全球化资本主义"时代，《金融资本》的诸多分析都暴露了其历史局限性。

第一，关于现代资本主义的经济实质。在希法亭看来，金融资本是"归银行支配、并由产业资本家使用的资本"或"实际转化为产业资本的银行资本，即货币形式的资本"。希法亭的局限在于夸大财产资本（借贷资本和银行资本）的支配地位，贬低职能资本（工业资本和商业资本）的作用。他以为，随着金融资本的形成，工业资本已经完全被银行资本支配，而商业资本将逐渐消亡。其实，希法亭对金融资本的理论阐释具有浓厚的时代特点和德国的特色。他当时身处德国，所以依据的主要是德国的材

---

① 姚顺良：《希法亭对马克思资本主义理解模式的逻辑转换》，《南京大学学报》（哲学·人文科学·社会科学）2009 年第 3 期。

料，添加了一部分美国的材料，因此不能概括当时英国和后来美国的情况。现在看来，"容克帝国主义"的德国不能体现资本主义的最新发展状况和将来发展趋势，美国后来的发展也证明了这一点。[①] 第二次世界大战以后，特别是"后凯恩斯时代"资本主义的最新进展向我们展现的图景是：资本主义的现代形式越来越多地表现为以资本市场为中介，以股份资本为主体，而银行资本和借贷资本早已不是资本主义的主流。"虚拟资本"战胜了"金融资本"，上升为社会生活的统治力量。

第二，关于现代资本主义的经济特征。在垄断问题上，希法亭的问题同样在于他所"依据的事实"其实只是德国"容克帝国主义"的特殊国情和随着第一次世界大战迫近资本主义各国转向战时体制的暂时状态。他再次把资本主义发展的某些局部的、暂时的现象误认为是一个永久的趋势。人们往往只看到了资本主义发展到现代阶段的这一现象，忘记了与此同时，股份公司和虚拟资本的发展使原来统一的资本所有权和资本使用权相分离，使资本本身商品化和市场化了。因此，我们认为，把现代资本主义界定为"垄断资本主义"同样是片面的，至少是可以商榷的。资本主义从古典阶段到现代阶段的转变，同时也是资本主义从不完全的市场经济体制向完全的现代市场经济体制的过渡。

第三，关于帝国主义问题。希法亭关于现代资本主义的经济实质和经济特征的看法，直接影响到他对帝国主义的政治制度和历史地位的观点。既然现代资本主义的趋势是垄断将完全消灭自由竞争，资本主义市场机制将最终被垄断组织和金融资本的自觉统治所取代，那么政治上的自由主义、民主主义就必然会让位于帝国主义、殖民主义、军国主义和战争政策；既然金融资本是资本的完成形态和一般财产关系发展的最高阶段，

---

① 〔美〕保罗·斯威齐：《资本主义发展论》，陈观烈等译，商务印书馆，1997，第291页。

那么金融资本主义理所当然地成为资本主义发展的最高阶段和最后阶段。然而，正如我们在前面指出的，希法亭关于现代资本主义的经济实质和经济特征的看法本身就是片面的，所以他由此引出的政治结论和历史判决也不会科学。应该承认，希法亭针对资产阶级革命不彻底的后发资本主义国家（如德国"容克帝国主义"和与之类似的俄国、日本等"军事封建的帝国主义"）特殊发展道路的分析是比较准确的，他们当时的社会现实确实反映了资本主义世界体系形成的最初阶段，通过帝国主义、殖民主义和战争政策来为自己开辟道路的过渡性质。但这些现象不能概括为现代资本主义的本质特征和一般规律。事实证明，马克思对资本主义的理解是科学的，资本主义从始至终既不是赤裸裸的专制统治，也不可能实现真正的平等，而是"形式上的平等和实质上的霸权"①。

总体看来，《金融资本》的诸多缺陷使希法亭在接下来的研究中走入了更深的误区，希法亭后期的"有组织的资本主义论"是其错误的顶峰。希法亭从"金融资本"过渡到"有组织的资本主义"的原因包括两个方面：从客观方面说，第一次世界大战的爆发，促使欧洲主要资本主义国家的国民经济转入战时体制，国家对经济活动实行了全面的干预和监督；从主观方面说，希法亭的政治立场发生了变化，从"中派"转向了同"右派"合作、共同反对第三国际"革命共产主义"的"社会民主主义"立场。主客观双重因素的结合，使希法亭现代资本主义观中的原有缺陷迅速膨胀，终于推出了带有根本理论错误的所谓"有组织的资本主义"论。希法亭的"有组织的资本主义"论已经不再属于马克思主义的资本主义理论，甚至不再属于批判的资本主义理论范围了，它已经汇入了资产阶级经济学和社会学的主流，也标志着希法亭走向了改良主义的道路。

① 参见姚顺良等《资本主义理解史》第二卷，江苏人民出版社，2009。

第三节 希法亭对资本主义现代形态的进一步探索

《金融资本》之后的研究中，希法亭把帝国主义和战争联系在一起，并认为帝国主义是资本主义发展的一个重要特征，同时，他认为帝国主义是"不可避免的"[①]。当激进的左翼仍然相信在内部打破资本主义，并把帝国主义间的战争看成资本主义崩溃的一个标志的时候，希法亭断然拒绝了这种假设，他不仅放弃了崩溃的概念，也开始承认资本主义的稳定倾向。希法亭从战争中得到的结论是独特的，国家衍生出不同以往的管理能力以干预经济，并认识到劳动、资本、国家之间合作的作用，再加上资本积累的趋势，造成了新的独特的社会经济政治模型——"有组织的资本主义"。

希法亭指出，工人运动中的社会改良主义不是一个单纯的发明或一个阴谋，改良主义有其唯物主义的基础，这个基础是资本主义发展的最新阶段的保守倾向。人们在大多数情况下认为马克思仅描述了资本主义的革命倾向，而希法亭写道："马克思低估了资本主义的适应能力，实际上工人阶级的斗争、社会民主、工会运动使得资本主义适应性更强。"[②] 资本主义的保守倾向和它的集中倾向一起造就了社会主义转变的一种可能形式——有组织的资本主义。战后的有组织资本主义给工人运动提供了社会改良主义的新意识形态，希法亭断言，并不存在混乱的资本主义，而是有组织的资本主义，于是，工人运动的思想和政策应与之相匹配。

---

① Hilferding, R. Historische Notwendigkeit und notwendige Politik. *Der Kampf*, 1915 (8).

② Hilferding, R. Arbeitsgemeinschaft der Klassen? *Der Kampf*, 1915 (8).

一　有组织的资本主义论

在 1915 年发表于《斗争》杂志第八期上的《阶级的工作集体?》一文中，希法亭指出，旧的资本主义社会已被废除，取代它的是一种新形式的资本主义社会。在这种社会中，经济的最上层是资本主义垄断组织和国家联合的权力，而其下层则是被组织在生产人员的严格等级中的大众。因此，这种形式的资本主义比以前的资本主义能够更好地适应大众的直接需要。在题为《历史的必然性和必然的政策》的另一篇文章中，他开始把这种新形式的资本主义称作"高度有组织的金融资本主义"。

希法亭在批驳《新德国的工人阶级》中的机会主义和改良主义时提出，大多数社会民主党员存在虚假意识形态与政治，而"战争社会主义"只会在组织化的倾向上加强资本主义。到目前为止，大多数的社会民主党人把"有组织的资本主义"（"战争社会主义"）视为工人运动的救世主。大多数德国有组织的工人已经放弃了民主和社会主义，他们已经放弃了任何独立的立场，并致力于创造一个有组织的资本主义制度。然而，这意味着长期不民主的机构、帝国主义的政策、社会经济奴役等。到时候，不是社会主义替代资本主义，而是有组织的资本主义按统治与被统治的关系来组织经济，民主原则被抛弃，资本主义垄断和国家联合起来压迫劳动者。

希法亭之后的研究更加集中于资本主义新的组织化趋势，无疑在现实性上，它是不断加强的。甚至，有组织的资本主义会限制竞争，减少无政府的状态，防止失业加剧，工人阶级可以作为生产的领导者等等，但是这些改变不了资本主义规则中的等级划分，无产阶级无法按照民主主义的社会主义原则组织经济。1924年的文献《时代的问题》分析了有组织的资本主义的主要特征：第一，大的垄断企业在经济中占统治地位，他们与银行高度结合。工业资本、商业资本和银行资本联结成为金融资本这一单一形式。第二，大企业的社会化过程导致了整个工业部门的劳动社会化，继而将社会化了的工业部门联合起来。第三，资本主义社会加强对经济的引导和控制，意图在社会结构内部克服自由竞争带来的无政府状态。第四，如果这一趋势顺利地运行，产生的经济形式就是有组织的、对抗性的，它按照统治和被统治关系组织经济。第五，在新的经济组织形式下，资本主义生产关系的稳定性增加，经济危机缓和，投资的计划性加强。①

到了 1927 年 5 月，希法亭在向德国社会民主党基尔代表大会所做的报告中宣称："具有决定性意义的是，我们目前正处在一个这样的资本主义阶段，在这一阶段中，资本主义由纯粹的、盲目的市场规律所统治的自由竞争时代基本上被克服了，我们达到了有组织的经济。"② 有组织的资本主义在实际操作中表现出对计划和管理的依赖，也就是说社会主义理念中的许多元素替代了资本主义自由竞争时代的原则。这种经济组织和社会管理方面的发展总体来说受到国家的影响，因为国家是社会唯一自觉的、具有强制力量的组织。③ 改变现状的方法是希法亭所谓的"社会民主主义"④。他介绍，"社会民主主义"这个词提醒工人运动，这场运动既是社会主义的，又是民主主义的，旨在将其改造成一个政治和社会经济领域的实际民主运动。希法亭意识到重新发明社会主义工程的紧迫感，因为社会主义与民主之间的联系（特别是由工人运动所暗示的二者统一）已经被破坏。追求一种无民主内容的"社会政策"竟变成了现实，因此，坚持民主的重要性是工人

① 殷叙彝：《社会民主主义概论》，中央编译出版社，2011，第 226 页。

② 《第二国际修正主义者关于帝国主义的谬论》，三联书店，1976，第 225 页。

③ 殷叙彝：《从"有组织的资本主义"到民主共和国崇拜——论鲁道夫·希法亭的国家观》，《当代世界社会主义问题》2003 年第 2 期。

④ 从 19 世纪法国大革命到一战期间，"民主"这个概念所传达的战斗口号具有"大众"的意涵，那时的政治家和现在不同，即使是最开明的自由主义者也不把自己标榜为民主主义者。参见 Rosenberg. *Democracy and Socialism: A Contribution to the History of the Past 150 Years.* Boston: Beacon, 1965。

阶级的自由和解放的必然选择。此时，由于希法亭看到了工人阶级除了革命性趋势之外的适应趋势，他对社会主义的现实产生了一定的动摇，但是革命依然是他坚守的信条，只不过显得越来越脱离实际。

二 经济民主论

我们认为，希法亭所述的有组织的资本主义在各方面都寻求组织化，而这一进程的领导者仍然是占有生产资料的阶层，他们对经济和社会的组织化管理是为了对生产继续施加作用，继续影响产品分配。各种缓和资本主义固有矛盾的新迹象都是潜藏在资本主义生产关系不变的基座之上的，所以阶级的对抗性仍然无可避免。组织化程度的不断提高也就意味着对生产的控制是不断加强的，有意识的组织化经济过程必然导致工人阶级远离经济权力和社会产品，因此，阶级矛盾不仅不能缓和，反而更加激化。[①]

希法亭认为解决这一矛盾的要领是经济民主，这需要把按统治和被统治关系组织起来的经济转化为民主为基础的经济组织形式。于是，原先具有压迫意味的经济管理被罢黜，取而代之的是群众对经济的管理模式。希法亭界划的经济民主和政治民主有明确区别，政权在不同阶级之间的交替是瞬时的，但是经济民主可以通过渐进的改良而达成。经济民主的过程需要生产者组织的发展变化，不但要提高人们的民主意识，也要在生产实践中加强监督，只有这样才能达到经济民主的最终目的。

机械化大生产条件下出现的新情况是：工人阶级的劳动强度仍然很高，不过此时，因为生产的科学化程度提高，管理技术不断发展，劳动专业化的趋势越发明显。我们看到，工人在所谓有组织的资本主义生产过程中的不自主地位没有改变，他们只是在劳动分工中被安排到不同的生产部门，这类似公务员性质的雇员

---

① 殷叙彝：《社会民主主义概论》，中央编译出版社，2011，第 226 页。

阶层划分是资本家按统治和被统治关系精密操作的。当然，与坚固的劳资地位相对应，一些工人阶级的实际处境发生松动，比如工人的保险可以应对老年、残障或是失业的情况。另外，工作时间的压缩和待遇的上浮是安抚工人阶级的直接刺激剂，种种社会改良的根本目的是让劳动者信奉政治保守主义，习惯、忍让、适应资本主义的经济运行规则。[①]

希法亭在这里进一步说明，随着资本主义的发展，工人运动不断改变自己的斗争策略，那么工人阶级的社会心理也处于变动之中。他认为，社会主义给工人运动的直白刺激是可以改善工人阶级的物质生活条件。这当然不是臆想出来的，而是对资本主义社会运行的认识基础上得出的愿望，是马克思主义向工人运动展示的美好未来。这个社会理想作为动力机制，鼓舞还未真正发展或还未健全组织的工人阶级，让他们为摆脱资本主义制度的压迫和贫困而斗争，要求他们关注待遇、福利、组织、自由等。不过，随着资本主义的自我调整，在具体社会现实的影响下，工人阶级的思想状态也发生了改变。其中最突出的是社会改良思潮的兴起，它不再要求工人阶级铲除资本主义的根基，而是鼓吹对现实社会的适应，以改良社会状况来置换推翻资本主义制度。许多国家的工会在领导工人运动时，把眼前利益作为长远利益，把改良主义奉为革命的最佳替代，于是社会主义的理想似乎成了"意识形态"，马克思主义也变成了"意识形态"。工人阶级的全部努力都只是扩大社会改良和政治民主，搁置一切与暴力革命相关、与无产阶级专政相关、与社会主义相关的议题。[②]

从以上分析可以看出，无论是资产阶级还是工人阶级，在资本主义发展的新阶段，他们的组织化程度都空前加强。希法亭指出，经济和社会生产力的高度组织化对占有生产资料的阶层更有

---

① Hilferding, R. *Schriften Rudolf Hilferding*, *1904 bis 1940*. Berlin: J. H. W Dietz, 1982: 2 - 3.

② 殷叙彝:《社会民主主义概论》，中央编译出版社，2011，第 225 页。

利，因为资本主义生产的本质不会因为资产阶级的局部调整而改变。生产资料所有制的根本逻辑是资本家一定会力图主导社会生产和产品流通以及利润分配的全过程，无产阶级和资产阶级的对抗性远远没有消除。经济的组织化与资本主义前组织化时期继承下来的"对立的所有制基础"之间产生了"公开的、无法再隐瞒的矛盾"①。希法亭至此推出了其经济民主的论断，意在解决这个资本主义的根本矛盾，他认为这个矛盾将通过"按统治与被统治关系组织起来的经济转化成民主地组织起来的经济"而得到解决，"少数人为了实现自己的权力目的对经济的自觉的社会管理将成为生产者群众的管理。这样一来，资本主义正是当它达到自己的最高阶段即重新组织起来的经济的阶段时，提出了经济民主的问题"。②

希法亭认为，经济民主有可能的实现途径是不改变生产资料私人所有制，以私有制为主体建立混合经济制度，完善经济运行中的民主程序。比如，最主要的措施就是体制上推进参与制，"即由法律规定职工通过工会参与对企业的经营管理，参与决定企业的重大问题，并享有和资方对等的决定权等等"③。经济民主虽然强调"随着经济结构民主化过程的发展，政权将从资本逐渐过渡到劳动的手里"④，但是这种政策主张显然源于对资本主义经济结构及其运行机制的改良主义解释。因为，经济民主的中心环节本来就是虚幻的理想状态，不同阶级之间遵循伙伴关系看起来不可思议，更不用说劳动和资本共同商讨决策经济过程了。不过希法亭对这些问题都一带而过，只是承认经济民主的建立是一个非常复杂的问题，只有经过一个持久的历史进程才能完成。

---

① 殷叙彝：《社会民主主义概论》，中央编译出版社，2011，第 226 页。
② 殷叙彝：《社会民主主义概论》，中央编译出版社，2011，第 226 页。
③ 陈林：《浅析奥地利马克思主义与民主社会主义在理论上的逻辑联系》，《当代世界社会主义问题》1999 年第 2 期。
④ 鲁迪克：《各种社会改良主义的"社会主义"经济观点》，《国外社会科学》1981 年第 11 期。

三 从有组织的资本主义看奥地利马克思主义的第三条道路选择

希法亭以《金融资本》被熟知，而有组织的资本主义理论和集权国家的经济运行研究让他成为魏玛第一共和国社会民主党的意识形态领导者。在他的理论生涯中，对组织化资本主义、帝国主义、集权主义、经济民主、社会民主主义等方面都有建树。从与奥地利经济学家庞巴维克关于马克思的劳动价值论的争论到作为社会民主党知识分子和政治家在魏玛共和国的主要政见，再到一战后重新回归早期理论研究，开始对组织化资本主义的探讨，学术界对希法亭的研究并不充分，但不代表他被忽视，恰恰相反，他不断被提及，也招致很多非议。① 他是 20 世纪前半期欧洲工人运动的领袖。从一战到集权主义的兴起，希法亭在每个重要的关节点上用知识和行动影响了很多社会主义者以及欧洲和世界关键的历史进程。在理论上，他涉及经济、社会、政治等，涵盖了大量的当代理论争论点，现代资本主义的形式问题、国家权力的组成问题、社会主义的历史和未来问题等。

毫无疑问，作为世界顶尖的政治经济学理论作者，希法亭代表着奥地利马克思主义在此论域的最高成就。而我们对于希法亭晚期工作的深刻理解不仅应将其放置在第二国际理论图景中，也应全面衡量当时的欧洲社会主义实践。② 所以，对于希法亭的领会要延伸到全部的现代政治、经济和社会生活里，这连接了 19

---

① 作为德国社会民主党的主要代表人物，对希法亭的研究和诘难从未停止过。像亨利·阿斯赫比·图尔纳尔这样的历史学家和社会主义的知识分子以及米歇尔·哈灵顿这样的社会活动家都试图将希法亭的理论和实践与魏玛共和国的命运联系在一起。参见 Turner, H. A. *German Big Business and the Rise of Hitler*. New York: Oxford University Press, 1985. Harrington, M. *Socialism: Past and Future*. New York: Arcade, 1990。

② 这一点是属于奥地利马克思主义学派的总体特征的，知识分子的政治参与性让希法亭等理论家引入社会民主主义概念并将自己的生活联结在经济生活和政治进程中，而不仅仅流于书本的命运。

世纪到 20 世纪欧洲社会主义的理论和实践。如果说希法亭通过金融资本改变了马克思主义的理论，也改变了马克思主义政治学的工人运动理论。那么，随着 1818 至 1819 年魏玛第一共和国的成立，希法亭确认了有组织的资本主义成为政治运行中的基座，正式加入了改良主义的队伍。他虽然提出，工人运动必须反对伪装成组织化资本主义的反民主政治以及国家和资本聚集的串通。但更重要的是，工人阶级在议会民主中应该提倡自治，将资本主义经济方式和平过渡到社会主义。①

另外，经济民主的概念建立在希法亭对有组织的资本主义的分析之上，欧洲各国社会民主党虽然在经济方面的主张并不一致，但他们都遵循希法亭学说中的经济民主论原则。虽然福特主义的危机已导致一批理论家宣称马克思主义话语中阶级斗争的终结，但另一些人（包括非马克思主义者）强调的是，有组织的劳工理论在时代变化中再次被关注。

奥地利马克思主义团体和其他所有左翼政治力量所探讨的中心问题都是以何种组织形式替代资本主义社会，这个问题至今都是重要的和悬而未决的。资本主义现实证明了希法亭对高度集中和不断加强的行政职能的经典描绘有增无减。而这两种趋势之后会发生什么，其结果会是怎样，希法亭当然没有能力预判，但这些与今天的现实显得非常相关。我们知道，在没有工人阶级的革命性突破前提下，希法亭描绘了三种备选方案以到达社会主义目标：第一种替代方法，也是他最早发现的方案——"有组织的资本主义"；第二种替代方案是魏玛共和国的资本主义民主形式；第三种替代是希法亭指认的集权主义国家的经济，比如法西斯主义。

---

① 作为有组织的资本主义理论家，希法亭历史地寻找合适的概念来阐明魏玛帝国资本主义发展，国家和社会的关系问题。事实上，他的理论已经来到了最晚近的关于非组织化资本主义的讨论。参见 Lash, S. and Urry, J. *The End of Organized Capitalism*. Madison：University of Wisconsin Press，1987。

希法亭认为"有组织的资本主义"和集权主义国家的经济有相同的几点特征：高度集中的经济，市场作用被压缩到几乎为零，国家机关的作用是规划、管理和控制。"有组织的资本主义"和集权主义国家在经济上的根本区别是经济在何种程度上受到外在的经济、政治和目的牵扯。与当代理论家对"集权主义"繁复的描述不同，希法亭指认的集权主义是国家的规划和管理把"非理性"（即主观的）原则嵌入到"理性"的元素中。国家不是一个中立的、高效率的组织者，真正的集权主义统治者具有敏锐的政治—意识形态眼光，他们无一例外把国家、机构和公务员看作实现野心的唯一的手段。与集权主义相对照，"有组织的资本主义"在很大程度上仍由资本主义积累过程决定。魏玛帝国的帝国主义政策运行中，虽然在技术上占主导地位的是贵族精英，但贵族联盟与资产阶级达成了和解政策。和解之所以是可能的，因为资本主义积累过程中产生的一个特定阶段——工业化——之后，国内投资的可能性枯竭了。国家无论是在国内和国际行动中，仍然可以被看作是资本的需求。但战争的来临带来了巨大的变化，对政治统治的关注大大加强。最终，"有组织的资本主义"和集权主义国家的经济状况都远离市场的影响，而臣服于政治。

希法亭把资本主义民主介于"有组织的资本主义"和集权主义概念之间，这种"第三条道路"力主资产阶级式的改良。一方面，它被资本主义积累过程所定义；另一方面，它提出了在该框架内阶级力量对比的意义。工人阶级已强大到赢得了资本家和仍然存在的贵族的重大让步，并已渐渐形成与旧的统治精英的政治制衡。然而，工人阶级还没有强大到足以改变资本主义生产方式。工人阶级在不推翻资本主义的情形下，资本主义民主是可达到的最远的目标。若完成这个步骤，国家转化为一个议会民主制国家，就会成为一个民主的阶级斗争的场所，而不再是资本主义自己进行利益分配的庇护所。这也是问题的关键，工人阶级开启的政治空间和持续的反资本主义革命有赖于积累过程本身。然而，尽管有其结构的限制，希法亭仍认为资本主义民主被证明是唯一的非社会主义的温和替代。在他看来，内置的民主准则、价值观和资本主义的生产关系、分配之间的紧张关系至少可以被用来提醒工人运动不断推进。只要存在资本主义民主的一面，工人运动就有希望超越其结构的限制。由此，我们清楚地发现，希法亭的政治选择和奥地利马克思主义的基本倾向都转向了一种折中主义，力图克服有组织的资本主义和集权主义的弊端。但是无论在理论上还是实践上，向资本主义的民主倒退都是非马克思主义的，更是错误的，他们没有完成超越旧政治经济学的任务，至多是资产阶级意识形态下的调和与改良。

奥地利马克思主义的资本主义民主理论，在一定程度上反映了后二战时代先进的工业社会的结构主义导向，但是具体情况要比构想糟糕得多：阶级力量的平衡在压力下被打破，希法亭式的由"中间道路"过渡到社会主义的理想崩溃，产生了许多非社会主义的、非民主的选择。我们必须看到，有组织的劳工至今在最先进的工业社会仍处于防守之势。

第五章
奥地利马克思主义的中派政治

　　政治上，奥地利马克思主义的主要学术旨趣基本植根于本国重大现实社会问题：如何面对马克思主义正统派和修正路线的分裂？多民族国家如何实现群众的文化自治？国家建构中民主和专政的辩证关系是怎样的？奥地利马克思主义的政治理论遗产涉及社会科学问题的诸多方面，这些问题像种子一样播散，时至今日都在不断触发新的研究。事实是，这些问题中的任何一个在理论上和实践上都没有完全解决。

　　在第一次世界大战之前，奥地利马克思主义者之间的政治分歧尚未明显暴露，他们都围绕在中派意识形态的社会党周围。而大战爆发后，虽然总的来说他们仍然坚持折中主义的思想基础，但在理论上，特别是实践上的分化还是比较明显的。伦纳的政治主张中间偏右，他支持奥地利政府的战争政策。希法亭采取了中派立场，并于1917年成为德国"独立社会民主党"的领导人之一。弗里德里希·阿德勒和麦克斯·阿德勒站在中间偏左派立场，共同组织了"卡尔·马克思俱乐部"。麦克斯·阿德勒在政治上更为激进，赞赏俄国十月革命，拥护工人苏维埃，主张将"任何政治民主实质上都是专政"写入党纲。鲍威尔也属于中间偏左的阵营，从大战末期到1934年他一直是奥地利社会民主党公认的领袖。他对俄国十月革命最初持反对态度，后来有明显改变。奥地利社会民主党在其领导下建立了武装"保卫同盟"，通过了"防御性暴力"的决议。

第一节 伦纳中间偏右的政治理论

伦纳是奥地利马克思主义团体里集中研究法律问题的专家，对奥地利马克思主义法学理论做出了主要贡献，他的开拓性研究提供了一种法律社会学的基本思维。伦纳对"法"有着魔般的信仰，他的论断是：作为工具，法律深刻影响到了社会的变化进程。在法学上的最初著作《私法制度及其社会功能》（1904 年出版，1929 年修订）① 中，伦纳不认为马克思深入分析了法律在社会中的功能，因此，他的工作部分填补了马克思主义的社会主义理论在这个领域的空白。伦纳的主要论点是，法律相对不变的面对不断变化的经济条件，或者，法律落后于不断变化的经济现实。然而，这种假设没有否定法律在社会积极变化中的潜在影响。事实上，他的目的是演示法律如何促进重大的社会变革，它发挥作用的机制是怎样的。尽管表面上看起来一成不变，但在伦纳看来，法律不断表现出进展的迹象。② 伦纳研究的进步意义在于，法律的演化史使人们认识到"平等"的概念是法律和社会的产物，它绝不是超自然的神人所恩赐的永恒之物。另外，在谈到世界和平的问题时，伦纳支持民族融合的态度以构建政治共同体③，这就必须在国际法框架下确定相应的原则，具有执行权力

---

① 雅克·汉娜（伦纳评传的官方撰写者）认为，伦纳在法学方面的著作读者远超过列宁的《怎么办?》，并且伦纳的法学思想形成了一战后奥地利法律的基本框架。参见 Hannak, J. *Karl Renner Und seine Zeit.* Wien: Europa Verlag, 1965: 114 – 115。

② Renner, K. *The Institutions of Private Law and Their Social Functions.* London: Routledge and Kegan Paul, 1949: 55.

③ 伦纳的专业知识使他对民族问题的审思也关注法制史，他独创性地借用卡洛林王朝的法典，让其与现代社会相匹配。

的国际法庭应监督这些原则的运行情况，通过逐步扩大国际法、国际规章、国际裁判，为民族融合开辟道路。

从对法的研究我们可以看出在奥地利马克思主义者中，伦纳的政治理论站在中间偏右的立场上，他对于资产阶级的平等和民主等概念的不断引入还体现在政治理论的阐述中。早在第一次世界大战时期，伦纳、库诺和伦施一起，为帕尔乌斯所主办的《钟声》杂志撰稿，在当时的社会民主主义运动中，他显然代表着右派的方针。而之后的所有论著就是对他政治理念的进一步解释和发挥，《马克思主义、战争和国际》（1917）、《作为完整过程的经济和社会化》（1924）、《实现的途径》（1929）等都表明了他只是改良主义的社会爱国主义者，伦纳对于民族理论的创新性研究和对社会主义经济制度的探讨最具代表性。

一 伦纳的民族理论

维克多·阿德勒总结了奥地利面临的两难境地：我们与任何的欧洲国家都不尽相同，在帝制延续的情形下，社会主义何以可能？正如前文提及的，奥地利在多民族混杂的情况下，实现社会主义目标困难重重。伦纳和鲍威尔①的民族理论是独具奥地利特色的，也是具有奥地利马克思主义特色的。这两位著作家在民族问题上的见解代表了奥地利马克思主义的主流。他们有许多共同之处，又不尽相同。两人都深受一个愿望的影响，那就是尽可能不让奥地利分裂成为一些各自以民族团结为基础而完全独立的国家，并且两人都由于这一点而强调民族的文化方面和个人方面，较少涉及政治或经济方面。但是伦纳在这一点上比鲍威尔走得更远②，他

---

① 另外纽特拉也在一些著作中谈及过民族问题。他虽然不是奥地利马克思主义主要的政治代表，但是在当时无疑是具有社会主义倾向的奥地利马克思主义文化理论学者。对比鲍威尔和伦纳，他在哈布斯堡王朝民族问题上主张更宽泛、更包容的概念。

② 鲍威尔认识到，要在文化和政治因素之间做出这种鲜明的区分实际上是行不通的，于是便深入了一步，分析构成民族的各种因素。

力图确定这样一种可能性：把社会的文化方面和政治—经济方面明确地区分开来，旨在建立一种极端形式的文化民族主义，同时保留统一的经济结构和一个代表公民共同因素的凌驾于一切之上的政治权威。1899～1906年间，伦纳发表了一系列论述民族问题的著作，包括《国家与民族》《奥地利各民族为建立国家的斗争》《奥匈君主国的基础和发展目标》。由此，他提出了一套完整的民族理论体系。

（一）奥地利社会民主党对民族理论的铺垫

我们清楚地觉察到，在帝国主义战争之前，奥匈帝国对民族问题的讨论超过任何其他的国家。在奥地利，若忽略民族问题来谈论政治，一定是重大的理论疏漏。多民族的国家被描绘成民族杂色的涂抹板，这体现出一种汇编在一起的压迫，不断爆发的民族问题具有极端的复杂性和暴力性。奥匈帝国激烈斗争的焦点就是民族争端，事实上自1897年起，奥地利社会民主党就为他们的组织建立了联邦制结构，以平息或调停来自不同民族分离主义者的诉求，其实这并没有传达各民族平等的主张，但在实际效果上达到了妥协以保证国家完整的目的。

在民族问题上，奥地利马克思主义基本与奥地利社会民主党保持一致。奥地利社会民主党是第一个用特殊的手段来规定民族问题的，即在德意志文化的框架下实行奥地利民族自治，这其实已经沿用了好几百年。[1] 1899年的"布隆决议"提出了奥地利联邦领土原则的系统，该方案的提出延续了业已成型的奥地利国家形态。"布隆决议"把奥地利改组成为一个由各民族组成的民主联邦，该纲领主张成立一些民族自治区，以取代与民族划分不相一致的古老省份。每一个自治区都应设立一个议会，它通过平等

---

[1] 当然，保持现状也有经济因素的考量，事实也证明在一战后奥地利和德国的关系被斩断，经济受到了相当大的负面影响。

的直接普选选出，可以对该地区的民族和文化事务享有独立的立法和行政权。纲领还指出，要用这些民族议会来取代旧的地方议会，同一民族居住的几个地区应组成民族联盟，每一地区的少数民族的权利则由代表整个奥地利的议会制定法律加以保障。最后，既然不承认任何一个民族享有优越的地位，因而没有共同的国语，每个民族都可以自由地用本民族的语言来举行公共集会，并且根据语言自主的原则来组织文化活动。

奥地利社会民主党这一学说的发展势态强调组成所谓非正式的自治联邦，它通过语言学联结以保持文化和经济上的地区联合体。虽然它直至一战前都是奥地利社会主义的基本原则，但普选制的失败和1907年民族主义浪潮的退却都对它的有效性提出了质疑。

（二）非属地的民族性格原则

伦纳赞成保留种族完整性，他试图建立一种多民族国家的模型，抵抗以往任何一种层级制的国家概念或者领地式的民族理论。他构想一种被称作"民族性格"的概念来超越领土的界限，这样，即便在社会主义国家也可以极大地保全民族的完整性和独立性。为了避免民族在国家中的斗争，使各民族在国家中彼此和平共处以维护奥匈帝国的统一，伦纳提出了民族与国家之间关系的法律调整。伦纳认为这种法律调整就是根据"民族性格"原则，在国家法律的基础上来调整民族－国家、民族间的关系。"提供赋予具体民族的公民和民族以具体的主体事务，而不是形成权威机构行为规范，因此，通过实体性法律手段才有可能长久地解决。"① 通过民族与国家的法律调整，从而把民族与国家的政治问题转变为文化与法律问题。伦纳认为，国家和民族是两个不

---

① Renner, K. State and Nation. in Nimni, E. （ed.）*National Culture Autonomy and its Contemporary Critics*. London and New York：Routledge Taylor&Francis Croup, 2005：17.

同的类别，各自都有不同的功能。国家是一个纯粹的司法实体，统治一个独特的领土，而国籍应被视为具有法人资格，具有相应的权限；民族是一个社会的文化，不要求领土履行其职能。在奥地利无产阶级政治生活中，民族问题不再是一个权力的问题，而是文化问题。

国家法律表达了统治集团的意志，它在一个给定的领土上实现对主流民意的允诺。我们不能设想一个没有土地的国家，国家的领土发展取决于占主导地位的群体的物质利益，国家和国家权力是分不开的。反观民族，伦纳强调民族要求建立国家的观点是错误的，其原因是，民族不属于领土的权利和物质文化领域的国家生活，在民族意识和具体的领土之间并没有必然的联系。因此，伦纳推翻了"每个民族都该拥有自己国家"的公式。他不同意民族的领土原则，"对于民族来说，它是一个精神和文化生活的共同体"[1]，而不是地域共同体。与国家通过外在的法律关系建立起来的关系不同，民族是一个内在的共同体，它体现的是人与人之间的相互关系。这种相互性是通过情感和意识表达出来，与具体的领土之间没有必然的联系。[2]

（三）实行民族文化自治

通过"非属地"原则的"个人原则"，伦纳延伸到了其民族理论的关键词——民族自治。伦纳看到，存在于同一个行政区域的宗教共同体能够彼此和睦相处，他认为这是宗教文化与国家政治分开的结果。民族是一个文化共同体，它是以语言和人们的思维方式以及由文化所决定的民族性格和情感所联结的。民族共同

---

[1] Renner, K. State and Nation. in Nimni, E. （ed.）*National Culture Autonomy and its Contemporary Critics*. London and New York：Routledge Taylor & Francis Croup，2005：17.

[2] 参见王幸平《民族与自治——奥托·鲍威尔民族思想研究》，南京大学博士学位论文，2013。

体决定了人们的价值观念和行为意识，民族的这一作用和宗教的作用是相近的。所以伦纳提倡像宗教管理那样来支持民族文化自治，以缓和各民族之间的冲突。伦纳继续论证，作为文化存在的民族共同体也应该和国家的政治分开。文化事务的部分由民族共同体管理，而政治权力则交给国家行政机构，比如：各民族必须在奥地利总理和联邦内阁的统领下来管理领土事务，同样，总理和内阁要对外交、军事、财政事务、社会－经济福利和司法负责。这样，各个民族在国家中就可以避免为了政治权力而进行民族之间的斗争。伦纳指出，通过民族文化与国家政治的区分不仅保证了民族的完整与自我发展，同时还维护了国家的统一。

伦纳计划的核心是"个人自治原则"，也就是无论居住于哪里，区域文化自治都是个人的权利。具体来说，应该让每一个人（包括那些少数族裔）无论在哈布斯堡帝国何处，具有法律上的双重平等地位（领土－政治，文化－语言）。所有个人（无论多数或少数）在一个特定的地理位置上生活，就应该有自己的学校、报纸、语言和其他活动，这将反映其特定的文化权利。[①]

奥地利马克思主义团体中，另一位研究民族问题的理论家鲍威尔探讨了包括民族文化共同体概念、民族国家关系的有机调整以及社会民主党民族纲领中的"民族文化自治"理论等等。以此可以看出，伦纳的民族理论对鲍威尔产生了直接的影响。也正是在伦纳民族理论框架基础上，鲍威尔才得以系统地提出与论述自己的民族理论，从而为奥地利马克思主义民族理论研究的重要著作《民族问题和社会民主党》奠定了坚实基础。

二　伦纳倡导的奥地利合作运动

奥地利合作运动是在奥地利开展较早的社会主义运动之一，

---

① 罗伯特·卡恩认为伦纳的基本思路依赖于多民族国家调整联邦国家的结构。参见 Kann, R. *The Multinational Empire* (*vol.* 2). New York：Columbia University Press, 1950：158。

它的时间跨度很长，影响范围很广。19 世纪中叶欧洲兴起了合作运动，英格兰是最早开始这一进程的国家。1860 年，这个概念传入奥地利。1868 年，奥地利有 237 个合作组织，其中 194 个来自波希米亚和摩拉维亚，而到了 1872 年，总数增加到了 421 个。[①] 1873 年，由于政治争议加剧，奥地利不再承认德国对合作运动的领导地位。虽然奥地利的运动由各种不同的组织构成，但大多数城市里的成员都来自海因菲尔德党代会后的奥地利社会民主党。即使 1934 年奥地利社会民主党衰败下去，奥地利合作运动仍然在不断壮大，直到 1938 年德奥合并后被纳粹德国劳工阵线吸收。据统计，1938 年这个运动共有大约 325000 名成员。二战结束后，奥地利合作运动继续开展，进而成为奥地利经济生活中的一个重要组成部分。

（一）伦纳和奥地利合作运动

奥地利合作运动是由奥地利马克思主义主要领导者伦纳倡导的，他为该运动效力超过 40 年（1907～1950）。早在 1911 年，伦纳当选国会中的社会党代表，那时他已经开始积极为该运动活动。

伦纳认为，社会民主党、工会和奥地利合作运动是奥地利社会民主的三大支柱。就这三者来说，伦纳更倾向于现有系统中非暴力的革命方式。伦纳承认工会不时参与非法罢工的必要性，但通过合作解决问题最为有效，而合作运动的斗争就是在和平的法律框架内进行的，这种方法很符合伦纳对法律尊重的原则、经济上的经济民主倾向以及政治上的折中主义调和论。伦纳的观点是，奥地利合作运动的最大贡献是对经济民主的肯定和促进，因为它保留了商品生产者的部分利润。如果没有合作，工人阶级将

---

① Hasselmann, E. *Geschichte der deutschen Konsumgenossenschaften*. Fritz Knapp: Frankfurt Am Main, 1971: 200.

被迫放弃其应占的利润，而以高价从中产阶级的零售商那里购买商品。伦纳总结了之前的合作运动的基本特点：中产阶级的联合，他们寻求特殊的超额利润。但是伦纳指出，他倡导的新型的工人阶级的合作运动的目标是利润的社会化。伦纳强调，利润社会化的概念超出了现实生活中"经济人"的精神境界，它承担了人文关怀的旨趣。奥地利合作运动的目的绝不仅仅是工人阶级控制商品零售价格，而这样做的终极目标其实是影响整个生产和消费过程，以及教育工人阶级社会主义合作参与的原则。伦纳认为，在一战前，奥地利社会党并没有给大众提供实用的消费信息，而奥地利合作运动向大众传播了这些数据，不仅如此，它还是社会党的实践基地。比如，消费者协会并没有直接受到党的领导，但它却是合适的社会主义温床。[①] 伦纳再次强调，人们需要学习经济民主的原则才能充分体会到经济民主的好处，"经济民主是政治民主的真实学校"[②]。奥地利合作运动是对资本主义的抵抗，其主要目标之一就是消除对消费者的剥削，他在《工人报》上撰文阐述道：我们将使合作社有能力保护工人阶级家庭，让他们避免遭受商业资本主义的剥削。

从奥地利合作运动的过程来看，它遇到了相当多的挫折（比如一战的影响，社会民主党下台的影响等）。造成这些挫折的客观原因是：第一，奥地利合作运动需要国家集体主义和个人的毅力，但是这些在奥地利无论如何都是相对缺乏的；第二，新成立的临时政府与个人之间的沟通障碍；第三，战争的不断侵扰使得合作运动被迫时断时续。然而，就奥地利合作运动本身而言，伦纳解释合作的方式是他的主要弱点，即"刚性的消费过程"这一概念。伦纳的合作制度先天地假定了消费者的购买习惯是一成不

---

① Renner, K. *Konsumgenossenschaftliche Grundsaetze*. Wien：Verlag des Zentralverbandes oesterreichischer Konsumvereine, 1910：19.

② Renner, K. *Die Stellung des Genossenschaftswesens der Wirtschaft Oesterreich*. Wien：Manz Verlagsbuchhandlung, 1947：13.

变的，然而，这种假设忽略了冲动性购买、不断变化的消费习惯和科技的发展，所有这些都刺激了行业和就业机会，于是奥地利合作运动无法预判并应对经济生活的新情况，所以它是相对滞后的。

不过我们看到，直至二战后，奥地利合作运动在伦纳的推动下都保持一种良性的发展势头。推动伦纳的唯一信念仍然是建立经济民主的社会主义经济模式，比如他坚持合作组织的资金不能回复到个人手中，这是奥地利合作运动的基本原则。而控制资金的机构也要通过选举产生，这摒弃了私人资本，极大地保全了社会资本的概念。在二战后的实践中，奥地利合作运动的最大成就是为工人阶级提供了信贷服务、合作零售的分支机构等等。

（二）奥地利合作运动是经济民主理念的现实应用

伦纳相信社会主义是实现真正民主社会的最佳手段，这也是他一直坚守的政治观念。奥地利马克思主义者对社会主义的看法，构成了一个疯狂的社会变革实验，他们的想法或主题当然植根于他们的信仰——社会主义。但是毫无疑问，伦纳的奥地利合作运动是偏右的政治模型，几十年里，奥地利合作运动是检验其社会主义民主概念的尝试，这种民主当然也只是资本主义社会改良的一个变种罢了。

伦纳对奥地利合作运动的积极参与，反映了他引导奥地利经济的信念是合作，而不是竞争。虽然自由竞争经济体系的强大吸引力使伦纳相信奥地利的经济在未来需要无可避免地与该系统绑定，但是伦纳主要反对自由竞争企业制度的弊端。也就是说，在他的信念系统中，资本主义的自由竞争阶段必然产生经济失衡和社会不平等。通过对社会主义的承诺和对合作运动的献身精神，伦纳表现出了追求经济－社会公平正义的持续关注，这也是社会主义研究者在社会公共问题上对劳苦百姓的深切同情。伦纳和其他奥地利社会主义者慨叹被战争蹂躏的国家，因此尽可能满足人民直接的物质需要，他们也认识到需要修复奥地利社会在精神和心理上已然造成的伤害。对于伦纳来说，此任务的中心就是民主体制。我们知道，1945年伦纳重新执政，其首要的目标就是在奥地利重组社会合作机构。伦纳在奥地利合作运动中起到了发言人的作用，他向公众明确了该运动的目的和愿景。可以说，伦纳作为政治家，在现实意义上做到了努力把人道主义的理论和现实世界相协调。伦纳矢志不渝地推进奥地利合作运动，是因为他坚持可以从中看到社会主义的美好前景，即从经济民主的实现促进国家功能的转变，最终完型社会主义的构造。不过奥地利合作运动的伦理假设构建在资本主义虚假民主的基础之上，支撑该运动的经济民主方法显然属于改良主义的思想体系。

像马克思一样，伦纳认为经济的概念不是基于个人的利益，而应是基于一般人群的广泛要求。伦纳和希法亭一样提倡经济民主，显然，在当时的社会民主党理论家那里，除了奥地利的伦纳、希法亭、鲍威尔之外，支持这种观点的不在少数（还包括德国的考茨基、英国的贝文、比利时的德曼、法国的菲利浦等）。伦纳设想取得经济民主的两种方法：一是国家社会化；二是不借助国家援助的合作运动形成的自我社会化。关于社会化过程，鲍威尔在1919年的小册子《到社会主义之路》中阐述了与伦纳相近的理念。当时，鲍威尔正负责拟订一项法案，对社会主义提出了详细的要求——建立一个民主社会的经济体系。鲍威尔指出，奥地利共和国的成立已经为社会化的实现和社会主义经济的建立创造了先决条件，完全用不着彻底打碎旧的资产阶级国家机器。因此他认为，我们要求的社会主义是民主的社会主义，这就是说由全体人民自己掌握经济，人民应该通过一系列民主机构管理自己的经济生活。这种人民自己掌握经济的制度要以广大人民群众的实际参加和热情协助为前提。"通过整个系统的民主组织的人应该控制经济生活以及自我管理"的原则，他进而罗列了下列组织：工作场合的工人委员会、公寓中的居民委员会、工会、消费者协会、农机专业合作社、市政委员会、管理个别行业的分支机构、农业监管委员会、地区的农业委员会、央行的管理委员会等。[①]

伦纳在他的著作中把国家的概念扩大为"合作社的国家""工会的国家""经济的国家"等，这样一来，任何比较广泛的社会组织都具有了这种特点和性质。伦纳分析了资本主义生产方式的发展过程本身，认为它走着社会化的道路。此外，他又想出了另一些途径：合作社经济、工会经济、社会保险机构、消费联合会等。它们都是资本主义发展内部社会主义的主要体现者，可见，经济上的民主国家正在全面地成长，一个新的世界正在旧世界的羽翼下发展起来。伦纳认为，长期以来社会主义的理论都盲目地只注意资本主义的发展、资本主义结构的变化、资本主义的扩展和周期性危机，等待资本主义发展过程的一定时期突变为社会主义。这种社会主义理想模糊地让我们看到了经济民主的影子，但是这些现象的总体还没有被充分考虑到。以往的理论忽略了在社会运动内部，社会主义的巨大发展正在一步步地伴随着资本。所以，在伦纳看来，实现社会主义主要的实践问题就是在政治民主和经济民主之间实行合理的劳动分工。正因为如此，伦纳虽然正确地认识到无产阶级不是在任何时刻和在任何国家都可能掌握政权，但是他由此而得出结论：无产阶级通过迅速地破坏和改变制度，通过群众的政治变革就可以取得政权是一种幻想。也就是说，他主张避免激进的革命方式夺取政权，这显然是改良主义的右派思维方式。

从以上分析看出，伦纳那里，马克思时代的资本主义社会已不复存在。问题不仅在于使一系列的经济部门实现国有化，而且在于"使国家经济渗入私人经济的骨髓"。伦纳天真地认为，只要有意识地加以肯定和引导，通过法律和经济措施，工人阶级就必然每天与资本家的私有观念发生冲突，就必须约束资本家，逐

---

① 参见〔奥〕鲍威尔著，殷叙彝编《鲍威尔文选》，人民出版社，2008，第94~98页。

渐排除他们的势力，最后取而代之。"国家将成为实现社会主义的杠杆"①，因此，无产阶级掌握政权也就等于使国家政权摆脱资本的统治。像通常一样，伦纳在这里也引用马克思的词句，当然他从来不谈马克思的基本原理——粉碎旧的国家机器。②

上文中已经提到，"有组织的资本主义"是希法亭改良主义经济理论的标志性概念，他从马克思主义者转变为改良主义者。希法亭通过对金融资本演化和作用的经济分析和资本主义进入帝国主义阶段的政治分析，提出了资本主义有组织的时代到来。他幻想在有组织的资本主义社会，社会主义的计划经济原则代替自由竞争的原则。伦纳比希法亭更强调组织化资本主义对社会经济的影响，他发挥了有组织资本主义论的主要观点，把焦点放在国家的职能上。伦纳认为，国家对经济的渗透不断加强，甚至在一些主要的经济部门，各种经济事务是由国家直接掌控的。在资本主义发展的新阶段，国家统筹了原来无序的私人竞争状态，企业被组织进整个国家的经济运行。由此，伦纳指出："马克思所经历和描绘的资本主义已不复存在，一切相应的经济改造措施也必须改变。"③ 与正统马克思主义国家将消亡的立场相反，伦纳赞成维持一个强大的国家可以为工人阶级提供必要的服务。他的假设当然是建立在国家内部工人阶级和中产阶级的地位平等基础上，伦纳的想法颇为新颖，即把国家看作工人阶级潜在的、强大的仆人。1916 年，伦纳写道："工人阶级获得政治权力等同于从资本主义当权者手中把国家权力解放出来。"④ 伦纳认为工人阶级及其

---

① Renner, K. *Marxismus, Krieg, und Internationale*. Stuttgart: Dietz, 1917: 28.

② 〔南斯拉夫〕弗兰尼茨基：《马克思主义史》上卷，李嘉恩、韩宗翙等译，人民出版社，1986，第 252 页。

③ 陈林：《浅析奥地利马克思主义与民主社会主义在理论上的逻辑联系》，《当代世界社会主义问题》1999 年第 2 期。

④ Renner, K. *Austromarxismus*. Wien: Europa Verlag, 1970: 282. 此处，我们找到改良主义的影子，虽然术语都是马克思主义的，但是当伦纳把精力集中到和平的政治手段达到工人阶级政治目标时，他转向改良主义思潮。

领导者不仅有必要而且有能力管理国家机器，如果社会主义没有帮助工人阶级努力获取权力，那么它的主要任务就已经宣告失败了。伦纳详述了工人阶级参与国家管辖的紧迫性，因为他认为国家在社会主义化过程中构成最具有决定性的力量。

　　1927 年，作为社会民主党领导人的伦纳谈到国家不是阶级压迫的机关，而是一种"维护秩序和进行调解的权力机关"[1]，国家不仅成为这个社会最有效率的机关，也逐渐转变为直接为工人阶级服务。从这里看出，奥地利社会民主党淡化了国家的阶级职能，转而强调国家的社会职能。他们突出一种所谓的"超阶级"国家，幻想国家组织不再具有阶级性，可以代表全社会的利益。超阶级性便是奥地利马克思主义和奥地利社会民主党国家观的最基本特征。[2] 伦纳在奥地利合作运动中采取的方法是蒲鲁东的互助主义、英国的合作社运动、费边派的改良主义和拉萨尔的国家主义[3]的混合体。我们不想以此来否定现代资本主义中明显表现出来的国家资本主义的趋势和工人阶级为了实现自己的某些目的而对国家施加影响的必要性（这始终是无产阶级的斗争方式之一），尤其是在目前国家日益处于独立地位的时期，这种斗争方式必然会显得更有成效和不可避免。但是它忽略了事物的真相，忽略了现代国家依然具有的明显的阶级实质，忽略了阶级矛盾及其尖锐性，并幻想资产阶级允许无产阶级通过一般的议会活动取得对国家的政治领导。伦纳作为奥地利马克思主义中间偏右政治观点的持有者，已经在折中主义和改良主义道路上越走越远。

---

① 殷叙彝：《当代西欧社会党人物传》，黑龙江人民出版社，1989，第335页。
② 赵建波：《奥地利社会民主党的国家观探析》，《理论探索》2006年第4期。
③ 影响伦纳的三位社会主义大师是马克思、恩格斯和拉萨尔。伦纳特别重视拉萨尔的贡献，他把重点放在两个决定性的问题：一是德国的民族团结；二是工人阶级和国家的关系。此外，伦纳认为拉萨尔是德国社会民主党的创始人，只是到了1875年哥达会议后，马克思和恩格斯才逐渐成为德国社会民主党的导师。

（三）奥地利合作运动是奥地利马克思主义改良政治的模板

伦纳对于资本主义运行的认识是：世界经济在事实上统一了起来，这个过程是资本主义发展的真实轨迹。[①] 而对资本主义制度诸多评论可以看出伦纳对社会主义的理解。比如，谈到帝国主义时，他建议社会主义者批评帝国主义不要纠结于道德的辩论。相反，他鼓励社会主义者再次曝光过去帝国主义的恶劣行径，以防止同类事件重演。又如，伦纳指出，帝国主义的战争是资本主义矛盾的总爆发，而世界经济一体化正是通过这些矛盾前进，人类因为帝国主义的野蛮行为而逐步向有组织的整体前进，社会主义的无产阶级的利益所在是顺着这个路径达成国际政治纲领，完成国际。

伦纳在他的政治生涯中大力倡导奥地利合作运动，并通过自己的著作给这些政治理念完善了理论注脚。我们看出，伦纳的改良主义使他进一步背离了革命的社会主义原理，并且直接与资产阶级和社会民主党右派合作。伦纳在当时代表了大部分社会民主党人的共同诉求：完全拒绝革命的斗争方式，并且认为国家和无产阶级的某些其他组织形式就是实现社会主义的途径。改良主义不主张全部生产资料公有化，而主张混合经济；他们也不承认国有化是公有化的唯一形式，认为还应该包括地方公有、合作社企业等形式。奥地利合作运动就是这种思维的典型例证，伦纳在执政时期强调奥地利合作运动、工会、社会党对政权稳定起到的作用，甚至他还倚重联合组织、保险公司和证券业的力量。

伦纳没有遵循马克思的观点，没有明确地指出国家的阶级实质，却企图使这些国家资本主义的萌芽日益具有超阶级的意义，也就是说，国家资本主义是唯一备选的组织形式，一旦消除资本对国家的影响，这种组织形式本身就会成为实现社会主义的杠

---

① See Renner, K. *Marxismus*, *Krieg*, *und Internationale*. Stuttgart: Dietz, 1917.

杆。虽然伦纳和奥地利社会民主党人观察到了国家资本主义的强大趋势，但是他们都根据自己的改良主义来篡改马克思主义。毫无疑问，他们的理论观点只会模糊无产阶级正确地认识时代、看待资产阶级国家以及对待无产阶级革命等主要问题。

伦纳竭力在理论上和实践上使工人阶级的活动走向改良主义。伦纳认为，国家和资本主义经济正在日益社会化，所以打碎现在的国家是不可理解的。伦纳当然反对以虚无主义的态度来对待国家，他的主要意图就是使无产阶级相信，国家是实现社会主义的必不可少的组织。伦纳一系列结论的本质只不过是为了掩盖自己的改良主义意识形态和掩盖它们同资产阶级国家合谋的倾向。伦纳虽然没有否定马克思主义的阶级斗争的概念，但他和其他渐进主义者一样相信，确保阶级斗争成功的最好方式是建立全新及加强现有工人阶级的机构，如奥地利的合作运动、工会、社会党等。伦纳以及几乎所有其他著名的奥地利马克思主义者都抽象地在理论上主张走向社会主义道路的两种可能性，即和平的道路和革命的道路。对第二种道路虽然加以强调，但只是在书面上承认而已，就像鲍威尔更多地把第二道路看作防御性的和最后的措施一样。伦纳在他的著作中指出，社会主义者必须准备实现后一种可能性，当然首先要准备实现第一种可能性。我们看到，真正到了社会民主党生死攸关的时刻，即便用暴力手段，也是注定要失败的。因而，要求无产阶级尊重国家（和鲍威尔、麦克斯·阿德勒完全一样），这在法西斯主义猖狂的时期就意味着解除工人阶级的武装。①

第二节　鲍威尔和麦克斯·阿德勒中间偏左的政治理论

在奥地利马克思主义者中，鲍威尔在政治上和理论上几乎是

---

① 〔南斯拉夫〕弗兰尼茨基：《马克思主义史》上卷，李嘉恩、韩宗翙等译，人民出版社，1986，第253页。

最重要的人物。他是奥地利社会民主党的绝对领导核心之一，他的理论观点和实践态度也就是这个党政治活动的基础。① 鲍威尔政治理论的主要内容与伦纳相比是更接近于马克思的，他可以算作中间偏左的政治理论家。比如在民族问题上，他不同意伦纳把文化作为民族唯一考量因素的观点，他认为经济和政治方面同样发生作用。又如在推翻资本主义制度问题上，他坚持暴力革命是无产阶级有力手段的主张，但是他又仅仅将暴力当作最后的防御性措施。再如对待苏维埃态度上，他一面大加赞扬其国家政权模式，一面极力反对效仿它。这种游移和骑墙的理论特征最终让他在后期滑入了对所谓"整体社会主义"的迷恋中，也就是企图在共产主义和社会民主主义之间筑起一道桥梁，建立一种第三条道路来调和以往的政治模型。另外，麦克斯·阿德勒的《马克思主义国家观——对社会学方法和法学方法的区别的论述》（1922）是他对国家观考察的主要成果，也是他最具代表性的政治著作。他在理论上与鲍威尔很相近，他在奥地利马克思主义者中也坚持中间偏左的政治主张。

一 鲍威尔对民族理论的全面阐述

《民族问题和社会民主党》虽然是鲍威尔法学院学生时期的论著，并且仓促完成，但这不妨碍它成为奥地利马克思主义民族学研究的典范。该书的框架与奥地利马克思主义诸多学术著作一样，都是以科学性为自我标榜的。鲍威尔在书中借用了伦纳拟定的民族问题解决方案，并且加以发挥，完成了对多民族国家问题的分析，使之与社会主义运动对接。

（一）民族定义

与伦纳一样，鲍威尔认为，民族问题只能从民族性格概念谈

---

① 〔南斯拉夫〕弗兰尼茨基：《马克思主义史》上卷，李嘉恩、韩宗翙等译，人民出版社，1986，第256页。

起，弄清民族性格的实质是我们理解民族概念的前提。鲍威尔引介了文化人类学和生物学的经典论争来说明个人和群体特征的基础到底是什么。作为马克思主义者，他当然支持文化在塑型群体特征中的作用，虽然他不否认生物学的意义，却更多地运用伦纳所谓民族性格理论来分析民族问题。鲍威尔认为，铸就民族性格的原因有三点：遗传、文化、心理。在遗传学上，每个个体都处于其祖先的生理和文化的描绘中，他的性格凝结在民族的历史中。而对于文化史来说，最重要的是经济的作用，只有理解民族生存斗争中生产的历史和分配的历史，才能理解在遗传中对性格的继承。最后，即使拥有相同的祖先，每个民族也有继承不同基因的倾向，这种倾向是心理学上的自我认同和建构。① 鲍威尔继而指出，三种因素时而聚合在一起，时而分裂，当三者共同发生作用，就会对民族性格产生影响。比如，经济发展是一种特定的文化条件，它激发了祖先不同基因的分裂倾向，基于不同阶级创建的民族性格。原初的民族性格和共同体被他称作命运共同体，而类似我们刚刚提到的阶级，被他称作性格共同体。②

"民族是通过命运的共同性而结成一个性格共同体的人们的整体。"③ 民族之所以是性格的共同体，因为在一定时期，同民族大部分人的身上可以发现一系列彼此一致的特点，一切民族作为人来说虽然具有许多共同之处，但各个民族毕竟都有一些使它和其他民族区别开来的固有的特征。民族性格具有可变性，我们不可能把不同时代的人们联系起来，任何民族都是相对的性格共同体。④ 同一民族的人，尽管在全民族共有特征方面是完全一致的，

① See Blum, M. E. *Austro - Marxists*, *1890 - 1918*, *A Psychobiographical Study*. Kentucky: The University Press of Kentucky, 1985.

② Blum, M. E. *Austro - Marxists*, *1890 - 1918*, *A Psychobiographical Study*. Kentucky: The University Press of Kentucky, 1985: 91.

③ 〔奥〕鲍威尔著，殷叙彝编《鲍威尔文选》，人民出版社，2008，第 30 页。

④ See Blum, M. E. *Austro - Marxists*, *1890 - 1918*, *A Psychobiographical Study*. Kentucky: The University Press of Kentucky, 1985.

但他们仍然有一些个人的特点（包括地方的、阶级的和职业的特点），这些特点把他们彼此区别开来。接着，鲍威尔认为，民族性格首先不是指一个民族所特有的身体特征和精神特征的总和，而是主要指其意志趋向的差别，这种差别又是由一个民族获取表象的差别或一个民族在生存斗争中形成的身体特点的差别决定的，也就是说，民族还是由共同命运决定的性格共同体。① 最后，鲍威尔指出，民族不仅仅是一个具有世代相传的性格特点的性格共同体，而必然先是一个文化共同体。这一点并不是决定人们民族性格的原因，因为人们的民族性格是由人们的命运决定的。所以民族的历史有两方面的作用：发扬性格特点和传递文化成果。即是说，民族无非命运的共同体。但这种命运共同体的作用，一方面是从性格上继承由民族共同命运形成的特点，另一方面是传递由民族命运所特别决定的文化财富。

鲍威尔声称，如果没有文化把人们联合起来，他们就不会形成民族，而这种联系只有通过共同的文化才有可能。因此他指出，民族的本质是一种在历史上形成的并在人群中起作用的东西。血缘和地域由于历史的发展会导致分离，所以它们不能作为民族的本质。另外，作为人们交往手段的语言也不能视作民族的本质，而只有文化能够把不同的血缘以及地域的人们统一起来形成性格共同体，它决定着人们的行为意识与价值观念，因此民族的本质只能是文化。鲍威尔之所以把文化作为民族的本质是因为文化具有历史性（社会结构发展决定文化发展）、社会性（相互作用）以及统一性（稳定性）的特点，它们共同决定了人们行为与价值的统一性，即民族性格。

从鲍威尔的理论中我们发现，他的民族概念突出了只有文化才是民族形成的本质要素。这样，民族概念就以语言为中介，以文化共同体为手段，以历史中形成的命运共同体为前提，造成了

---

① 〔奥〕鲍威尔著，殷叙彝编《鲍威尔文选》，人民出版社，2008，第10页。

民族性格共同体，因此鲍威尔把民族定义为从命运共同体产生的人们的总体性。

（二）民族问题

鲍威尔和伦纳都认为民族问题的形成首先在于人们对于民族"地域原则"的错误认识，所谓"地域原则"造成了民族冲突和对抗，因为该原则是把人对于自然物的控制这一原则用于对人的统治，从而导致了人与人之间的剥削与压迫。鲍威尔认为，国家是基于领土之上的政治组织，制度及其政策的实施与运用是以领土界限为其效力边界的。在民族概念上，鲍威尔主张民族是一个文化的共同体，并不是地域性的共同体。但是，民族作为文化的共同体却不是以领土为其界限，而是一个跨地域的文化组织，不管其民族成员居住在何处，只要是受一种文化的影响，就属于同一个民族。一定的地域作为民族的前提和基础是民族的自然条件，但是这种自然条件只能形成自然的共同体，它和语言一样在现实中无法说明民族的复杂性和多样性。因此鲍威尔赞同伦纳，坚决反对民族的领土原则。

由于各个民族在国家制度中都寻求一定的权力来保证本民族的生存和发展，民族之间必然为了政治权力而展开斗争。在鲍威尔看来，造成这一现象的制度原因就是"集中分散制度"。[①] 鲍威尔认为，集中分散制度无论是在传统专制制度中还是在现代自由民主制度中都只是"国家"与"个人"之间的权力关系，否认除了个人与国家之外的中间社会组织。而民族作为个人在社会中的一种认同属性，显然不属于个人或国家的范畴。那么，民族这种特殊的社会组织形态必然被普遍的政治原则排除在外，在集中分散的制度下，民族无法做到既坚持自己的语言文

[①] 参见王幸平《民族与自治——奥托·鲍威尔民族思想研究》，南京大学博士学位论文，2013。

化，又享有国家普遍的公民权利。民族通常是为了发展自己的文化而要求获得国家的权力，从而导致各民族之间的权力矛盾，引起民族之间的激烈对抗。集中分散制度使得每个民族不得不把其他民族当作自己斗争的对象，因为如果一个民族权力的增长就意味着剥夺了另外一个民族的权力，于是，每个民族都会反对其他民族的要求。

最后，鲍威尔分析了当代社会的民族问题——工人阶级与民族问题的关系。和分析性格共同体一样，鲍威尔注意到了民族性与阶级性之间的关系，这是现实的民族问题与阶级问题在理论上的反映，只有阐明这一点才能解决当时社会党内所面临的紧迫问题。他指出，工人阶级是被排除在民族文化共同体之外的，他们绝不可能享受民族文化。帝国主义战争无法解决民族问题，因为它总是以牺牲工人阶级为代价保全大资本家的利益。虽然由于阶级的性格共同体，世界各国的工人阶级具有同样的革命信念和斗争目的，但这种相似性并不存在直接联系，因而无法形成共同行动的凝聚力。[1] 我们发现一个有趣的联结，一个国家命运的关键环节是工人的命运，而工人的命运又关系到独特民族的自身命运。鲍威尔称之为"同质化命运"，所谓"同质化命运"可以理解为工人阶级（也包括农民阶级）把劳动时间出卖给了资本主义（工厂主和大地主），这就产生了一系列在不同经验环境中却面对相同生存命运的人们，这些无产阶级遭受的是同样的剥削、异化、物资和休闲时间的贫乏等。

鲍威尔最终得出结论，民族问题在更深层意义上是资本主义社会滋生的问题，它是由资本主义社会 经济－政治结构所决定的，不改变资本主义社会的制度而仅仅在资本主义制度内改变民族的原则并不能解决民族问题。只有在以公有制为基础的社会中，全体人民才有资格分享民族的文化遗产，只有社会主义才能

---

[1] 因此鲍威尔指出，阶级之间的联系不如民族之间的联系紧密。

从根本上解决民族问题，"它将把人类分为按民族划分的共同体，这些共同体掌握它们的劳动资料，自由地和自觉地掌握本民族文化的进一步发展"①。

（三）民族自治原则与纲领

鲍威尔借鉴了伦纳的民族自治理论，并使之与无产阶级革命策略相关联。他说："自治是全部无产阶级斗争的要义所在。自治是社会主义生产方式的意义，民主的意义。即使是狭义的自治，即自我管理，也是无产阶级获取它所企求的权力的手段和支柱。""民族自治是真正的自我管理，因为民族文化的发展是全体民族同胞的共同利益。在我们社会内部，民族自治仅仅是实现充分民族自决道路上的一个步骤，而后者只有在社会主义生产方式的坚固基础之上才能实现。民族自治并不是聪明人想出来的一个使国家摆脱困境的计划，它是多民族国家内的无产阶级必然提出来的要求，这个要求来源于无产阶级经济与政治斗争的需要，来源于无产阶级关于国家公共事业的思想，最后还来源于他们特殊的意识形态，来源于他们关于文化与工人关系的思想。民族自治是无产阶级阶级斗争的一个必然目标。因为它是无产阶级阶级政策的一个必要手段，这种阶级政策同时也是无产阶级特殊的民族政策——这样一种进化的最终目标就是，使全体人民成为一个民族。所以，在多民族国家内，所有民族的工人阶级都要用民族自治的要求与有产阶级的民族权力政策对抗。"②

在伦纳民族理论的基础上，鲍威尔进一步阐述了民族文化自治的理论。鲍威尔认为，国家中的各个民族不管居住在何处，他们都有权使用自己的语言，成立自己的民族委员会。民族委员会的主要职能就是负责管理民族文化事务，成立民族学校和建立教

---

① 〔奥〕鲍威尔著，殷叙彝编《鲍威尔文选》，人民出版社，2008，第9页。
② 〔奥〕鲍威尔著，殷叙彝编《鲍威尔文选》，人民出版社，2008，第49~51页。

育制度。这样，每个人在国家所面对的管理机构就有两种：一个是国家行政机构，它对于国家中的所有公民拥有统治权，个人在国家中是作为享有法律所规定权利的公民；另一个就是民族委员会，它管理本民族文化事务，保证民族成员在民族文化共同体中享有教育的权利。前文提到，伦纳在民族性格原则基础上进行民族与国家关系的有机调整，实行民族与国家分治，以期解决复杂的奥地利民族问题。到了鲍威尔这里，民族文化自治理论延伸并细化了。鲍威尔反对把革命作为解决民族问题与国家统一的手段，转而期望于成立民族自治机构，发展文化教育，实行民主管理。之所以把教育和民主作为解决民族问题和实现国家统一的手段，是和他们的民族原则以及政治立场密切相关的。

基于对文化自治的推崇，鲍威尔提出了他的"民族文化自治"纲领。鲍威尔的民族纲领是其民族与文化自治理论在党的工作中的具体化，该纲领是对奥地利社会民主党 1899 年布隆会议所指定的民族纲领的修正与完善。纲领建立在对于奥地利民族问题与国家制度关系分析的基础上，是指导奥地利社会民主党进行斗争的基本原则。

首先，在资本主义社会中，工人阶级被排除在民族文化共同体之外，占统治地位的有产阶级独自把民族文化财富据为己有。社会民主党力求使民族文化和全民族的劳动成果也成为全民族的财产，从而把所有民族同胞联合成一个民族文化共同体，这样才能使民族成为一种文化共同体。但是工人阶级懂得，劳动者在资本主义社会中决不能完全地享受民族文化。因此，必须夺取政权，并且把劳动资料从私有的财产变为社会的财产。只有在社会财产和合作生产为基础的社会中，全体人民才有资格分享民族的文化财富，有成效地对民族文化做出贡献。民族必须先成为劳动共同体，它才能成为完全的、真正的和自主的文化共同体。因此，劳动资料的社会化是工人阶级民族政策的目的，而阶级斗争则是它的手段。

其次，在世界范围的阶级斗争中，每个民族的工人是把本民族的有产阶级作为不可调和的敌人与之对立的。与此相反，每个民族的工人经济上、政治上、文化上的进步是以一切其他民族的无产阶级在经济上、政治上、文化上的进步为条件的。因此，"只有在反对一切民族的有产阶级民族的斗争中并且同一切民族的工人阶级结成紧密联盟的情况下，每个民族的工人阶级才能得到经济上和政治上的解放，才能加入本民族的民族文化共同体"①。

再次，在奥地利，这一阶级斗争受到既集中又分散的制度的阻挠，这种制度迫使一切民族为获得国家权力而斗争。有产阶级歪曲利用了这种权力斗争，使自己的阶级斗争和竞争斗争披上了民族斗争形式的外衣。他们以此掩盖阶级对立，使被剥削、被奴役民族的广大群众为其统治利益服务。因此，这种既集中又分散的制度无论表现为国家中央集权制，还是各联邦合制的形式，对各民族的工人来说都是不能容许的。各民族的工人阶级要求一种可以结束各民族权力斗争的制度，为此，各民族的工人阶级给每个民族确定一个有法律保障的权利范围，确定一种制度，使每个民族有可能自由地进一步发展本身的文化，使一切民族的工人有可能争取到他们在本民族文化中的份额。因此，社会民主党要求按照下列原则来彻底改造奥地利：一是奥地利应改组为各民族民主联邦的国家；二是应组成以民族为界限的自治团体来代替历来的邦，每个团体的立法和行政均由根据普遍、平等和直接选举基础上成立的民族议院管理；三是属于同一民族的各自治区域组成单一的民族联盟，该联盟完全按自治原则来处理本民族的事务；四是每个自治区域内的少数民族应组成为公法团体，这些团体完全按照自治原则来管理少数民族的学校事业，并且在官厅和法院

---

① 陈林：《第二国际时期关于民族问题的争论》，《当代世界与社会主义》1990年第3期。

面前给其民族同胞以法律方面的帮助。

最后，工人阶级只能在历史上形成的国家范围内进行它的阶级斗争。它并未期待民族问题会由于一次帝国主义世界性变革的胜利而得到解决，因为这一胜利在奥地利本身会引起尖锐的民族斗争，而这种斗争必然延缓一切民族的阶级斗争，从而也必然延缓他们的文化发展。

工人阶级不是指望通过资本主义的帝国主义，而是指望通过无产阶级的社会主义来实现一切民族政治上的统一和自由。社会主义社会制度像它以前的任何新的社会制度一样，也将彻底改变和划分共同体的原则。它将消灭那些今天还支持从封建时代和早期资本主义时代遗留下来的多民族国家的那些势力。它将把人类聚合成按民族划分的共同体，这些共同体掌握它们的劳动资料，自由地和自觉地掌握本民族文化的进一步发展。但是同时，社会主义社会也将实行国际分工，它也将把独立的民族共同体连接成许多国际性的管理共同体，这些共同体最终将成为组织管理民族权利共同体的机关。这样，它将逐渐把民族共同体变为一个巨大的、新型的、国际共同体的自治成员。它把人类分成享有民族文化财富和自觉地掌握本民族文化进一步发展的民族自治共同体，从而把整个文明人类联合起来去共同征服自然，这就是国际社会民主党在民族方面的最终目的。①

（四）俄国马克思主义者对奥地利马克思主义民族理论的批评

虽然马克思和恩格斯未曾全面系统地论述过民族问题，但在他们的著作中，间或出现了许多与民族问题相关的研究和论证。其中包括了民族的定义、民族的存在、民族的作用、工人阶级与民族问题、当代民族问题与国际问题的关系等方面。马克思恩格

---

① 〔奥〕鲍威尔著，殷叙彝编《鲍威尔文选》，人民出版社，2008，第 62 ~ 64 页。

斯用历史唯物主义阐述了民族理论的基本观点：首先，随着资本主义的产生、发展和确立，民族形态发生了一定程度的改变，民族共同体在社会发展中具有历史过渡性。其次，不可否认，共同的语言、地域在民族形成过程中的影响，但经济因素对民族的形成、进步具有更加重大的意义，它也决定了民族关系的发展。在诸多经济因素中，共同的经济生活尤其重要。最后，民族和民族关系受到阶级因素的极大制约，无产阶级和资产阶级是对立阶级，所以无产阶级的国际主义和资产阶级的民族主义在本质上是不相容的。①

俄国的马克思主义者推进了马克思恩格斯的民族理论，他们站在马克思主义的立场上，批判了奥地利马克思主义者民族问题研究的偏颇之处，继而为布尔什维克党制定民族政策作论证。

斯大林在《马克思主义和民族问题》一文中指出，鲍威尔把民族定义为"在共同命运的基础上形成的具有共同民族性格的人类共同体"，这是完全错误的。鲍威尔的理论割裂了民族性格与民族生活条件的联系，然而，如果不把民族性格作为各民族不同的生活条件的反映，就只能得出唯心主义的结论，就像唯灵论者所谓的神秘的"民族精神"一样。与鲍威尔从主观上定义民族不同，斯大林是把客观的社会结构要素作为民族的要素，如语言、地域以及经济生活等，缺少其中一个要素便无法成为民族。斯大林的定义是："民族是人们在历史上形成的一个有共同的语言、共同的地域、共同的经济生活以及表现在共同文化上的共同心理素质的稳定的共同体。"② 具体来说，民族当然首先是一个由人们组成的、确定的共同体。但是，民族同自然形成的种族共同体、部落共同体不同，它是人们在历史上形成的稳定共同体。一个稳定的共同体要成为民族必须有共同的语言、共同的地域、共同的

---

① 〔德〕阿尔弗雷德·科津格：《马克思主义的民族理论》，华辛芝译，《民族译丛》1985 年第 1 期。
② 《斯大林选集》上卷，人民出版社，1979，第 64 页。

经济生活、经济上的联系等等。除此之外，构成一个民族的人们还必须在民族文化和精神形态上具有共同的特征和由于不同的生存条件而形成的特殊的心理素质。

列宁在《关于民族问题的批评意见》《论"民族文化"自治》《论俄国社会民主工党的民族纲领》《论民族自决权》等文章中批判各种民族主义，特别对奥地利马克思主义的民族文化自治动议和本国机会主义者的民族观点展开批评。列宁认为，鲍威尔的"民族文化自治"理论在哲学上是唯心主义的，是精致的民族主义。列宁指出，鲍威尔等人坚持了错误的唯心主义民族理论，根据这一错误理论提出的"民族文化自治"在实践中也是行不通的。民族问题首先应当从历史和经济的角度来观察，民族的形成主要是人们在长期的共同经济联系和共同地域上产生的。鲍威尔摒弃了人类物质生活的这种基本关系，单纯从命运和性格来界定民族的概念，从心理学的角度来规范民族的定义，在事实上否定了经济因素。列宁写道："只要不同的民族住在一国内，它们在经济上、法律上和生活习惯上就有千丝万缕的联系。既然经济生活使居住在一国之内的各民族结合在一起，那么，企图在'文化'问题特别是在学校教育问题方面把这些民族一劳永逸地分开的做法就是荒谬和反动的。"①

列宁批判"民族文化自治"破坏了工人阶级国际主义性，认为它不但是资产阶级民族主义的表现，而且是一种"最精致、最绝对、最彻底的民族主义"②，它具有迷惑性和欺骗性，这主要表现在以"民族文化自治"为内容的无产阶级"民族演进政治"。列宁指出，从理论上讲，鲍威尔"民族文化自治"是用马克思主义理论为维护哈布斯堡家族统治和衰败的奥匈帝国服务。包括奥地利马克思主义者在内的机会主义和改良主义通常把民族政治权

---

① 《列宁全集》第 24 卷，人民出版社，1990，第 180～181 页。
② 《列宁全集》第 24 卷，人民出版社，1990，第 136 页。

力问题转化为文化与法律问题，从而放弃阶级斗争，如前文所述，伦纳认为："随着无产阶级登上了奥地利的政治舞台，民族问题就由权力问题转变为文化问题。"① 民族文化自治就把统一的工人阶级按照民族分裂开来，从而无法在世界范围内进行反对资产阶级的斗争，也就破坏了无产阶级革命的团结性。列宁在文章中反复强调，社会民主党人和资产阶级不同，在对待民族问题时始终要使民族要求服从于无产阶级的阶级利益，而鲍威尔的民族文化自治思想的基础和内容是为了确立资产阶级民族主义。列宁总结道：无产阶级不能支持任何巩固民族主义的做法，相反，它支持一切有助于消灭民族差别，消除民族隔阂的措施，支持一切促进各民族日益紧密联系和促进各民族打成一片的措施。

列宁通过批判奥地利马克思主义者对民族问题的错误认识，揭露民族文化自治的危害，划清了与一切资产阶级民族纲领的界限，提出了自己的民族自决纲领。什么是民族自决？列宁认为，对这个问题的答案不能像奥地利马克思主义者那样到根据法权的各种"一般概念"得出的法律定义中去寻找，而应立足于对民族运动历史经济条件的研究，从而正确认识资本主义民族运动的趋向，最终理解资本主义民族国家的本质其实就是为资本主义发展要求服务的。列宁认为，民族自决"就是民族脱离异族集合体的国家分离，就是成立独立的民族国家"②。由此看出，列宁民族政治自决权的含意是有权脱离原来所属的体制，另建独立的民族国家。社会主义者必须承认民族自决权，包括从原来所属的体制脱离出去的权利，而不能任意地停留在仅仅承认文化自治权这一点上。对列宁来说，在原则上支持一种权利并不等于认为在任何情况下实际行使那种权利都是适宜的。在他看来，一切"权利"都

---

① Renner, K. State and Nation. in Nimni, E. (ed.) *National Culture Autonomy and its Contemporary Critics.* London and New York: Routledge Taylor&Francis Croup, 2005: 19.

② 《列宁全集》第 25 卷，人民出版社，1988，第 225 页。

只有在某种历史条件下才是实际有效的，也就是说，在做出这些判断时，首先要考虑的是对国际工人阶级的解放运动会产生什么后果。

列宁批评鲍威尔和伦纳的"民族文化自治"理论是为了维护专制的奥匈帝国，维护哈布斯堡家族的统治地位。他们在传统国家范围内利用资产阶级民主和法律制度，各个民族成立民族管理委员会自主地发展民族文化，这是对自由资产阶级民族主义的迷恋，他们只是看到了自由资本主义时期的暂时进步性，而没有看到帝国主义阶段的反动性。另外，伦纳还利用法律社会学①的资产阶级改良方法背叛了马克思主义。列宁的论断是，奥地利马克思主义者抹杀了无产阶级的革命斗争，放弃了社会主义革命事业，最终是无产阶级社会主义迁就于资产阶级民族主义。

不过此时，在经典马克思主义阵营内部对"民族自决"也有持不同意见者，比如罗莎·卢森堡就是最典型的代表。卢森堡认为，社会民主党各种政策的制定是以历史唯物主义和阶级斗争理论为基础的，民族问题当然也不例外。只有从历史唯物主义原则把握这个问题，从科学社会主义立场出发，才能保证社会民主党的政策在解决和对待问题上的原则一致性。站在这个立场上，她展开对"民族自决权"的批评：首先，"民族自决"是一个抽象的口号，"民族自决"原则既没有与社会主义也没有与工人政策形成任何特殊联系。实际上这一原则是适用于所有国家和一切时代的资产阶级民族主义的旧口号，是"享有自决是各民族的天赋权利"这一资产阶级口号的另一种不同的表述。其次，"民族自决权"并没有具体说明不同国家里的不同民族问题应如何解决。卢森堡强调，适用于一切国家和所有时代的"民族自决权"同所谓"人权""公民权"一样，都是形而上学。历史的辩证法已证明永恒的真理是不存在的，那么，永恒的权利也是没有的。而在

---

① Kann, R. A. Karl Renner. *The Journal of Modern History*, 1951（3）.

资本主义体制内，"民族自决"是根本不可能实现的。最后，卢森堡认为，社会主义民主党之所以不应当以"民族自决权"作为解决民族问题的基本立场，还因为这一原则不符合马克思主义关于阶级和阶级斗争的理论。卢森堡强调，社会民主党是无产阶级的政党，是无产阶级利益的体现者，因此它实现的不是民族自决权，而仅仅是被剥削被压迫的劳动人民的自决权，即无产阶级的自决权。[①]

（五）奥地利马克思主义民族理论的失误

对于奥地利马克思主义者来说，剧烈的社会革命的必要性、总体性的工业国有化、无产阶级专政等等这些问题都无法与奥地利民族问题相比，因为在多民族的哈布斯堡帝国，它是社会主义者最先考虑的、最需要解决的棘手问题。面对奥匈帝国境内复杂的民族问题，并且为了维护他们领导的社会主义工人运动的统一，以伦纳和鲍威尔[②]为首的奥地利马克思主义者提出了具有鲜明特色的民族理论，并着手解决奥地利民族问题。

一方面，奥地利马克思主义者们作为既坚持马克思主义基本理论同时又受着西方思想影响的知识分子，他们在复杂的民族矛盾与阶级斗争问题上坚持了马克思主义的基本价值观念。另一方面，在具体实现民族自由与国家统一方法上，鲍威尔和伦纳并没有主张采取阶级斗争和革命的方法来完成这一任务，而主要依赖文化的变革与发展。从他们的民族文化自治理论可以看出，奥地利马克思主义"折中主义"路线的理论特点。因为在他们看来，资本主义的发展、工人阶级斗争、民族斗争以及非历史民族觉醒

---

① 参见中央编译局国际共运史研究所编译《卢森堡文选》下册，人民出版社，1990。

② 伦纳和鲍威尔在民族概念解释上的区别纯粹是口头的。伦纳更多在法律原则上提出自己的见解，而鲍威尔则试图借用马克思主义的术语。参见 Nin, A. Austro – Marxism and the National Question. *What Next*? 2003（25）。

并没有产生革命的力量，而是形成了各阶层"民族自治"的要求。综合他们的理论探索和实践诉求，我们发现，虽然怀着极大的热忱，奥地利马克思主义在民族理论建构上的失误还是很明显的。

第一，抽象的方法论基础。伦纳和鲍威尔在世界观上放弃了科学社会主义的方法，转向抽象的法律。鲍威尔的民族概念被描述成以文化共同性的特殊形式出现的性格共同体，基于这种解释，民族就成了超历史的抽象概念。[①] 鲍威尔和伦纳关于民族问题的研究集中体现了他们把马克思主义当作一种社会学理论，祛除了马克思主义的价值论证；并且在任何情况下，所谓"民族问题"的理念，在他们那里更多是康德主义的而非马克思主义的。

第二，夸大民族性格的历史作用。奥地利马克思主义者把民族性格说成是民族唯一的本质特征，正因为这样，他们的民族概念是与社会存在的物质条件、人们的经济关系、社会文化、阶级关系相分离的。民族被宣扬成早就存在于原始社会的一种社会生活的永久形式，这是对民族性格的夸大。鲍威尔受到前文提到的马赫主义认识论的影响，他并没有弄清马克思历史唯物主义的实质，而带有强烈实证主义的倾向，即把唯物主义理解为建立在科学基础上的原子观、细胞学在民族形成和发展中的决定性作用，而不是把唯物主义历史观概念理解为在现实生产关系上对社会能动的实践活动。

第三，折中主义和改良主义的实质。鲍威尔在民族解放和建立本民族国家等问题上，罗列了解放的心理因素以及文化因素，却忽略了解放的社会因素。在多民族国家的民族问题上，鲍威尔认为，这些国家各民族工人阶级的纲领性要求，应是"民族自治，民族自决"。其实，在这里也表现出鲍威尔的妥协性和不彻

---

① 〔德〕阿尔弗雷德·科津格：《马克思主义的民族理论》，《民族译丛》1985年第1期。

底性，表明他忽略了现代历史上已明确表现为建立各民族独立国家的趋势的历史经济因素和政治因素。因此，鲍威尔不是从列宁的意义上把自治和自决理解为分离和完全的国家独立，而实际上是把它们理解为联邦。

总体而言，鲍威尔和伦纳采用的政策意愿是反对奥匈帝国分裂，但他们客观上支持了德奥资产阶级的利益。改良主义思潮对奥地利马克思主义思想家的渗透就意味着工人阶级思想的混乱和行动的分裂，这最终导致无法达成真正的革命行为，把政治权力拱手让给资本家阶级。显然，这样的结果是与鲍威尔等人所谓工人阶级和民族利益联结相违背的。另外，所谓"民族文化自治"纲领的制定有一定的机会主义色彩，至少不应视作"社会主义的民族原则"。按照奥地利马克思主义的解决途径，若追求哈布斯堡王朝公平的国家政策，就必须保留帝国存在和延续它的统治为前提，这显然是妥协性、折中性的改良主义主张。

（六）奥地利马克思主义民族理论的意义

综上所述，奥地利马克思主义的理论努力其实是偏离了马克思主义原则的，但是并不妨碍他们仍有一些积极意义，为世界范围内民族问题的解决提供了值得参考的文献资料。

奥地利民族问题不同于其他国家的特点是与工人运动的共存关系。工人运动不可逾越时间与空间，在特定的社会——政治情况下，也不能忽视民族压迫。民族问题是持续存在的，它在内部反射特定的政治和组织问题并延伸到工人运动中的形式中，奥地利工人运动持续关注民族问题，并在媒介和国会引起了热烈的讨论。毫不夸张地说，第一次尝试提供关于社会民主与民族问题的理论起源于奥匈帝国。①

---

① 理论和现实都一再表明，奥地利和世界上许多国家一样，民族问题仍然没有得到实质性解决。

奥地利社会民主党人面临的问题是极端难解的，一方面是奥地利复杂的民族成分，另一方面是社会民主党超民族的社会主义目标的实现。然而，马克思没有给上述问题提供现成的答案，社会民主党人首先必须处理好民族主义和社会主义之间的统一性问题，以及在工人运动中如何克服民族的分裂来保持统一性问题。奥地利马克思主义对于民族问题所采取的立场，决定了坚持民族团结的宗旨，也号召各民族工人阶级共同战斗维护国家统一的目标。正是在这一点上，鲍威尔所提倡的中间路线对于奥地利社会民主党内部不同派别之间的团结起了积极的作用，使得奥地利社会民主党成为当时社会主义政党中最具有战斗力的政党组织。奥地利马克思主义者在解决本国民族问题的时候，对推动民族理论的发展做出了巨大贡献。尽管没有能为民主的奥地利联邦规划出一种行之有效的组织结构，但是他们的理论努力的确为那些民族分裂力量不那么强大的国家处理多民族国家的文化自治问题提供了宝贵的资料。特别是他们引发的民族问题争论，从侧面帮助了俄国人在多民族的苏联这一总的结构中完成民族自决。[①]

奥地利马克思主义关于民族问题的讨论至今都是很现代的，在不同的场合被频繁引用。伦纳和鲍威尔奠基了整个奥地利马克思主义民族理论的大厦，他们讨论民族问题的政治动机一方面是解决多民族国家的文化冲突问题；另一方面是社会民主党内部由于民族对抗产生的组织问题。仅就动机来说，当代国际政治争论和规划中的反照就足以说明，奥地利马克思主义的见识时至今日都是有效的。而他们关于文化自治和少数民族权利等结论性的成果，在更广泛的情境中被阐释和挪用。

二　鲍威尔对社会主义的全面描述

奥地利马克思主义政治理论成型时期所处的时代不仅与 1848

[①] 〔英〕柯尔：《社会主义思想史》第三卷下册，何慕李译，商务印书馆，1985，第 38~39 页。

年欧洲革命时期不同，而且与第一次世界大战以前的第二国际时期也有很大区别。当时，德国和奥地利都已建立议会民主制的共和国，两国的社会民主党不仅支持成立共和国，也曾经参与执政。另一方面，俄国布尔什维克已取得革命的胜利，建立了无产阶级专政的苏维埃政权。在这种形势下，如何实现社会主义的问题必然涉及民主制度和无产阶级专政等方面的讨论。鲍威尔和麦克斯·阿德勒对这些问题的解答既包含他们个人的一些独特见解，也表现出奥地利马克思主义者中左翼在这一时期国家观的主流思想。

（一）"社会力量因素论"和"防御性暴力论"

1917 年，布尔什维克通过暴力革命建立了第一个无产阶级国家之后，世界社会主义运动内部围绕和平与暴力、民主与专政等问题展开了激烈争论。鲍威尔在 1920 年发表的《布尔什维主义还是社会民主主义？》中写道："民主制是一种国家形式，在这种形式下，国家的权力分配仅仅是由社会力量因素决定的，不会由于运用物质暴力手段而朝着有利于某一阶级的方向转移。""民主国家的'共同意志'仅仅是各社会力量的合力。"[①] 鲍威尔由此提出了"社会力量因素论"和"防御性暴力论"。

鲍威尔认为，决定一个阶级力量大小的因素有两个：一是这个阶级的社会力量因素；二是这个阶级所掌握的物质暴力手段。社会力量因素包括五个方面：阶级成员的人数、阶级的组织性、阶级在生产和分配过程中所处的地位、阶级的政治积极性以及阶级所受的教育。[②] 鲍威尔指出，在专制国家，宪法赋予统治阶级的权力要远远大于其他阶级，这与社会力量的因素是不匹配的。在一切专制制度的宪法中都存在着由暴力维持的法律权力分配和

① 〔奥〕鲍威尔著，殷叙彝编《鲍威尔文选》，人民出版社，2008，第 244 页。
② 〔奥〕鲍威尔著，殷叙彝编《鲍威尔文选》，人民出版社，2008，第 244 页。

由社会力量因素决定的社会权力分配之间的矛盾，而在民主制国家里是不存在这种矛盾的。鲍威尔的结论是：民主制只不过是形式，它可以包括资本主义的内容，也包括农民的内容，还包括无产阶级的内容。民主制是阶级统治的工具，所以上述阶级的社会力量发展程度就决定了国家民主的样式。这对社会主义运动的启示是，民主制不注定是资本主义阶级统治的形式，也可以为社会主义服务，无产阶级是被压迫还是上升为统治阶级，这取决于在社会力量对比中无产阶级的地位。

麦克斯·阿德勒在分析国家的阶级性质时，比鲍威尔更具体，也更精确。他认为马克思恩格斯的历史理论给我们观察国家性质提供了科学的视角，国家绝不是形而上学的概念，应该在具体的、历史的情境中分析与说明。麦克斯·阿德勒坚持，马克思意义上的阶级统治在任何国家形态下都有效，无产阶级的国家仍然是阶级压迫的工具。现代资本主义国家的职能就是维护资本主义运行机制不被外力侵害，他们编纂法律来为剥削行为做强制性的论证，最终依靠法律的权威使用暴力镇压异己。"作为国家的共同体组织始终是剥削的一种形式。"[1] 相比资产阶级的国家统治，无产阶级执政的阶段，权力分配改变了，无产阶级由于自身力量的强大而用法的强制秩序来反对资产阶级。[2]

鲍威尔的"防御性暴力论"与"社会力量因素论"紧密联系在一起。虽然暴力可以建立和维持与社会力量因素不相适应的权力分配，但暴力最终还是取决于社会力量因素。暴力是由人的结构组成的，具体来说，如果一个阶级的人数很多，它在军队中的代表就肯定很多；如果它在生产中占有极为重要的地位，它就可以通过罢工剥夺军队的物质生存手段。[3] 由此，鲍威尔认为，在

---

① Adler, M. Die Staatsauffassung des Marxismus. *Marx – Studien*（*vol.* 4），Vienna：Wienervolksbuchhandlung，1922：84.

② 参见殷叙彝《社会民主主义概论》，中央编译出版社，2011。

③〔奥〕鲍威尔著，殷叙彝编《鲍威尔文选》，人民出版社，2008，第 244 页。

西欧和中欧的发达资本主义国家，无产阶级可以在民主制基础上通过民主手段夺取政权。鲍威尔还分析了欧洲和俄国的阶级力量对比关系，他认为欧洲革命极为复杂，俄国无产阶级所走过的暴力革命道路不适合欧洲发达资本主义国家。尽管鲍威尔主张在发达资本主义国家通过民主手段夺取政权，但他并不否认暴力革命。在大多数国家，反动势力掌握了武装力量，资产阶级不允许无产阶级通过议会选举这种和平手段轻易攫取他们的政治统治和物质利益，资产阶级一定会用残暴的暴力统治代替民主的议会政治。鲍威尔继而认为，在资产阶级用暴力统治来反对无产阶级的地方，无产阶级只有用暴力（即内战）才能推毁资产阶级的统治。如果资产阶级反革命势力不顾社会民主党的努力，极力破坏民主制，阻止无产阶级和平地夺取政权，"无产阶级就只能在国内战争中夺取政权"。他批驳改良主义彻底放弃暴力的策略，坚持认为从始至终无产阶级夺取政权只有通过暴力革命的手段才能实现。但是，鲍威尔理论本质上更多地强调暴力的"防御性"，也就是说，无产阶级为夺取政权而使用暴力是被逼无奈下的最后手段。他在《民主制和社会主义》（1934）一文中解释道：在资产阶级民主制的国家里，如果条件允许，无产阶级应该以议会选举的合法手段来获得统治地位，就不需要为了摧毁资产阶级国家而动用暴力。只有当资产阶级罢黜了民主制度，把国家完全纳入极权主义的掌控之中，采取严酷暴力的形式镇压无产阶级，工人阶级被剥夺了一切民主斗争的手段时，"无产阶级才能通过暴力革命求得解放"[①]。

麦克斯·阿德勒同样认为，国家是具体的社会条件的产物，马克思在《共产党宣言》中的界定非常准确，国家可以运用一种阶级压迫的、有组织的暴力。麦克斯·阿德勒和奥地利马克思主义的绝大多数理论家（无论是偏左的还是偏右的）一样，对于社

---

① 〔奥〕鲍威尔著，殷叙彝编《鲍威尔文选》，人民出版社，2008，第344页。

会主义实现道路的设想存在一种"理想模式"。他们的无产阶级革命思想中总是潜藏着一种不彻底性，即幻想可以通过社会—经济的发展，达到资产阶级社会向无产阶级社会和平的过渡。这种理想模式也存在于无产阶级专政理论以及一切与暴力相关的社会主义理论中。

奥地利马克思主义者认为当时的欧洲发达资本主义国家已经具备了完成这种过渡的客观条件，但是实际的斗争经验告诉他们，资本主义国家在朝这一方向发展的过程中不免遭到抵抗。在民主体制完备的最发达国家，无产阶级即使凭借议会斗争的合法途径取得了政权，资产阶级和别的反动势力也不会束手就擒，他们仍旧会动用暴力来阻止无产阶级掌权。因此，暴力斗争的手段是不能丢弃的，但它只能在万不得已时使用（这几乎等同于鲍威尔指称的"防御性暴力"）。可见，麦克斯·阿德勒是全面赞同和支持鲍威尔的，他在《马克思主义的国家观》和《政治民主还是社会民主?》两书中所表述的政治理论观点基本上和鲍威尔一致。并且，他还曾协助鲍威尔将这种思想写进奥地利社会民主党林茨代表大会通过的纲领。

总结一下，从鲍威尔的"社会力量因素论"和"防御性暴力论"我们看出，鲍威尔的无产阶级革命策略思想在一定程度上是符合马克思主义的，在理论上有一定的价值，但他只是在表面上承认了国家是阶级统治的工具，而真正谈到国家政权的性质时却根本否定了阶级分析的方法。

从理论上看，鲍威尔虽然主张通过民主手段夺取政权，但他没有绝对地排斥暴力革命。另外，鲍威尔关于民主道路的思想是他根据"社会力量因素论"提出来的。仅就这一点看，与马克思主义的论断出入不大，虽然马克思恩格斯未曾提出过像"社会力量因素论"这样的概念，但他们观察到了一些发达资本主义国家民主制度的优点。马克思恩格斯在 19 世纪 70 年代以前认为暴力革命是无产阶级夺取政权的唯一道路。他们指出，革命实践一再向无产阶级表明，资产阶级通过革命取得的政权是决不会轻易拱手相让的，资产阶级的根本物质利益排斥工人阶级与之共享革命果实，他们只会不断用暴力镇压工人阶级。同时，不论资产阶级采取何种政权组织形式，他们都不会摧毁原有的国家机器，而是使其更加完备，以镇压工人阶级的起义。由此，马克思指出，工人阶级要想改变目前的状况，就必须（也只能）用暴力革命的方式来推翻资产阶级的统治，打碎资产阶级的国家机器，建立无产阶级专政。而在 70 年代以后，虽然他们坚持了无产阶级必须打碎资产阶级的国家机器，建立新型的无产阶级专政国家取代旧的国家机器；但他们明确提出在资本主义议会民主制国家，无产阶级有可能通过和平手段（即"普选权"）夺取政权。此时，马克思恩格斯所主张的是革命同合法斗争并举，进而为无产阶级的最终决战积蓄力量的政治策略。

历史地看，鲍威尔的"社会力量因素论"同考茨基《无产阶级专政》中的"纯粹民主"异曲同工，他们的共同标靶是列宁的无产阶级专政思想以及俄国的苏维埃政权。鲍威尔的《布尔什维主义还是社会民主主义？》对社会力量因素论的阐述显然是对列宁与布尔什维克党充满敌意的。社会力量因素论的实质是要说明俄国的无产阶级专政是由俄国具体国情决定的，落后的经济和文化使俄国的专政仅仅是少数人的专政。而在工业发达的中欧和西欧，无产阶级则不必要通过暴力革命的方式打碎资产阶级的国家机器，在民主制的基础上用选举手段夺取政权才是无产阶级斗争的主要方面。鲍威尔的观点旋即被列宁作为反批判的材料。列宁在共产国际第二次代表大会上专门就鲍威尔的《布尔什维主义还是社会民主主义？》及其社会力量因素论进行了尖锐的批判。列宁认为，鲍威尔的小册子是一部"道道地地的孟什维克式的诽谤作品"，鲍威尔背叛了社会主义，并且"与克伦斯基、谢德曼等等同流合污"。① 如果撇开

---

① 《列宁选集》第 4 卷，人民出版社，2012，第 269～270 页。

鲍威尔对苏维埃政权的攻击，这里还牵涉到一个重大的理论问题：是否可以利用资产阶级民主制度为无产阶级服务？对此，列宁的态度非常明确，"摆脱议会制的出路，当然不在于取消代表机构和选举制，而在于把代表机构由清谈馆变为'实干的'机构"①。也就是说，如何看待民主的阶级属性以及如何对待资产阶级民主制是关键，而非暴力手段或和平手段夺取政权。无产阶级革命的实质是："旧政权的纯属压迫性质的机关予以铲除，而旧政权的合理职能则从僭越和凌驾于社会之上的当局那里夺取过来。"②

从社会主义的实践来看，鲍威尔把暴力作为一种"防御性"手段，是极其危险的。"防御性暴力论"有其致命弱点，在资产阶级国家中，无产阶级及其政党很难把握动用暴力的恰当时机，同时，他们也无法获得运用暴力的物质条件（如武器），因此在革命中必然陷入被动境地。当他们认定资产阶级开始破坏民主制时，无产阶级才会（才能）通过暴力手段夺取政权。但是事实上，当资产阶级开始极权统治时，反动势力往往做好了充分的准备，而无产阶级只能处于守势。20世纪30年代初，在法西斯主义的镇压下，强大的德国社会民主党以及奥地利社会民主党相继失败，彻底证明了鲍威尔的资本主义替代方式只是流于书面的文字说明而已③，残酷的斗争现实容不得社会主义者浪漫主义的空想。

所以，鲍威尔在具体涉及要不要革命的问题上时是折中主义的：一方面，他拒斥"纯粹民主"，支持暴力革命；另一方面，他又对革命的前景持保留态度，游移不定，鲍威尔最终还是滑向了第二国际改良主义的主流意见中。

---

① 《列宁选集》第3卷，人民出版社，2012，第151页。
② 《马克思恩格斯选集》第3卷，人民出版社，2012，第57页。
③ 吴晓春：《奥托·鲍威尔的民主社会主义思想》，《中国特色社会主义研究》2007年第3期。

（二）"职能民主"

1923 年，在《奥地利革命》中，鲍威尔批判议会制的缺陷：工人阶级到处体会到，议会民主制所谓的全民选举和议会监督都是一种幻想。资产阶级对于报刊、讲坛、选举机关的控制权使它能够决定选举的结果。因此，"从普遍的人民选举产生的政府将是资产阶级的阶级政府，人民中的少数的政府"。[①] 在实际的民主制度操作中，资产阶级通过对选举机关和选举程序的控制已使这种选举失去了普选的性质，它选举出来的议会同政府一样只代表了资产阶级的利益。工人阶级发现，那些"民主"的东西（监督和协调）在资产阶级掌握权力核心的时候是不可能自动付诸实践的。

如何克服议会民主的缺陷呢？鲍威尔提供的办法就是采取"职能民主"，他的"职能民主"思想强调支持发展社会主义性质机构建设的重要性。社会主义者需要把自己纳入政治联盟中，该联盟不仅要存在于不断分裂的工人阶级内部，也要同农民和新涌现的中产阶级实现某种团结。对此，鲍威尔的论断是，奥地利的大部分地区是农业区，若想维持长久的无产阶级统治，就必须在"田野、乡村和城镇赢得强有力的支持"。另外，在民主制的讨论中，必然还要掀起一场为争取作为中间力量的中产阶级而进行的斗争。鲍威尔进一步解释，职能民主其实就是工业民主，这种民主的载体是工会、农民协会、消费合作社、公职人员的团体等。相对按选区划分的政治民主而言，这种工业民主赖以存在的组织构建标准是职业、劳动地点、社会劳动范畴……职能民主要求政府决策要同与之相关的职能组织进行协商，政治运行必须征得同这一活动直接有关的职能组织的同意。

按照鲍威尔的设计，职能民主条件下，政府和公民的关系发

---

① 中央编译局资料室编译《鲍威尔言论》，三联书店，1978，第 254 页。

生了颠倒，原先政府对公民加以控制，现在则是各种职能组织控制政府，公民成为社会的主宰。在这种制度保证下，由全体公民组成的不同的职能组织就在各个层面影响了国家事务，公民的政治参与程度提高，公民觉悟也会随之提高。公民开始审慎地使用权力，他们自觉以维护社会稳定为己任，统治阶级和被统治阶级由此达到协调的状态。鲍威尔认为，"职能民主"不仅能够使民主思想得以深化，提高了公民的责任感，保持了国家的安定，还从根本上变革了群众同国家的关系。① 麦克斯·阿德勒在工业民主问题上与鲍威尔的言论如出一辙。在这方面，麦克斯·阿德勒尤其欢迎鲍威尔1919年在奥地利建立合法的工厂委员会的举措，并且认为这是改造资本主义经济关系最重要的步骤。

无可否认，鲍威尔在第一共和国初期运用"职能民主"去纠正议会主义，取得了一定的成就。一方面，他在现实条件下制定的斗争策略缓和了革命群众的急躁情绪；另一方面，保全了广大选民对政府和议会中的社会民主党代表的支持。这表明奥地利马克思主义的政治思想在改良主义旗帜下运用了苏维埃运动中的民主潜能，职能民主论在一定程度上挽救了群众对社会民主党的信任，维护了工人运动的团结统一。② 但是，鲍威尔和麦克斯·阿德勒又一次高估了在资本主义社会内推行个别社会主义措施的作用，这充分展现了奥地利马克思主义改良政治的特点。③ 问题不在于这是不是社会主义发展到一定阶段或工人阶级的组织，而在于他们不理解，只要在资本主义条件下，这些都只是暂时的治标措施。

"职能民主"的思想区别于马克思主义基本原理，虽然吸取

---

① 吴晓春：《奥托·鲍威尔的民主社会主义思想》，《中国特色社会主义研究》2007年第3期。
② 周懋庸：《关于奥托·鲍威尔的一次学术会议和论文选集：〈奥托·鲍威尔——理论和政策〉》，《当代世界与社会主义》1987年第1期。
③ 〔南斯拉夫〕弗兰尼茨基：《马克思主义史》上卷，李嘉恩、韩宗翊等译，人民出版社，1986，第243页。

了部分俄国革命实践的经验，但在欧洲民主运动中取得成功的可能性很小。我的判断是，问题的关键在于鲍威尔的职能民主能否彻底改变民主的阶级性质。鲍威尔看到资产阶级议会民主制度的某些缺陷并力图对其进行一定程度的校正，这种设计本不错。但问题在于，应该如何对待资产阶级议会民主制？

第一，马克思恩格斯关于民主制和议会策略的态度是不断发展变化的。1848 年革命前后，马克思和恩格斯撰写了一系列文章指出，资产阶级的国家在本质上就是资产阶级统治的工具。所谓的议会、选举权都只不过是资产阶级麻痹人民的工具，无产阶级应坚决抵制资产阶级制造的民主谎言。而到了 19 世纪 70 年代后，马克思恩格斯虽然继续强调，"工人阶级不能简单地掌握现成的国家机器，并运用它来达到自己的目的"①，但他们已经开始肯定议会斗争的作用，甚至认为有些国家可以采取和平的手段达到最终的目的。在他们看来，无产阶级对待资产阶级民主共和制所应采取的正确态度应该是：必须肯定它是一种进步的国家政权组织形式。民主制是政治文明进入现代阶段的产物，是人类社会在民主进程中积累的成功经验，可以吸收来为无产阶级和广大劳动人民服务。无产阶级掌握政权后，应注意吸收其中的积极因素。

第二，鲍威尔认为无产阶级在夺取政权之前应当为争取民主共和制而斗争，这是有一定积极意义的。因为在资本主义制度下，民主共和制有利于无产阶级进行反对资产阶级、争取自身权利的斗争。当无产阶级的力量还不够强大，他们的理念还不足以控制社会绝大多数阶层的意识形态，运用暴力革命手段还不能一举夺取资本主义政权之前，承认现存的社会秩序是无产阶级唯一可能的选择。而随着无产阶级成熟到能够完成解放事业的时候，他们就会作为独立的党派结合起来，选举自己的代表，而不再选举资本家的代表了。马克思主义认为，民主共和制只是一种政权

---

① 《马克思恩格斯选集》第 1 卷，人民出版社，2012，第 248～249 页。

组织形式，它的性质是由它的内容决定的。民主作为国家形态，其类型必然随着统治阶级的变换而转变，绝对没有"超阶级"的"一般民主""纯粹民主"。科学社会主义还强调，民主的实质就是国家对被统治阶级使用暴力，而就形式来说，民主又意味着国家承认公民权的一律平等。正因如此，民主的形式决定了无产阶级可以并且必须利用资产阶级民主，而民主的实质则决定了无产阶级要时刻牢记资产阶级民主的局限性。①

因此，资产阶级民主共和国即使再进步、再民主，它也仍然是资产阶级的国家，无产阶级不可能从中获得真正的利益。要获得阶级的解放，无产阶级最终还是要把资产阶级的民主共和国变成无产阶级的民主共和国。所有的改革或改良都不能模糊革命政党的主要任务，也就是革命政党任何时候都要做好革命的准备。所以，鲍威尔的观点的致命之处恰恰在于，他回避了或者说根本不敢正视这样一个问题——如何实现民主的阶级性质的转化？

（三）阶级力量均势论

1924 年鲍威尔撰写了《阶级力量的均势》以陈述在现代民主体制中资产阶级和无产阶级的斗争状态。所谓阶级力量均势，就是指互相斗争的无产阶级与资产阶级不分伯仲，两者都无力掌握政权，只好暂时保持均势。鲍威尔声称，阶级力量均势论"是用新的历史经验证实了马克思的阐述"，不仅没有违背马克思，还发展了马克思关于阶级斗争的理论。②

鲍威尔论证历史上存在过阶级力量均势的时期，在资产阶级夺取政权，独立执掌经济、政治、社会各种事务之前，它的发展经历了长时间的上升期。一开始，资本主义处于萌芽时期，国家还是纯粹地主阶级的统治机构。但随着资本主义力量的积蓄，国

① 徐崇温：《科学社会主义与改良的界限》，《科学社会主义》1991 年第 4 期。
② 〔奥〕鲍威尔著，殷叙彝编《鲍威尔文选》，人民出版社，2008，第 308 页。

家渐渐转变为纯粹资产阶级的统治机构。而两种统治结构之间就是力量均势的状态，即封建势力和资产阶级势力都"不是处于一个独立于两个阶级的国家政权的统治之下，就是不得不相互分享统治权"①。鲍威尔又进一步论述了当前的战争会造成上述的阶级力量均势，传统议会制度的普遍危机是这种均势状态的基本特点。②阶级力量均势的表现主要有两种：联合执政和独立执政。在不少西欧国家，工人政党可以和资产阶级政党共同执政，或者表现为统治阶级的政府管理必须建立在其阶级敌人的默许和严格监督下；而另一些国家的情况是，拥有武装的政党（如意大利的法西斯党和俄国的布尔什维克党）利用本国阶级力量的平衡状态，迅速夺取国家政权，独立执政并凌驾于一切阶级实施专政，"它不代表任何一个阶级，其权力的根基是处于均势的各阶级的暂时平衡"③。鲍威尔在《阶级力量的均势》中也承认，阶级力量均势的状况只是国家发展中暂时的阶段。任何阶级都不会满足于与别的阶级共享政治资源，所以都在等待时机向有利本阶级的方向发展，力图压制并最终消灭对立阶级的政治力量。阶级力量的均势最终消失的趋势是无可逆转的，要么资产阶级统治无产阶级，要么无产阶级夺取政权。

在 1924 年的《取得政权的斗争》和 1926 年的"林茨纲领"中，鲍威尔提出工人阶级必须争取农民、小资产阶级和知识分子，并且扩大无产阶级思想在军队中的影响，不断吸纳社会主义运动的同路人。鲍威尔认为，过去由于大部分工人深受资产阶级思潮的影响，社会民主党的任务就是使工人阶级摆脱资产阶级意识形态压迫。不过，当工人阶级摆脱了资产阶级的思想和政治领导之后，社会民主党的工作重心必须发生转移。社会民主党如果

---

① 〔奥〕鲍威尔著，殷叙彝编《鲍威尔文选》，人民出版社，2008，第 306 页。
② 吴晓春：《奥托·鲍威尔的民主社会主义思想》，《中国特色社会主义研究》2007 年第 3 期。
③ 〔奥〕鲍威尔著，殷叙彝编《鲍威尔文选》，人民出版社，2008，第 311 页。

想要壮大自己的势力，获得革命的胜利，就应该把联合的同盟军扩展到广大劳动人民中除工人阶级外的其他阶级。"民主共和国的历史是资产阶级和工人阶级之间为争取在共和国中的统治权而进行阶级斗争的历史。"① 工人阶级与大资产阶级的利益尖锐对立，他们也是对抗资本主义制度的当然领导者。小农和小资产阶级队伍中的劳动者与工人阶级基本利益一致，而与大资产阶级基本利益相对立，那么这些劳动者就有需要也有必要接受工人阶级的领导，共同反对资产阶级。于是，社会民主党要发挥反对资产阶级力量群体的领导作用，把小资产阶级和小农中尽可能广泛的阶层争取过来，让他们成为"无产阶级的同盟军"②。鲍威尔认为，无产阶级争取中间阶层的过程不是一蹴而就的，需要较长时间才能使他们逐步地脱离资产阶级政党。不过，只要无产阶级争取到他们，甚至只是一部分中间阶层，无产阶级就会在选民和议会中成为多数。在民主共和国，资产阶级的统治不是依靠特权政治，而是经济力，也包括报刊、学校和教会的精神影响力等。为了把小资产阶级和小农吸纳进无产阶级的解放斗争中，鲍威尔认为，社会民主党必须在民主制的基础上，加强意识形态宣传，提高中间阶层的觉悟。只要社会民主党做到这一点，资产阶级政党的拥护者就会发生分裂，社会结构中的中间阶层也将发生思想的和组织的分裂。在"林茨纲领"中，鲍威尔表达了信心："社会民主工党既然已经在其斗争的第一阶段争取到了民主共和国，那么它今后的任务是利用民主的斗争手段，以便把人民的多数集合在工人阶级的领导之下，从而推翻资产阶级的阶级统治，使工人阶级获得在民主共和国中的统治权。最后，社会民主党将通过普选权的决定来争取国家政权。"③

麦克斯·阿德勒在 1918 年以后的著作中表达了与鲍威尔相

---

① 〔奥〕鲍威尔著，殷叙彝编《鲍威尔文选》，人民出版社，2008，第 324 页。
② 〔奥〕鲍威尔著，殷叙彝编《鲍威尔文选》，人民出版社，2008，第 282 页。
③ 〔奥〕鲍威尔著，殷叙彝编《鲍威尔文选》，人民出版社，2008，第 325 页。

似的看法，他的后期著作大多致力于研究现代世界阶级结构的实际发展。麦克斯·阿德勒的结论是：组织化的资本主义时代构成了与以往自由竞争资本主义完全不同的阶级状况。工业、商业和金融业的壮大创造了一个新兴的阶层——薪金无产阶级。这是与马克思阐述的资本主义小资产阶级时代完全不同的社会现实，麦克斯·阿德勒认为，带薪无产阶级的出现要求重释马克思的阶级斗争理论。① 他指出，必须承认体力劳动者和非体力劳动者虽然在劳动性质上和生活水准上存在差异，但他们之间进行阶级合作不仅是可行的，也是必要的。同时必须特别强调，20 世纪的发达资本主义社会中，无产阶级为主体的体力劳动者已经不具备独立发动社会革命的条件。在这种状况下，联合其他阶层不仅是无产阶级完成社会主义目标的重要手段，也是防止中间阶层投向法西斯主义反动统治的有效途径。

总体而言，鲍威尔在提出民主道路的同时，提出了无产阶级革命的条件，即争取农民、小资产阶级和军队，认为只有具备了这些条件，无产阶级才能通过民主手段夺取政权。这是对"职能民主论"团结农民和新涌现的中产阶级的一种扩展，这与马克思恩格斯的思想也是基本一致的。马克思恩格斯一贯主张，无产阶级无论是通过和平议会手段夺取政权，还是通过暴力革命夺取政权，都必须争取农民和小资产阶级。另外，恩格斯很早就提出了争取军队的思想，他认为，小资产阶级和农民还不足以确保无产阶级通过和平手段夺取政权，因为在无产阶级即将夺取政权之机，军队有可能反对无产阶级革命，军队对无产阶级革命来说是极为重要的。② 在斗争条件下，鲍威尔的"阶级力量均势论"符合当时奥地利社会民主党在国内政治斗争中的某些价值取向。不过，该理论带有浓烈的折中主义倾向，就实践效果来看，不

---

① 〔英〕柯尔：《社会主义思想史》第三卷下册，何慕李译，商务印书馆，1985，第 39 页。
② 《马克思恩格斯全集》第 36 卷，人民出版社，1975，第 241 页。

论历史现实处于何种状态，无产阶级与资产阶级都不可能真正
势均力敌。

（四）"整体社会主义"

1936 年鲍威尔撰写的《两次世界大战之间吗?》是对其"整
体社会主义"思想的全面论述。他要弥合布尔什维克主义和社会
民主主义立场的对立状态，以促成统一战线的形成与发展，他借
助的工具就是"整体社会主义"。所谓"整体社会主义"，鲍威尔
概括为："既把社会民主主义又把共产主义结合在自身中的"统
一的社会主义。也就是说，它是一种完成了克服改良主义和布尔
什维克主义片面性和局限性任务的第三条道路，企图超脱社会民
主主义和共产主义二者的"僵化观点"，进而统一世界工人
运动。[1]

"整体社会主义"是鲍威尔在总结世界经济的危机、民主的
危机和社会主义的危机基础上提出的思想。鲍威尔声称，德国和
奥地利的社会民主党均已在法西斯打击下彻底失败，英国工党、
苏联布尔什维克党和法国社会党成了世界社会主义运动中的三个
最强大的政党。英国工党是改良的社会主义最纯粹的体现，布尔
什维克则代表了革命的社会主义观念，法国社会党介乎于其间。[2]
鲍威尔认为，法国的特殊国情使得法国社会党的思想体系中存在
着一种极有发展前途的观念——改良的社会主义同革命的社会主
义相结合的萌芽，这种萌芽也不同程度地存在于法西斯统治下的
原改良主义政党以及从社会主义工人国际分离出来向左转和从共
产国际分离出来向右转的政党之中，它们都表达了一种观念，即
在自身克服国际社会主义两大阵营的僵化和教条。上述这些都体
现了"整体社会主义"的影子，不过鲍威尔提醒社会主义者必须

---

[1] 殷叙彝：《民主社会主义论》，中央编译出版社，2007，第 355 ~ 368 页。

[2] 饶勒斯的改良主义固然在法国内部产生了很大影响，而盖得和拉法格的马克
思主义和瓦杨的布朗基主义也在继续起作用。

把各种萌芽状态的理论和政策统一起来（整体化），完成对世界无产阶级分裂的克服。

鲍威尔继续分析认为，在实现社会主义道路上存在两种对立的观念：一种是改良主义的社会主义；另一种是革命的社会主义。改良主义的社会主义关注的是工人阶级的当前利益，社会党必须领导无产阶级为了改善待遇而在资本主义机制内部完成阶级斗争过程，这个过程应该是在资产阶级民主框架下进行的。而革命的社会主义着眼于工人阶级的长远利益，即完成马克思所述的用社会主义制度替代资本主义制度。他们坚持强调暴力革命是完成社会制度根本变革的唯一途径，抵制改良思潮对无产阶级队伍的腐蚀。鲍威尔声称，这两种思想路线的对立其实是工人运动与社会主义的对立。一方面，工人阶级是被结构在资本主义生产方式中的，它必须在资本主义体制内极大地维护自身的当前利益，即工资、保障、文化等现实需求；另一方面，工人阶级的属性已经被马克思准确分析过，即他们在资本主义私有制条件下的生产劳动无法摆脱资本家的剥削和压迫，他们的最终归宿必然是反抗资本主义的制度基础，建立社会主义政权。鲍威尔还认为："马克思恩格斯克服了资产阶级革命时期存在的工人运动和社会主义之间的对立。"但是，随着社会历史发展，这种对立会反复出现，因此在马克思之后，"马克思主义的历史职能就是克服这种一再出现的紧张关系，它的历史功绩和历史任务过去和现在都正是把工人运动同社会主义结合起来"①。

由于世界社会主义运动在 20 世纪初经历了几次重大分裂，国际联合被破坏。这是奥地利马克思主义者不愿看到的，他们的理论核心就是以中派思维来捏合各种思潮和团结各种力量。鲍威尔试图描绘出一种全新的"整体社会主义"模型，以期弥合社会主义理论和实践中的改良与革命之争，完成马克思意义上的对社

① 〔奥〕鲍威尔著，殷叙彝编《鲍威尔文选》，人民出版社，2008，第 412 页。

会主义和工人运动对立的扬弃，最终超越改良的社会主义和革命的社会主义，实现社会主义运动力量的整合。对于鲍威尔"整体社会主义"的设想，理论界褒贬不一，但其积极意义是值得肯定的，比如舍勒尔总结了整体社会主义在当时的历史条件下主要的作用。首先，鲍威尔对实现社会主义目标的研究肯定了不同国家的不同发展道路；其次，对苏维埃俄国实践经验的评价（既批判又团结）是相对客观的，他认为苏维埃政治将完善民主化进程；最后，鲍威尔承认社会民主党和共产主义的价值观存在差异，所以它们之间的合作会是漫长的历史过程，但这个过程是有决定性意义的，即社会主义变革的基础必然是团结、统一、广泛、有活力的国际工人运动共同体。①

我认为，对于"整体社会主义"的提出，鲍威尔显然充满了美好的愿景。他看到了国际社会主义运动的分裂给工人运动带来的危害，现代资本主义发展的复杂状况也使无产阶级的思维方式发生了转变。在这样的主客观条件下，团结社会主义阵营必然是重要任务。在不放弃各自核心观点的原则下，鲍威尔探索了新时期"工人阶级如何使争取改良的日常斗争和社会主义的最终目的结合"。另外，鲍威尔企图消除革命的社会主义与改良主义的社会主义两个阵营之间的仇视，他走上现在称之为"第三条道路"的中间道路。这些对于欧洲资本主义国家的社会主义者、对于处理共产党和社会民主党之间的关系是有一定价值的。不过总的看来，"整体社会主义"归根结底仍然属于社会改良主义范畴，仍然是一种折中主义的简单调和，而非对以往政治组织形式的超越。

理论上说，"整体社会主义"要求社会主义运动既不抛弃改良主义，也不能放弃暴力革命；社会主义者不仅要坚守民主主义

---

① 周懋庸：《关于奥托·鲍威尔的一次学术会议和论文选集：〈奥托·鲍威尔——理论和政策〉》，《当代世界与社会主义》1987年第1期。

的遗产，也要坚守无产阶级革命的遗产。于是，鲍威尔就把人权、人性、自决权等自由主义的文化价值观念和剥削、危机、压迫、战争、法西斯主义等马克思主义的左派概念糅合在一起，企图通过拼接各自的进步因素来达到他所谓的"整体社会主义"目标。这显然是一种改良主义的折中思维模式，其理论后果必然是进一步妥协退让，向右派的改良政治靠拢。鲍威尔缺乏对改良主义本质的深刻认识，或者他的思维方式本身就是改良主义的。他的"整体社会主义"图景是一种乐观的幻想[①]，调和工人运动所谓现实利益和长远利益的尝试是对改良主义政治的默认。

从实践上来看，鲍威尔提倡的国际社会主义运动的整体化方案得不到任何一方的支持。鲍威尔和弗里德里希·阿德勒等人在两次大战之间的努力证明了革命的社会主义和改良的社会主义不仅是对社会主义倾向理解的差异，更是以马克思主义原则为界的不可调和的行动差异。整体社会主义不仅承认要与资本主义讲妥协，而且在某些时候可以向革命社会主义让步，这反映了整体社会主义在阶级力量对比关系发生明显变化的条件下实用主义的一面。它幻想通过让步、妥协的办法来取得社会的广泛支持，通过杂糅双方观点的办法调和社会改良主义与科学社会主义之间的冲突与对立。历史证明，这种第三条道路的选择是不成功的。

从实践效果来看，虽然整体社会主义在特定的历史时期也能在一定程度上反映工人阶级的利益，但妥协理念使它在实践中的力量受到极大削弱。第二次世界大战的惨痛教训和国际社会主义运动在战后的继续分裂都无情地揭示了整体社会主义的无效性。

三 麦克斯·阿德勒的国家观

1922 年麦克斯·阿德勒的《马克思主义国家观——对社会学

---

① 吴晓春：《奥托·鲍威尔的民主社会主义思想》，《中国特色社会主义研究》2007 年第 3 期。

方法和法学方法区别的论述》是与凯尔森论战性质的。麦克斯·阿德勒遵循马克思和恩格斯的历史理论，认为国家不应是抽象的概念而加以分析和说明。作为具体的社会条件的产物，他深信《共产党宣言》对国家的界定，即阶级压迫的一种有组织的暴力。于是，在资产阶级的现代形态到来之时，国家的功用也就是为了维护资本主义运行的机制不被外力所侵害，赋予剥削以法律形式，再用暴力行为控制受剥削阶级。①

（一）国家的阶级实质

麦克斯·阿德勒指出自由主义国家学说的阶级实质，认为它只有在问题涉及对上升的资产阶级来说成为"桎梏"的那些方面时才反对国家。他也驳斥了那种认为资本主义国家范围内的社会政策能通过立法限制剥削，因而这个国家也能具有消除剥削的倾向的看法。麦克斯·阿德勒指出，社会政策主要是由两方面的原因产生：一是由于统治阶级需要健康的士兵和有一定技术的工人，而无产阶级的贫困化不仅会对此起破坏作用，而且会造成日益具有威胁力的群众，因此必须缓和贫困化。就此来说，社会政策不意味着消除资本主义剥削的趋势，而是维护这一剥削的趋势，至少企业主阶级中那些能从政治上思考的人会认识到这种必要性。二是由于组织起来的无产阶级的压力，而这正是阶级斗争本身的结果，是一个以反对阶级国家为目标的革命运动争得的成果。另外，有关立法的贯彻也需要经过工人组织不懈的努力，这也证明社会政策不能表明现存国家消灭剥削的趋势。麦克斯·阿德勒的结论是："马克思主义国家观的基本内容仅仅在于它所涉及的是阶级统治，因此，作为国家的共同体组织始终是剥削的一种形式。"②

---

① Max Adler, Die Staatsauffassung des Marxismus. *Marx – Studien* （*vol.* 4），Vienna：Wienervolksbuchhandlung, 1922：81.

② Max Adler, Die Staatsauffassung des Marxismus. *Marx – Studien* （*vol.* 4），Vienna：Wienervolksbuchhandlung, 1922：84.

奥地利马克思主义者也很注意在 20 世纪资本主义社会中阶级构成的变化及其政治上的意义。麦克斯·阿德勒针对德国工人阶级运动失败和破裂而写的一篇题为《工人阶级的变态》的重要论文中提到，即使在马克思的著作中，无产阶级的概念也已经表现出一定的分化。在生产过程中的工人形成了它的主体，失业的工人后备军是第二层次，在这两者下层的是流氓无产阶级。麦克斯·阿德勒接着论证了资本主义的发展使无产阶级的结构发生了这样的变化，以致我们能不能说它是一个单一的阶级都成了问题。这种变化在资本主义阶级构成中形成了新的现象，按照麦克斯·阿德勒的说法，新的无产阶级队伍中存在几个明显的阶层，从而出现了经常冲突的三种基本政治倾向：由技术工人和机关雇员构成的工人贵族；城市和农村中有组织的工人；永久或长期的失业者。麦克斯·阿德勒进一步论证说，在工人的主体中，各种组织的发展也引起了劳动者之间的"致命性"的劳动分工：一方面是不断扩大的领取薪金的职员和能主动地做出决定的代理人；另一方面是广大被动的会员群众。他总结说，正是由于这种社会经济状况和政治态度的分裂，工人阶级在面对法西斯运动时表现软弱。①

麦克斯·阿德勒之所以用相当大的篇幅来论述关于阶级的观点，是为了驳斥凯尔森的论点。凯尔森认为，既然阶级是经济剥削产生的，那么一旦资本主义剥削被消除，就不再存在阶级，也不再需要实行阶级统治的国家，从而彻底抛弃了无产阶级国家的可能性。麦克斯·阿德勒指出，不能把阶级概念简单化归结为一个经济概念。经济剥削是产生阶级的因素，阶级一旦产生，也就形成一个社会结构——通过反映自己共同利益的意识形态而具有现实性、稳定性和再生产的倾向。当无产阶级取得胜利时，它可以一举消灭全部经济剥削，亦可以对生产资料的私人所有全部社

---

① 参见殷叙彝《社会民主主义概论》，中央编译出版社，2011。

会化。但是尽管如此，资产者阶级、有产者阶级仍旧存在，因为财产利益和企业主利益的精神处境并不能像他们的物质控制一样消除。这种没有经济根基的阶级意识将与这些人本身同样长期地存在，甚至也可以影响到下一代。因此，不能说无产阶级国家中没有马克思主义意义上的阶级统治，这里仍存在阶级对立。资产阶级和无产阶级之间的阶级斗争仍旧存在，只不过权力的分配改变了，以前是资产阶级运用法的强制秩序反对无产阶级，后来是无产阶级运用这一秩序来反对资产阶级；以前是承认私有制的强制规范使无财产者服从有财产者的利益，现在是取消私有制而使有财产者服从无产者的利益。如果说无产阶级感觉自己受到资产阶级的法权形式的暴力压迫，那么现在资产阶级同样感觉自己受到无产阶级的法权形式的暴力压迫。在这两种情况下，两个阶级与法律秩序的关系是不一样的，这也决定了统治的性质，关键在于法律秩序是为哪一个集团利益服务的。

（二）民主制的意涵——对社会民主和政治民主的区分

麦克斯·阿德勒反对凯尔森把民主制看成"纯粹形式的组织原则"的观点。麦克斯·阿德勒认为，对马克思主义的思想体系来说，民主是一个历史性概念，人们始终必须审问：谈的是哪一种民主？他指出，民主从字义上讲意味着"人民的统治""人民的自决"，这在资本主义国家中是不可能实现的，因为缺少人民统治的"基本前提"，也就是还不存在"统一的人民"，而是存在着在经济、文化和意识形态方面都分裂成不同阶级的居民。民主制实际上是不能脱离多数决定原则的，但是，单凭投票数的多数决定问题的原则并不具有法权根据，因为这会导致取消人民的自决，使少数人受多数人压迫。"民主的决定生存的原则"不在于多数的意志，而是在于卢梭所说的"总意志"或"普遍意志"。票数被压倒的人之所以服从，不是因为他们人数少，不是因为占多数的人更强大，而是因为投票的结果表明他们违背了总意志。

总而言之，要具备民主的前提，人民就必须形成一个团结的统一体，但是对于资本主义社会来说，这只能是一个幻想。麦克斯·阿德勒说："民主制在资产阶级世界中的历史悲剧在于，它必然会由于从这一世界的生存条件中产生的阶级对立而告失败。"① 民主制的形式在以普选权为基础的议会制人民代表机构中得到最完满的表现，"但我们看到，在阶级社会的土地上，甚至最民主的人民代表机构也从来不能体现统一的人民意志。在人民的议会制自决形式中总是进行着某种阶级斗争，它总是一个阶级权力的贯彻，即一个阶级对另一个阶级的暴力，这个阶级凭借自己的多数把法律强加给反抗它的阶级"②。

另外，麦克斯·阿德勒还指出，卢梭的幻想实际上是"革命的资产阶级的世界历史性幻想"，这个阶级认为自己的统治意味着人类摆脱一切统治和被统治的对立，因此也将建立团结的人民一致性。一旦人民构成广泛团结的共同体，一旦在人民整体中不再存在对投票起支配作用的那种生死攸关的对立，那么得票数的差别就不再意味着对生存利益的暴力压制，而只是根据对事情的实效和迫切程度的意见差别而做出的决定，投票就成了单纯社会行政或事务管理的行为。历史证明，资产阶级未能实现这一革命期待，它将由社会主义来实现。由此就产生了民主概念的混乱，民主只是无阶级社会才能实现的概念，但是在阶级社会中却必然被进行斗争的、向上的阶级当作自己的指导思想。因此，麦克斯·阿德勒建议通过确定的术语来表现民主多方面的含义。③

麦克斯·阿德勒提出，既然民主只有在无阶级社会中才能实现，应当把这种充分的民主，也就是与概念名实相符的民主称为

① Max Adler, Die Staatsauffassung des Marxismus. *Marx – Studien* (*vol.* 4), Vienna：Wienervolksbuchhandlung, 1922：125.
② Max Adler, Die Staatsauffassung des Marxismus. *Marx – Studien* (*vol.* 4), Vienna：Wienervolksbuchhandlung, 1922：125.
③ 殷叙彝：《社会民主主义概论》，中央编译出版社，2011，第198页。

"社会民主"，他把一切其他的也被称为民主的形式称为"政治民主"。根据这样的区分，尽管人们在论述时有时也会省略定语，但是只要谈到阶级社会中的民主，就是指实际上"并非民主的民主"，它是必须被克服的民主虚假形式。而在谈到无阶级社会的民主时，就是指现在根本还不存在，而必须极力争取的民主。麦克斯·阿德勒觉得这样把民主的双重意义区分开来的做法可以解释马克思恩格斯用语中表面上的"矛盾"。例如："恩格斯有一次把民主制称为'妄想'，后来却又宣称民主是无产阶级可以通过它取得统治的形式；马克思嘲笑那种认为民主共和国是千年王国的'民主主义奇迹'，却仍旧把实际上是一种民主制的（巴黎）公社说成是无产阶级专政的一个范例。"①

（三）专政与民主

麦克斯·阿德勒进一步通过社会民主和政治民主的区分论述了无产阶级专政问题，也就是无产阶级专政与民主的关系问题。资产阶级及其学者对无产阶级专政批评的最主要方面是专政与民主的矛盾性，麦克斯·阿德勒坚决否定了这一批评。他甚至用罗莎·卢森堡批评苏俄无产阶级专政的遗稿《论俄国革命》中的这句话来证明自己的观点——无产阶级专政在于运用民主的方式，而不是在于取消民主。麦克斯·阿德勒认为，只有当人们认清民主的双重意义后才能了解专政概念的真正含义。

第一，专政（包括无产阶级专政）与政治民主是不存在矛盾的。麦克斯·阿德勒提出，政治民主始终是阶级统治的一种形式。没有专政，政治民主根本不可能存在，将来也不可能出现。资产阶级民主毫无疑问是统治阶级的专政，尤其是当它在所谓紧急时期暂时停止执行国家宪法、宣布非常状态，并且用士兵、法

---

① Max Adler, Die Staatsauffassung des Marxismus. *Marx – Studien*（*vol.* 4），Vienna：Wienervolksbuchhandlung, 1922：127.

官和警察来对付"叛乱的"群众时更加露骨。无产阶级专政是采取政治民主的形式，以无产阶级的统治取代资产阶级的统治，对于反抗它的社会势力来说，它很自然也是一个权力问题，如资产阶级迄今所做的一样。因此，一部分居民（被推翻的统治阶级）的出版、集会、结社自由等等也会在紧急时期受到限制或被取消，这根本不与民主相矛盾。它们不过是无产阶级阶级斗争的必然继续，也是为了较快地消除专制制度残余而采用的手段。麦克斯·阿德勒引用了恩格斯1875年致倍倍尔信中批评《哥达纲领》的话来论证自己的观点："既然国家只是在斗争中，在革命中用来对敌人实行暴力镇压的一种暂时措施，那么，说自由的人民国家，就纯粹是无稽之谈了：当无产阶级还需要国家的时候，它需要国家不是为了自由，而是为了镇压自己的敌人，一到有可能谈自由的时候，国家本身就不再存在了。"[①]

第二，无产阶级专政与社会民主是矛盾的，因为社会民主的多数统治并不意味着它一定与少数人之间存在生死攸关的利益对立，"因此也不是对少数人的统治"，而是同时也以他们的名义、根据他们的意志做出的处置。麦克斯·阿德勒援引列宁在《国家与革命》中的这段话来说明在消灭了阶级制度的社会中，尽管还存在少数人的服从，但是已不存在多数人对少数人施加暴力的情况："我们并不期待一个不遵守少数服从多数的原则的社会制度。但是，我们在向往社会正义的同时深信：社会主义将发展为共产主义，而对人们使用暴力，使一个人服从另一个人、使一部分居民服从另一部分居民的任何必要也将随之消失，因为人们将习惯于遵守公共生活的起码规则，而不需要暴力和服从。"[②] 麦克斯·阿德勒认为，列宁在这里所说的就是社会民主，它与少数人的屈服不是一回事，因为"在那里根本不存在少数人的统治利益，在

---

① 《马克思恩格斯选集》第3卷，人民出版社，2012，第324页。
② 《列宁全集》第31卷，人民出版社，1985，第78～79页。

那里少数人是自动服从的"。①

第三，凯尔森等人还认为，如果说无产阶级在建立专政时已占居民的多数，那么专政就已经是多余的，或者说，由于存在民主制，专政已经是不必要的了。这时用占压倒优势的多数来对付一小群没有权力的资本家、地主和多种社会寄生虫，无异于用大炮轰麻雀。麦克斯·阿德勒认为这是机械经济决定论的观点，他们没有认识到"阶级的本质包含它的阶级意识这一意识形态因素"，一个阶级不会由于使它产生和保持存在的经济条件已经被排除就停止存在。麦克斯·阿德勒在这里重复了他关于阶级的观点，但说得更加透彻："这些阶级的成员有着恢复本阶级统治的意愿，他们的全部精神和意志面貌代表着这一阶级地位的利益，他们甚至努力传播这些意愿和利益，在同年龄段的一代中争取支持者，并且对年轻人进行这方面的教育。"② 只要这些反对派成员还存在，"阶级和阶级对立就会永远存在"。"无产阶级虽然也占多数，却不能一举建立社会主义社会，而在很长的时间内，经济的、政治的、教会的和文化的、组织的许多领域，仍旧必然会有旧状态的重大残余，而这些残余同样也能成为一种阶级反动的出发点，因此上述对立就更加危险了。"③ 麦克斯·阿德勒进一步解释说，单凭民主的形式是不能说明其内容的。对于本身也处于统治地位的少数人，如果他们想用另一种方式实行统治或者想更多地行使权力，那么对于他是不需要镇压的。但是如果少数人想推翻这一阶级统治本身，那么他们目前所处的无权状态并不能成为宽恕他们的理由，否则就会给他们提供获得更大权力的机会。麦克斯·阿德勒还说，反对一个阶级的斗争必须进行到这一阶级消

---

① Max Adler, Die Staatsauffassung des Marxismus. *Marx – Studien*（*vol.* 4），Vienna：Wienervolksbuchhandlung, 1922：198.

② Max Adler, Die Staatsauffassung des Marxismus. *Marx – Studien*（*vol.* 4），Vienna：Wienervolksbuchhandlung, 1922：200.

③ Max Adler, Die Staatsauffassung des Marxismus. *Marx – Studien*（*vol.* 4），Vienna：Wienervolksbuchhandlung, 1922：200.

灭为止，因为只有到那时才会产生无阶级社会。

（四）第二国际内部对于民主和专政问题的争论

俄国革命在欧美工人运动中引起了强烈震动，在革命取得胜利后，各国无产阶级理论家都开始研究如何认识它，从中应得出什么结论：是走俄国人的路，把社会主义革命提上日程，通过变帝国主义战争为国内战争，推翻资产阶级，建立无产阶级专政；还是继续走议会民主的道路，通过在议会中取得多数，和平地进入社会主义社会。已经分裂的第二国际及其成员党，都在做出自己的选择，并从总结俄国革命的历史经验中形成两种根本对立的态度，这是第二国际最终分裂的思想理论基础。

在第二国际内部，关于专政和民主问题，奥地利马克思主义者麦克斯·阿德勒的思想在上文已经进行了讨论。不过作为第二国际最激烈交锋的领域之一，我们还需要进一步考察其他的理论家在这一问题上的态度。围绕着关于俄国革命及其历史经验的争论，实际上已经形成两种根本对立的策略、理论：以列宁为主要代表的布尔什维克的策略、理论和以考茨基为主要代表的社会民主主义的策略、理论。正是以此为基础，第二国际内部的各成员党正在集结、组合，逐步形成两个国际的格局，使由世界大战所造成的国际分裂进一步加深。

同卢森堡的态度相反，考茨基对俄国无产阶级通过国内战争推翻资产阶级、建立无产阶级专政的革命道路表示怀疑和否定，并力主通过长期的和平发展争得议会多数，以实现社会主义。十月革命之后，考茨基也曾祝贺和称颂布尔什维克党的胜利。但是，他认为，在经济落后的俄国，实现社会主义目标缺少先决的和必要的条件，更反对建立无产阶级专政的苏维埃政权。关于十月革命的性质，考茨基认为，由于俄国经济落后，缺少社会主义必要的物质文化条件，主要是工业发展水平低，工人阶级不占人口的多数，民主不成熟。所以，俄国革命"实际上是最后一次的资产阶级革命，而不是首先一次的社会主义革命"①。俄国革命要具有社会主义性质，只有在西欧同时发生社会主义革命才有可能。布尔什维克不顾条件实行无产阶级专政，是一种跳跃阶段的尝试。其结果是，在条件不成熟的情况下，苏维埃势必用专政来代替他们缺少的物质文化条件。考茨基在谈到暴力革命问题时指出："无产阶级用一个突然的袭击就会取得国家政权，并给人们带来社会主义，这是布朗基和魏特林的看法。"② 这种"突然袭击"的方法是无产阶级过于无知、精神沮丧、不能组织和管理自己的状况造成的，其结果只能形成秘密组织，加强领导人以救世主自居的感觉和他们实行独裁的习惯。

那么，无产阶级如何夺取政权呢？考茨基认为，无产阶级斗争和社会主义的前提是发达资本主义的大工业和纯粹民主。前者能使无产阶级在人口中占多数，后者能使无产阶级强大到足以掌握社会的管理权，具备把政治民主转变为经济民主的能力。因此，"一个国家在一方面越是资本主义，在另一方面越是民主，它就越接近社会主义"③。统治越民主，政治革命越有可能是个和平的革命。相反，现存制度愈是失去人心，仅代表少数人统治，就愈有可能采取内战的方式。据此考茨基认为，无产阶级唯一有效的武器就是他们庞大人数堆积起的力量，如果无产阶级不成为人口中最多的阶级，未达到超过小农、小资产阶级数目的地步，无产阶级是不能解放它自己的。最后考茨基主张，在有着一些民主政治的国家里，无产阶级革命无须采取资产阶级革命时期采取过的、一次取得显著胜利的方式，也不必实行暴力颠覆政权的办法，而应坚持议会主义等具有压力的非军事方法，即使用和平的经济、法律以及道德手段来实现。

十月革命前，列宁针对考茨基在国家与革命问题上的主张，

---

① 〔德〕考茨基:《无产阶级专政》，叶至中译，三联书店，1963，第55页。
② 〔德〕考茨基:《无产阶级专政》，叶至中译，三联书店，1963，第10页。
③ 〔德〕考茨基:《无产阶级专政》，叶至中译，三联书店，1963，第54页。

写成《国家与革命》一书。十月革命胜利后，又根据实际情况作了重要增补。考茨基把专政仅仅看成是一个方法问题，列宁认为，这表明考茨基根本不懂得马克思关于国家问题的学说，并且纯粹机会主义地歪曲了马克思主义的意旨。列宁从考察马克思恩格斯关于无产阶级专政理论形成发展的历史入手，明确地指出：无产阶级专政是马克思的"国家学说的实质，只有承认阶级斗争、同时也承认无产阶级专政的人，才是马克思主义者"[①]。列宁认为，专政绝不是个方法问题，而是哪个阶级进行统治的问题。无产阶级专政，就是无产阶级国家同资产阶级国家、无产阶级民主同资产阶级民主的关系问题，两者不可分割，是同一问题的两个方面。关于民主问题，列宁严厉批评考茨基大谈"绝对民主"、"一般民主"和"纯粹民主"，这不过是用那套学者的谎话来蒙哄工人，以便回避现代民主（资本主义民主）的资产阶级实质。考茨基只是试图把马克思主义中能为资产阶级接受的东西（资产阶级民主的进步性）拿来，而把不能为资产阶级接受的东西（无产阶级用暴力消灭资产阶级）抛弃、抹杀和隐瞒起来。按照列宁的分析，只要各种阶级还存在，就不能说"纯粹民主"，而只能说阶级的民主。据此，列宁分析了资产阶级民主的阶级性及其必然为无产阶级民主代替的发展规律，论证了无产阶级民主的优越性及其发展前景。

卢森堡在《论俄国革命》中坚决支持无产阶级专政。不过她指出，这个专政是要运用民主，而不是消灭民主。她既批评了考茨基维护资产阶级民主并把它看成是社会主义变革的代替品的错误，强调无产阶级掌握了政权，决不能像考茨基主张的那样，在"国家不成熟"的借口下，放弃社会主义革命，仅仅献身于民主，而应立即采取社会主义措施，实行专政。同时，她又批评列宁、托洛茨基决心维护专政，而否定经过普选产生的社会主义机构

---

① 《列宁全集》第 25 卷，人民出版社，1988，第 359~360 页。

（立宪会议）和剥夺一切反对派自由的做法。卢森堡认为，无产阶级专政是"阶级的专政，不是一个党或一个集团的专政，这就是说，最大限度公开的、由人民群众最积极地、不受阻碍地参加的、实行不受限制的民主的阶级专政"①。

俄国革命的方法是由无产阶级革命本质所产生的，还是俄国社会的特殊环境所决定的？布尔什维克主义是任何无产阶级革命唯一可能、唯一能达到的方法，还是仅仅适合俄国的特殊情况而不能应用于其他国家的无产阶级解放斗争的方法？全世界无产阶级能够而且必须模仿俄国的方法，还是斗争条件的差别如此巨大，以致俄国历史本身迫使无产阶级采取的方法，而其他国家不能应用，必须代之以完全不同的方法？这些是国际社会主义力求回答的一些重大问题。② 在暴力和专政问题上，鲍威尔不同于考茨基，他对此采取了原则肯定的态度。他甚至认为最好不要否认无产阶级专政的存在，并对考茨基攻击苏维埃俄国的言行进行过批评。在鲍威尔看来，处于以下两种情况中的无产阶级应坚持暴力和专政：第一种情况是，当资产阶级已不再强大到足以用民主制统治无产阶级，无产阶级又尚未强大到足以用民主制统治资产阶级的时候，政治权力的分配将由于两者尖锐对立而彻底垮台。这两个阶级都必然要用暴力手段来建立本阶级的统治，在这种情况下，无产阶级专政将成为阻止资产阶级粗暴的反革命专政的唯一手段。这时的无产阶级专政，不能采用民主制专政的形式，而只能采用无产阶级组织的专政，即苏维埃政权。另一种情况是，无产阶级依靠民主制夺取政权后，如果资产阶级反对无产阶级的阶级统治，那么，无产阶级将采取专政或恐怖手段来粉碎资产阶级的怠工和消极抵抗。但是，鲍威尔强调："人们也可以把这叫作无产阶级专政，

---

① 《国际共运史研究资料》（卢森堡专辑），人民出版社，1981，第91页。
② 〔奥〕鲍威尔著，殷叙彝编《鲍威尔文选》，人民出版社，2008，第143页。

但这是和布尔什维主义专政完全不同的另一种专政。这不是反对民主制的专政，而是民主制的专政。"① 其实，这就是我们先前提到的所谓防御性暴力的说法，鲍威尔认为，采用暴力和专政的手段，是迫不得已的、暂时的、防御性的。

（五） 对麦克斯·阿德勒国家观的简评

我以为，麦克斯·阿德勒对马克思恩格斯著作的态度是严肃的，他力图阐明马克思主义的国家观。不过在理论建构上，奥地利马克思主义的改良主义者在国家观上实则同马克思主义相对立，全部分歧可以被归结为对待资产阶级民主共和国的态度问题。马克思主义认为，民主共和国对于无产阶级的意义主要在于它为直接、公开地把无产阶级与资产阶级的阶级斗争进行到底提供了最好的形式和场地。改良主义者和修正主义者则认为，无产阶级利用资产阶级共和国就可以实现社会主义。

麦克斯·阿德勒作为奥地利马克思主义的主要理论写作者，在他的无产阶级革命和无产阶级专政的理论中都存在一种"理想的"模式，也就是以社会－经济条件发展为基础的和平过渡模式。奥地利马克思主义者认为当时的欧洲发达资本主义国家正在朝这一方向发展，但是实际政治经验告诉他们，即使在这样的国家，无产阶级凭借议会多数合法地夺取了政权，仍旧不免会遇到资产阶级和其他反动势力的暴力反抗。因此他们认为不可能绝对排除暴力，但是只能在万不得已时才使用暴力。但是，与鲍威尔的理论失误一样，麦克斯·阿德勒不懂得在资产阶级国家中，无产阶级不具备掌握实施暴力的能力，在斗争实践中只能被动挨打。麦克斯·阿德勒同时认为，资本主义可以改善生活状况，但是无产阶级社会主义的目的，并不是仅仅为了追求物质利益，而且也要争取工人阶级的解放。因此，像鲍威尔所主张的一样，争

---

① 〔奥〕鲍威尔著，殷叙彝编《鲍威尔文选》，人民出版社，2008，第248页。

取自由的思想成了引导工人阶级斗争的主要思想，而不问资本主义制度下物质条件是否得到了改善。在这方面，麦克斯·阿德勒尤其欢迎鲍威尔于 1919 年在奥地利建立合法的工厂委员会的举措，并且认为这是改造资本主义经济关系的最重要的步骤，可是工人本身尚未充分了解这一步骤的意义。在这里，他又一次把奥地利马克思主义改良主义的缺点①暴露无遗——期望在资本主义内部通过部分社会主义政策的施行完成社会制度的总体变迁。

第三节　希法亭的中派政治理论

希法亭在理论上始终关注社会主义的诸议题，这是希法亭基本的政治思想，他截然区分社会主义和资本主义的界限，但这并不代表希法亭是马克思主义的政治家。在他展开对"有组织的资本主义"的讨论之时，希法亭的政治理论对议会政治开始了游移的评价，即改良主义倾向对他的影响日益加深。希法亭此时以为，议会是调停社会主义理想和资本主义现实的方法之一，有潜在的社会主义的民主因素，如果阶级分化结束了的话，议会政治可以带来社会主义民主治理。我们看出，希法亭的政治理路是走中间路线的，他不偏不倚地考量着在奥地利和德国政治环境中的社会改良诸多因素，试图设计出超越左与右的新政治模型。

希法亭的政治文本大多涉及现实政治运动中的斗争策略，他关注的焦点是工人运动以及由此带来的政治冲突。第二国际是社会主义工人政党和工会的国际组织，在整个第二国际时期，工会是各国社会党的重要斗争阵地。社会党必须以工人阶级和工会为基础，但工会却不一定都支持社会党，即使工会支持（或倾向）

---

① 〔南斯拉夫〕弗兰尼茨基：《马克思主义史》（上），李嘉恩、韩宗翙等译，人民出版社，1986，第 243 页。

社会党，在处理具体问题上也会与社会党发生矛盾。因此，如何处理党与工会的关系是第二国际的一个重要问题。另外，从国际成立时起就一再提出的总罢工问题是社会主义策略争论的一个重要部分，特别是当它在国际后期发展成关于政治性群众罢工的讨论时，就更加具有重要的指导意义。这一问题与第二国际的议会斗争策略及如何实现无产阶级最后的革命解放等问题都密切相关。

一 总罢工与政治性群众罢工

希法亭对工人运动的第一次政治介入是 20 世纪初总罢工的争论，而争论的焦点则是罢工在工人运动中所担任的角色。这涉及经济和政治的关系问题，即工会和社会党之间的关系。罢工成为 20 世纪初工人运动在政治和组织上自我认同的核心，一点也不奇怪，这显然明确区分了右派的改良主张、中派的温和论调和激进左派的政论。工人运动在政治上的争论就像修正主义在理论上的争论一样，是社会主义发展史上一个重要节点，至今仍影响深远。

在关于总罢工的争论中，希法亭仍依赖于从政治经济学研究延伸而来的社会概念。他认为罢工是需要在结构上被严格控制的，这和考茨基以及倍倍尔达成了高度一致。① 1890 年的政治气候使得官方放松了对组织、煽动、党派参选等的管制，这是工人运动史的新阶段，在这种合法性的气氛中，工人阶级力量仍然有一个非合法的面相——罢工。显然，罢工是与工业化和工人运动共生的，罢工一开始是工人自发的行为，然后渐渐与工会的运动结合起来。比利时的经验足以证明罢工行为和政治诉求之间的关系，他们用一系列的罢工行为（1886 年、1887 年、1892 年、

---

① 1906 年起，希法亭的学术和政治就和德国社会民主党紧密联系在一起了。他参与了德国政治，被考茨基邀请到柏林参与《新时代》的编辑工作，后又被倍倍尔邀请执教德国社会民主党的党校。

1893 年）要求全民公投，并最终促成了改革，"向比利时学习"
很快成为奥地利工人接受的口号。虽然新的形势让工人运动的政
治力量逐渐合法地在选举进程中发展壮大自己，但是这还不能确
定是工人运动的最主要策略，事实上也不是。大多数的欧洲国家
（特别是中欧地区）还是维持了君主制，议会对政治的影响是微
弱的，真正的政治主宰者仍然敌视工人运动。所以罢工是工人运
动话语权和策略的重要组成部分，因为所谓的"合法性"既不完
全，也不是工人运动力量壮大的简便途径。

　　在这样的情形之下，在工人运动内部出现了罢工承担的斗争
功能的争论。一方面，无政府主义者和革命工团主义者提出的策
略是，群众罢工是革命性的政治行动，而全体工人参与的总罢工
有一个至上的称谓——社会革命。基于这个观点，工人运动的政
治核心是煽动和组织总罢工。他们反对政治斗争，特别是反对为
无产阶级革命做准备的、长期的、艰苦的日常政治斗争。他们幻
想通过一次各行各业工人的总罢工就可以使资本主义社会瘫痪，
使资产阶级投降，从而实现无产阶级的最后解放。另一方面，工
人运动中社会民主党人提出的策略是，罢工应该是短期的经济行
为，而总罢工是非常危险的幻想。因为罢工不可能涵盖所有的生
产活动，即使这是可能的，它也会带来灾难性后果。比如，罢工
造成无政府主义状态；又如，罢工破坏了社会主义社会的根
基——社会生产力。第二国际 1893 年的代表大会上，考茨基起
草了"苏黎世决议"，他区别了总罢工和政治性的群众罢工：第
一，无政府主义和革命工团的总罢工观念是吞没一切工业甚至整
个世界的，被打上了虚幻的标签；第二，总罢工在特殊的行业使
用是被认可的；第三，政治性群众罢工用于国内政治目的，在特
定条件下是强有力的手段。而何谓特殊的情况，决议没有指明，
但却号召各个工人运动团体都要加强组织、建立基金，随时为成
功进行政治性群众罢工做准备。

　　希法亭的研究指向罢工的合法性条件，在他的文章中，开始

援引恩格斯的审视与评估。合法性的保护伞下，社会民主运动的确在数量和强度上获得发展。不过虽然这是真实的，恩格斯的结论指出了这一发展真正的症结所在，即："若是我们的对手发现他们的情况无法忍受，并想摆脱这种合法性，将其改造成一个保护他们自己的合法性？"[1] 希法亭认为合法性的条件不是一个恩赐，而是社会中的权力分布。无产阶级的力量，是每一个工人在生产过程中立场的结果。没有每一个工人的参与，社会生产和再生产过程都会陷于停顿。而怯懦的资产阶级一定会试图消除"合法的政治权力"，无产阶级正站在这种权力背后。因此希法亭声称，在过去的实例中，党的合法存在、其法律和议会的战术，都因为总罢工的可能性永远存在而获得可能性。作为一个绝对的生产停滞的可能性，总罢工是无产阶级力量非常纯净的实践基础。在希法亭看来，若质疑总罢工，就是质疑整个工人阶级政治的基础。希法亭强调，否定总罢工的可能性就是工人阶级的自我否定。

希法亭知道，在社会主义运动面前有两个需要对抗的力量：一是某些工人运动的参与者在合法性的保证下仍否认总罢工的可能性，这些是"政治不可知论者和怀疑论者"；二是他们也需要对付可能的无政府主义者和革命工团主义的论调。为什么他们对于社会主义运动都是危险的？因为工人运动是无产阶级力量的系统性基础，他们却只能看到罢工是一种防御措施，用来实现保护自身的"合法性"。在给考茨基的信中，希法亭再次批评那些矢口否认总罢工可能性的人，他坚持捍卫自己的立场：无产阶级本身将通过纯粹的总罢工的可能性获得不可估量的信心和斗志。希法亭关注无政府主义和工团组织对总罢工问题的立场非常值得讨论，并且学界对此的研究是缺乏的，他们没能把握住希法亭对此的理解正好勾连了工人运动和现代政治的微妙关系——议会为什么如此重要？

---

[1] Hilferding, R. Zur Frage des Generalstreiks. *Die Neue Zeit*, 1903/04（1）.

二 议会政治和罢工

按照普遍的说法，所谓总罢工的权力基于社会经济的简单算术加和——更多的工人，更多的权力。希法亭立即着手攻击这一观点的准确性和有效性。希法亭定义的资产阶级是经济实力和政治权力"不匹配"的社会。在这样的社会中，一个领域中"多数"的力量不能直接通过比例换算成其权力的强大。希法亭通过比较封建社会和资产阶级社会的发展来解释这种"不匹配"的概念，他把焦点集中在了经济实力为基础的个人和政治实力为基础的个人的身份问题。封建制度下，经济力量和政治力量是"相称"（匹配）的，地主可以处置与其所持规模相当的权力。地主是具有经济力的人，他们希望把经济权力转化为政治权力甚至直接置换成政策。而在资本主义社会中，资产阶级不像封建地主，他们不能直接参与政治制度的安排，随着资产阶级的节节胜利，现代国家产生，国家作为一个独立的实体，它的出现必须有匹配的国家税收、工业、殖民地、关税和贸易政策。然而，资产阶级并不是一个现代国家组织的成员，他的意志并没有简单地与国家政策匹配。资产阶级在希法亭的观念中绝对是一个市民社会的产物，然而，当组织化的工人阶级出现以及国际竞争状况的加剧，资产阶级希望国家为自己谋得利益的渴求强烈起来。[1] 资产阶级逐渐放弃了他们所倡导的所谓"守夜人"政府，谋求在国家权力和国家机构中更多的利益，增强其权力和自身利益的结合。但是，执掌国家权力作为满足国内外资产阶级需要的目的到实际的政策的转化过程非常复杂。希法亭坚持，与封建地主不同，资产阶级即使富有，也应被视为"政治无能"[2]。

希法亭认为资产阶级社会重要的政治问题是，如何在政治上

---

① 资产阶级的利益诉求无非是表达特定的资本主义部门兴趣，特别是他们自己所处的行业（如金融、商业、工业、农业等）。

② Hilferding, R. Zur Frage des Generalstreiks. *Die Neue Zeit*, 1903/04（1）.

解决资产阶级的阶级利益？他的答案是议会，这也是资产阶级组织自身并形成集体政治意愿的过程。希法亭认为必须重视资产阶级社会的民主政治方式。他指出，议会是两种政治发展的表达：一是在宽泛的意义上，它代表了经济和政治领域的分化；二是在具体情境中，根据资本主义制度本身的发展，它表示了阶级力量的分化。希法亭进一步解释道，资产阶级议会凝聚力不强，个人的意志一般不能被累加起来，因为这些力量总是相抵触的，在议会中这些对抗性因素往往形成平行四边形式的角力①。资产阶级的政治规则有可能在议会的冲突中制定，它使不同的资产阶级势力（金融、商业、工业和农业资本）"相称"，并根据资本主义生产方式的发展权衡它们。议会通过普查法②的运用来保证大部分资产阶级的经济权力以及使用财政的权力。因此，多数主义的议会制度有赖于资本主义的运行秩序，其规则在现实中是资产阶级根据自己需要不断调节的。引进普选制度，就一定会产生一个阶级意识觉醒的无产阶级反对资产阶级的政治进程，任何一个有高度组织的工人阶级的代表都会充分利用普选制度，所以资产阶级一定会用最激烈的方式推行选举限制。上述议会体制问题（限制性）的基本点是：资产阶级社会的议会制。字面来看，议会规则的逻辑是非"资产阶级"的，议会制应该代表一个理性的民主政治的可能性。议会制本身的性质，要求采取一切法律和行政措施，不断修正政治生活中的反动因素。因此，这是思想政治教育最好和最重要的工具，其使劳动人民认识到，在政治上，它是实现高效自我管理的不可逾越的手段。资产阶级拥有的权力应当同样为无产阶级所有，包括议会赋予的一切政治权力和无产阶级将政治理念转化为政策的权力。议会制不仅应被视为一个可行的政治制度，进一步加强政治社会化，也应是社会主义政治的必要组

---

① Hilferding, R. Zur Frage des Generalstreiks. *Die Neue Zeit*, 1903/04（1）.

② 普查法有三层投票制度，根据税收等级分配选票。

成部分。通过评估议会的功能和逻辑，希法亭又回到最初的总罢工问题上来。

什么是工人运动中的罢工？希法亭指出，要为自己保留"获得议会规则的可能性"。合法性条件下的工人运动的策略不应该触及资产阶级的隐性或显性的威胁，再精确点，资本家会认为这将威胁他们的统治而废除合法性。总罢工需保证工人运动的议会战术不会被战栗的资产阶级所俘虏，作为战术手段，总罢工不应展现征服权力的性质，而应是保证无产阶级政权合法性的条件下发展壮大自己。希法亭对总罢工问题的答案总结了在这句关于社会民主理论著名的论断：总罢工应成为社会民主调控的手段。在阿姆斯特丹召开的第二国际大会上，希法亭建议不将总罢工视为达成改革目的的策略，但坚持为实现和维护合法性条件的总罢工。

总体而言，希法亭的文章阐述了多数人对于总罢工（群众政治罢工）问题的重要立场，并提出了在爱尔福特纲领基础上把总罢工融合进议会的策略。不过，就希法亭的理论来看，或者从希法亭自"有组织的资本主义论"以来的政治观点演进看，他仅仅把总罢工当作一种防御性的立场。一方面，他关于罢工问题的表述与伯恩施坦为争夺普选权而展开的防御性总罢工无异；另一方面，他确实在改革或革命的结构转捩点上慎用总罢工的战术武器，而只是强调总罢工是保护合法性方面的必要手段。我们看到，希法亭是奥地利马克思主义中派政治的典型，他试图在改良和革命之间寻求平衡。

三 第二国际关于总罢工问题的争论

希法亭对以上的议题进一步发展，重建总罢工的想法围绕着1905 年俄国革命的辩论展开。在俄国，群众罢工行为引发不断的起义，似乎阿姆斯特丹原则再次被瓦解。事实上，在短期内，俄国工人阶级试图证明群众政治罢工是无产阶级的武器。群众罢工的支持者、怀疑者和对手都把 1905 年的事实作为一个试探性的案例：什么是群众政治罢工，何时以及如何得以可能？①

俄国 1905 年革命之后，在俄国革命及其经验对于西方国家是否适用的问题上，第二国际特别是德国社会民主党内同样发生了意见分歧。这些分歧主要围绕革命的策略而展开，形成了左、中、右三派。左派认为俄国革命经验同样适用于西欧，主张进行政治罢工和暴力革命；右派根本否定俄国革命，推行机会主义的改良政策，反对罢工和革命；中派则在肯定政治罢工和暴力革命适应于俄国的同时，否定俄国经验的普遍性，认为其并不适用于西欧。

（一）列宁对俄国经验的分析和总结

十月革命前，列宁针对考茨基在国家与革命问题上的主张，完成了《国家与革命》。十月革命胜利后，他又根据实际情况对该书作了重要增补。针对考茨基把专政仅仅看成是一个方法问题，列宁认为，考茨基根本不懂得马克思主义，并且纯粹机会主义地歪曲了马克思关于国家问题的学说。列宁从考察马克思恩格斯关于无产阶级专政理论形成发展的历史入手，明确指出，"只有承认阶级斗争、同时也承认无产阶级专政的人，才是马克思主义者"。②

列宁的暴力革命论是与其对资本主义制度本质的认识相联系的。列宁否认阶级社会中所谓的"一般民主"和"纯粹民主"，民主一定具有鲜明的阶级性，有资产阶级民主，也有社会主义民主，但绝没有超阶级的民主。资本主义的议会民主是服务于资产阶级的，虽然工人阶级和工人组织通过这种议会民主可以获得一定的权益，但是这种权益总是被限制在资本主义所允许的范围之

---

① 关于俄国革命和罢工的历史和理论分析，参见 Shanin, T. *Russia, 1905 - 07: Revolution as a Moment of Truth.* New Haven: Yale University Press, 1986。

② 《列宁选集》第 3 卷，人民出版社，2012，第 139 页。

内。工人阶级的利益一旦超出了资本主义制度所能许可的范围，资产阶级专制对无产阶级的镇压是无可避免的。从这点来看，所谓的议会民主制，在本质上，就是资产阶级欺骗工人阶级的工具，"工人政党支持议会妥协者的政党，就等于自杀"。①

从前文的分析我们可以看出，列宁对资本主义议会民主制的判断，与马克思恩格斯在 1870 年对于资本主义民主制度的态度大致相当，但是马克思恩格斯晚年对议会民主制的看法有一定的转变，他们开始正视议会民主制的积极因素。而列宁研究的主要范畴是阶级斗争，阶级对立的政治视角是统摄此时列宁对资本主义制度本质判定的根本维度。因此就不难理解，列宁必然会否定议会制，主张武装斗争，强调建立苏维埃政权。所以在列宁看来，武装斗争并没有过时，它仍然是无产阶级求得解放的根本手段。② 列宁坚决表示，"不用暴力摧毁资产阶级的国家机器，不用新机器代替它，无产阶级革命是不可能的"③。

（二） 第二国际内部关于俄国革命、总罢工和工会问题的争论

受到 1905 年革命的影响，在世界范围内，工人阶级的斗争情绪高涨，纷纷由原来的纯粹合法斗争转向武装斗争。而在理论上，俄国革命的经验也成为激烈争论的焦点，第二国际的理论家们分析了俄国革命的方式、前途以及普适性问题。观点的差异激化为政治派别的分歧，各国社会民主党内原来的"正统派"发生了分裂，第二国际进一步分化为左、中、右三派。从总体上看，这些争论主要围绕着以下三个问题：第一，革命是否在西欧适用？第二，是否应该实行群众性政治罢工？第三，党和工会的关系到底是什么以及如何看待苏维埃或工厂委员会的作用？

---

① 《列宁全集》第 12 卷，人民出版社，1987，第 277 页。
② 参见姚顺良等《资本主义理解史》第二卷，江苏人民出版社。
③ 《列宁选集》第 3 卷，人民出版社，2012，第 96 页。

第二国际左派给予俄国革命极高的评价，他们基本都认为，俄国革命是全世界无产阶级武装夺取政权的典范，它向工人运动和社会主义运动展现了一种不仅在俄国取得了成功，也在整个欧洲适用的例证。卢森堡、卡尔·李卜克内西、蔡特金等左派赞扬1905年革命开辟了国际工人运动的新时期，坚决主张采用俄国无产阶级的斗争方法和经验进行不调和的革命斗争。他们还要求并着手宣传和组织政治总罢工和暴力革命。在党和工会关系问题上，左派认为，党和工会之间的关系在本质上是一体的，都是为了无产阶级服务的，最终的目标都是推翻资本主义制度，建立社会主义社会。一方面，斗争必须建立在党对工会的领导之下，并进一步建立苏维埃或工厂委员会；另一方面，工会应具有自身的独立性，不能完全把工会当作党的下属机构。所以，二者之间的关系是辩证统一的。

以伯恩施坦理论为首的右派极端仇视俄国革命，污蔑他们的武装斗争方式，认为俄式革命学说"是一种粗暴化了的马克思主义"，是对"野蛮暴力"的盲目崇拜。同时，他们以俄国本身是落后的国家、议会民主制发展缓慢为口实，区别西欧发达资本主义国家和俄国的具体情境。据此，右派完全否认俄国革命经验的国际意义，认为它的经验根本不适用于西欧，继续鼓吹他们合法改良主义的道路。[①] 右派坚决反对总罢工，认为这"只会破坏而不是建设"，"发动一次总罢工很可能也就是引起一次流血的革命"，因而"这种发动应该当作无谓的生存牺牲加以抛弃"。[②] 另外，右派修正主义和俄国的孟什维克极力否认党与工会之间的辩证关系，他们宣扬党和工会之间是平等和独立的关系，二者不存在领导与服从的关系，所以根本不需要建立苏维埃或工厂委员

---

① 〔德〕伯恩施坦：《社会主义的前提和社会民主党的任务》，殷叙彝译，三联书店，1965，第188页。

② 中央编译局资料室编译《伯恩施坦言论》，三联书店，1966，第327～329页。

会。右派坚持的所谓"工会中立论"，其实是放弃了用无产阶级专政来对抗资本主义的马克思主义原则，究其根本，就在于对资本主义制度本质的错误判断。在他们看来，既然资本主义议会制度是民主的制度，因而党与工会在民主范围内是平等的，只需要两者在民主的范围内自发地合作。所以，苏维埃或工厂委员会是多余的，最终也无须发动暴力革命就可以夺取政权。

原属正统派的许多第二国际的领袖人物，在俄国 1905 年革命以后采取了中派主义的立场。直到 1909 年还站在左派一边的考茨基，在 1910 年转向实践"中派"。他们也同样对俄国革命经验的普适性提出了质疑。在考茨基看来，俄国的政治条件和西欧完全不一样，因而不能照搬俄国模式。考茨基此时对议会民主制抱有极大幻想，他斥责暴力革命的方式破坏了社会主义民主的要求，它只不过是盲目的冲动而已。考茨基提出，"我们的政治斗争的目标一如既往，通过在议会中得到多数并且使议会上升为政府的主宰而夺取国家政权，但不是破坏国家政权"。[1]从上述论断来看，此时的考茨基对资本主义民主制的理解已经同前期发生了巨变，他从承认将政治总罢工作为无产阶级斗争的一种重要武器，到在立场上滑向了伯恩斯坦的一边，说明他将资本主义民主制当成了社会主义民主的真正前提。

考茨基通过对西欧和俄国具体情况的对比性分析，进一步否认在西欧进行总罢工和群众斗争的现实可行性。考茨基认为，俄国经济落后，工业发展水平低，缺少社会主义必要的物质文化条件，主要是民主制不成熟。所以，俄国革命"实际上是最后一次的资产阶级革命，而不是首先一次的社会主义革命"[2]。考茨基指出，在德国工人阶级中没有俄国群众罢工所表现出来的巨大的愤怒，这恰恰是俄国革命取得胜利的先决条件。相反，在德国这样

---

① 中央编译局资料室编译《考茨基言论》，三联书店，1966，第 133～134 页。
② 〔德〕考茨基：《无产阶级专政》，叶至中译，三联书店，1963，第 55 页。

有着文明素质的民主政治国家，应坚持议会主义等具有压力的非军事方法。因而在德国，群众罢工是不可能的。在这里，他是以右派的立场来反对左派。但同时考茨基又以左派来反对右派，他认为虽然在德国议会发挥着极其重要的作用，但是这并不意味着要全面放弃群众罢工，完全走合法改良的道路，因为在斗争的过程中，资产阶级有可能会利用武力来镇压无产阶级。因此，工人阶级必须要保留政治罢工的策略，以应对资产阶级的暴力活动。从这里可以看出，考茨基这种主张既反对左派又反对右派，实际上就是一种折中主义的"等待论"，无原则地摇摆于马克思主义和机会主义之间。最后，考茨基在党和工会关系问题上的观点也是中派的。他虽然反对右派的"工会中立论"或"工会自治论"，宣称不仅要坚持党对工会的政治领导，而且这种政治领导要通过一定的组织措施来保证。但是考茨基在工人阶级组织问题上仍然坚持中派主义，这主要表现在他后来对待苏维埃的态度上。他一方面肯定苏维埃是无产阶级组织的一种形式，这种形式是所有形式中最广泛的，因为它包括了一切工资劳动者。但另一方面，考茨基又反对俄国布尔什维克"把向来是一个阶级的战斗组织的苏维埃变成了国家组织"，认为这样就破坏了民主制度。[①]

通过上面的分析，我们可以看到，在第二国际内部已经存在着明显的左、中、右三派之间的分裂。他们的主张直接涉及的是实践策略问题，但从深层次反映了他们对待资本主义政治制度的认识和态度。右派认为资本主义制度在实质上就是民主的，可以借助这种民主并通过民主的方式来实现社会主义；左派强调资本主义国家的实质是资产阶级的反动的独裁统治；而中派则动摇于两者之间，采取了折中主义立场。

---

① 〔德〕考茨基：《无产阶级专政》，叶至中译，三联书店，1963，第39～40页。

（三）奥地利马克思主义者对政治性群众罢工的中派
解释

1905 年，奥地利正在等待俄国危机的解决方案。希法亭在
《新时代》发表了第二篇关于群众罢工的文章，他在文中表明不
愿意看到抽象的议会制系统[1]，议会作为中介机构实际承担的是
社会权力分布受害者的角色。希法亭在第一篇文章中就潜在地透
露出了相似的意涵，资本主义社会中的利益冲突构成了资产阶级
少数服从多数的准则。议会的渗透性使工人阶级的利益明朗化，
也就是说，当两个对立的阶级利益相互冲撞时，资产阶级社会只
能容忍对工人阶级的小范围让步，毫无疑问，这是不触及资产阶
级统治本身的。我们看到，让步往往只存在以下两种情况：一是
连工人阶级自己都不明确自己的原则；二是胆怯的资产阶级试图
收买工人。与此同时，工人运动的斗争被视为三个渐进的阶段：
第一阶段是工人阶级意识的养成；第二阶段是在社会改革的时
代，资产阶级愿意通过选择性改革，满足工人运动的某些需求；
第三阶段是达到资本主义体系可以承受的临界点的时候，爆发激
进的斗争。我们必须强调希法亭群众罢工论点的积极一面，即罢
工的作用是它结构性地成为阶级斗争可能的突破点。希法亭的说
法是，德国的无产阶级钟情于寻求群众罢工的战斗方式，但是我
们的对手审视任何形式的罢工，他们视其为统治的威胁。群众不
论多么合法或以和平的方式呈现，都无法摆脱厄运，它是资产阶
级和无产阶级斗争的决定性手段。这种评估表达了希法亭的这样
一种观点：群众罢工不再是阶级斗争中的调节手段，而是阶级斗
争发展的特殊阶段。

奥地利马克思主义的领袖鲍威尔在俄国革命胜利后对俄国
革命给社会主义运动带来的一系列影响进行发问：比如，俄国

---

① Hilferding, R. Parlamentarismus und Massenstreik. *Die Neue Zeit*, 1904/05（2）.

的革命方法是否代表了一般无产阶级革命的本质，或者它只是俄国的特殊国情造成的？又如，和革命方法类似，布尔什维克在俄国的成功是否有普适性，这种无产阶级斗争策略能否推及其他国家？[1] 国际社会主义者迫切地寻求这些重大问题的答案，不然世界范围的无产阶级革命斗争思想上是混乱的。鲍威尔此时在原则上和考茨基拉开了差距，他一定程度上对苏维埃政权表示了好感。不过，鲍威尔又强调，他的专政设想与布尔什维克完全不同，"不是反对民主制的专政，而是民主制的专政"[2]。其实，这就是著名的所谓"防御性暴力"的论断，鲍威尔认为，采用暴力专政手段，是迫不得已的、暂时的、防御性的。在列宁夺取政权后的年代中，鲍威尔开始对布尔什维克的理论与实践有所批评。但鲍威尔并不关心俄国，只是试图否定布尔什维克方法对解决中欧社会民主党、特别是奥地利社会民主党问题的适宜性。鲍威尔不肯一般地反对布尔什维克，在《布尔什维克主义的历史任务》中他给出的理由是：在俄国的具体情境中，问题不在于布尔什维克正确与否，而在于奥地利这样的历史环境和社会基础是否能够和是否应仿效俄国。鲍威尔坚称，布尔什维克不可能建立社会主义，不论是专制的或其他的社会主义，因为社会主义是民主资本主义的最终结果，因而也是一种具有最大程度的个人自由和工业民主特点的制度。换句话说，鲍威尔在用"专制社会主义"这个名词来形容战时共产主义的时候，是想摸索一种不致陷入他认为会危害工人阶级团结的激烈争论的批评立场。整个 20 年代，鲍威尔反复表明了他在 1917~1921 年所确定的对俄国苏维埃政权的基本态度，幻想"整体社会主义"把一切马克思主义政党重新统一起来，并认为俄国实行新经济政策的一些问题本身终将软化列宁主义，促

---

① 〔奥〕鲍威尔著，殷叙彝编《鲍威尔文选》，人民出版社，2008，第 143 页。

② 〔奥〕鲍威尔著，殷叙彝编《鲍威尔文选》，人民出版社，2008，第 248 页。

使共产党融汇到欧洲社会民主党的主流中去。

四　对希法亭中派政治理论的评述

我认为，判断希法亭的政治理论是否或在何种程度上推进了现代政治理论，应从罢工的理论引申至社会民主政治理论的大背景中。希法亭理论的关键点是有可取之处的，比如德国政治不是社会民主党的数量问题，而是力量问题、制度问题。这样的制度调停了以下几个层面的实际状况：教育系统、专业协会、兵役体系、选区的政治框架和投票系统。这些机构及其相互作用的目的是重现贵族资产阶级在魏玛帝国的核心区域达成和解，并在外围地区保持工人阶级的稳定。[1] 俾斯麦的施政理念是帝国普选的幕后动因，他试图通过这项措施确保一个反动的农民和小资产阶级民主声势统治的东欧国家（特别是普鲁士），因而，相对于城市和工业区，农村选区的计算方式是不平衡的。即便在工业区，地界的划分也是为了确保工业家族的利益。希法亭尖锐地提出了议会政治是为选举法提供后盾的阶级不平等的根源。票数与当选代表是不符的，明显地，农业和商业系统的利益压倒了工人阶级的利益。[2] 希法亭虽然指出了议会的阶级性，但是仍未讨论实际的体制条件，或在魏玛帝国的合法性问题。国会的权力在帝国是严重受限的，帝国毕竟是专制君主制披上宪法的外衣而已。具体而言，看似国会拥有预算的否决权（所有的财政、税收都要经过其批准），但是君主拥有解散国会的权力，并且可随意制定紧急预算案。在帝国内部，普鲁士的霸权地位使得它的财政比上议院甚至比国会更重要。普鲁士另立的选举法，使得帝国的普选有名无实。在联邦的层面看，联邦议院由普鲁士和州政府代表（国家任

---

[1]　See Wehler, H. U. *The German Empire*, *1871 – 1918*. Leamington/Spa, etc.: Berg, 1985.

[2]　一个颇有意涵的细节是：选举总是在工作日举行，而雇主当然不会迫于法令给工人足够的时间去投票站。

命）把持，他们均与君主直接联结，从而俨然起到了非民选的领导机构的作用。

奥地利 1903 年的选举结果表明，一方面，资本主义社会进一步两极分化，无产阶级的力量增长迅猛；另一方面，反对专制主义的原则立场以及工人阶级的根本利益没有得到满足。希法亭寄希望于 1904 年阿姆斯特丹的国际社会党代表大会，寻求一种对总罢工问题一劳永逸的正式答复。但总罢工问题显然只是诸多阿姆斯特丹会议需要裁决的问题之一。大会更紧迫的议题是国际联盟、联盟具体工作以及资产阶级左派在国际工人运动中的立场问题等。大会的进程也表明了在总罢工决议上的战略矛盾是各国不同经验道路的体现。大会委员会最终批准了决议，决议通过了修改后的"防御立场"，这在本质上重申了"苏黎世决议"。它仔细区分了"总罢工"和"群众罢工"，总罢工被看作无产阶级的总起义，被证明是"不可能"的；而群众罢工被允许作为实现重大改革（如实现普选法）和保护工人阶级利益的武器。此外，该决议告诫无政府主义者对于总罢工的幻觉不合时宜，这只会干扰合法政党和工会所做的工作。到目前为止，对于"阿姆斯特丹决议"的评估都归结到一点上——"合法性"。① 如先前提到的，魏玛帝国的议会战术被希法亭诟病，但是议会制总是在现实性上制约了社会政治力量的分布。虽然希法亭没有看到"合法性"作为一个静态的、非历史的情况，但他意识到了它的存在是一种历史必然，他（也包括奥地利马克思主义的其他理论家，如鲍威尔）称之为"阶级力量的均势"。

希法亭的政治思想为我们提供了社会理论深发的基础平台。总体而言，社会理论在文本结构与政治行动的关系上对他的思想起到引导作用。比如在总罢工的问题上，他试图将其转化为政治

---

① 参见〔奥〕布劳思塔尔《国际史》第一卷，杨寿国等译，上海译文出版社，1986。

权力的问题。在这里，我们又看到了奥地利马克思主义者对康德哲学的回溯，"关系"就是创建的社会科学意识，以接近自然科学的方式在资本主义生产方式中讨论社会关系，这显然是康德实践理性的政治表达。在希法亭等奥地利马克思主义者看来，社会科学的任务是发现意识的构造，同样重要的是回复到它们的物质基础（生产模式）。就其政治理论本身而言，希法亭的解释是折中主义的，虽然他试图表达出一种不偏不倚的政治态度，但改良主义的根本立场导致他的理论不可能是马克思主义的科学论断。

第一，关于罢工问题。希法亭在研究初期表明群众罢工是工人阶级的根本武器，它是工人阶级结构性权力的象征，让他们丢掉议会政治的幼稚幻想。之后即使他抨击议会政治的自由主义观念，但仍承认议会非资本主义又非社会主义的中立社会取向，也继续坚持它的有用性。事实上，希法亭一直反对专制主义，他在德国问题的讨论中引入了"民主社会主义"，这么做是为了在商业发达、国力增强的时代，架起马克思和恩格斯遗产中的民主和社会化理念（工人对于产品控制权的激进民主）的桥梁。希法亭的理论观点在一方面具有考茨基主义的左的倾向，另一方面也实际呈现出其独特的理论轨迹，他寻求考茨基主义、伯恩施坦主义和改良主义的平衡，希望将马克思主义修正到他自己的理论框架内。希法亭对马克思主义的修正要解决的问题（比如他参与群众政治罢工的讨论）是告诉我们社会民主政治理论的基本原则。因此，折中主义是希法亭政治考量的最鲜明态度。

我们看到，伯恩施坦的社会民主政治赞同政治上利用群众罢工行动推翻反动选举产生的普鲁士，并要求恢复普选制。考茨基则承认社会民主必须抗衡具有反动本质的政治制度。无论是伯恩斯坦还是考茨基的理论，在处理群众罢工行动的具体情况时，都显示出一定的实践价值。在希法亭看来，问题就在于二者的解释性观点（理论前景和实用前景）为了达成自身的政治目的，都援引了对方的可取之处。从资产阶级社会的角度来解释政治性群众罢工，就为罢工提供了充分的辩护；同样明显的是，如果站在民主政治领域思考，又不得不为议会制度辩护。因此，希法亭觉得左派和右派（改良派）虽然说辞迥异，但是本质上差异不大，可以糅合双方的观念，折中处理分歧意见。希法亭的中派理想或寻求第三条道路解决实践问题的思维普遍存在于奥地利马克思主义团体中，只不过他表现得更加充分而已。

第二，关于议会斗争。希法亭的议会构想不应该被忽视，即议会是公民利益表达的机构，议会可以通过尺度透明的标准来链接合理的管理能力和政治参与。希法亭为社会民主党国家权力运行过程中增加了润滑剂，他为左派工人阶级的浪漫主义和群龙无首的改良主义提供了制度主义的解毒剂。虽然议会制度的概念只是仓促草图，显然并没有改变魏玛和哈布斯堡帝国政治机构的具体情况；但是，议会规则作为处方已经有了方向上的描述，它会很快在具体的政治体制条件下完成重要转化。不过必须承认，希法亭的策略最终还是以改良主义面貌出现的，因为在不触及资本主义内在矛盾的框架下，任何马克思主义的讨论都是浮于表面的。有趣的是，奥地利马克思主义者的社会民主主义构想无论如何也不是左派的了。他们在很大程度上被资产阶级政党所吸纳。这种中间道路的政治选择从奥地利马克思主义的哲学中生发出来，集中表现在政治经济学中对资本集中趋势的描述和对国家观的崇拜，最后落实到现实政治中。

第四节　奥地利马克思主义中派政治
理论的现实运用

奥地利马克思主义团体的鲜明特点之一就是，其主要成员基本上既是理论家，又是政治活动家。他们寻求一种政治参与而获取政治权力，他们认为有必要将奥地利马克思主义的策略融入奥地利社会民主党的政策。此外，社会主义者还应参与奥地利议会政治①以表达无产阶级的诉求，为社会主义在议会斗争中夺取全面胜利做必要的政治积累。1907 年选举后，奥地利马克思主义者开始有机会全面参与奥地利经济、政治和文化生活，并且把他们的中派政治理论诉诸社会主义实践当中。

一战开始后，风云变幻的政局面昭示了政策导向性地把国民经济、政治生活纳入权力运作之下的重要性。在奥地利，马克思主义者直观地感受到了工业化过程的骚动，现代世界政治格局的形变。人们内心的不安招致诸多对现代化的批评声音，但其实它们不具有通约性，比如保守主义的、激进主义的等等。1889 年，以和平主义为内核的第二国际重建，甚至他们的政见中排斥一切通过战争推翻资本主义社会的方法。② 而在国际的内部，对于防止武力扩张的见识其实很难达成一致。战争的到来让奥地利社会民主党内部的思想开始动摇，伦纳一改国际联合的初衷，放弃了反战政治模型，以保全所谓大德国框架下的哈布斯堡王朝统治。维克多·阿德勒这时已经身不由己，俄国向奥地利宣战，他不得不与伦纳一道化身为社会爱国主义者。③ 社会爱国主义渐渐成为主流，所有总罢工的可能性被禁绝，奥地利社会民主党事实上变成战时保障战争活动的团体。只有弗里德里希·阿德勒主张马克思的民主思想并没有让工人阶级的利益完全屈从于国家利益，社会主义者必须恪守的是国际主义的民主观念，因为它是超民族国家的。然而，随着战事的扩大和情绪的激昂，爱国主义颠覆了国际主义，甚至走向了大国沙文主义，爱国主义的原则在奥地利社

---

① 虽然奥地利社会民主党内对于党员参加奥地利议会持不同的意见，而在欧洲其他国家这样的例子也是鲜见的，但是以伦纳为首的奥地利马克思主义者仍坚定这种民主信念。

② Landauer, C. *European Socialism*. Berkeley：The University of California Press，1959：373.

③ Fainsod, M. *International Socialism and the War*. Cambridge：Harvard University Press，1935：30.

会主义者中产生了意义的转换。[①]

　　毫无疑问，战争的爆发使得奥地利马克思主义者的思想活跃起来，他们更试图把智力因素还原到现实政治中，以检验其有效性和确立自己知识类型的主导地位。虽然在战争中出现了政治意见的分化，但是奥地利社会民主党没有分裂，战后的社会主义实践仍然团结在奥地利马克思主义者为首脑的党的周围，而联结他们的是一以贯之的调和主义和中派主义战略，他们都强调布尔什维克主义与改良社会主义的折中才是奥地利民主政治的最优选择。

一　20 世纪初奥地利马克思主义的中派政治道路

　　奥地利中派主义的开端，我们大体上可以界定在 20 世纪初期，所有奥地利马克思主义者在对待革命、无产阶级专政和布尔什维克主义的问题上，基本上都奉行德国社会民主党的路线，特别是该党的"中派"路线，这在党的一系列会议和纲领中步步推进、展现无遗。

　　1901 年维也纳代表大会通过的新党纲表明，奥地利社会民主党领导层滑向机会主义的深渊。党纲显然过高估计了议会政治的作用，明显地崇拜工人运动的自发性。党纲规定，工人阶级为达到最终目的，应当利用"一切适宜的、合乎法制思想的正常手段"。这个含糊其辞的表述指的无非就是采取合法的议会活动的手段。"海因菲尔德纲领"曾经警告说，议会主义的幻想是危险的，而新党纲正文中却删去了这类词句，其主要的政治要求就是争取普选权。新党纲中有一个条目写道，随着资本主义的发展，无产阶级会逐渐认识到社会主义的可能性和必然性。可是并没有采纳海因菲尔德纲领已经接受的关于"党员有把社会主义恐惧灌

　　① Braunthal, J. *The Tragedy of Austria*, *epilogue by Friedrich Adler*. London: Victor Gollancz Ltd. , 1948: 137.

输到工人运动中去的任务"的明确规定。维克多·阿德勒则干脆说,社会民主党可以在资产阶级社会立足生根,并且在它内部一步一步地实现工人阶级的政权。[①] 1903 年,奥地利社会民主党代表大会通过的关于合作社运动的决议,把"消费合作社是资本主义社会的社会主义基层组织"的规定塞进党纲。[②] 由此可见,党的维也纳代表大会消除了旧党纲的"革命的激进主义"。社会民主党的领导人走上了社会改良主义的道路,尽管他们曾极力掩盖这一点。1905 年 10 月底至 11 月初举行的全党代表大会上,党的领导虽然把总罢工问题列入了代表大会的议事日程,但是又竭力阉割总罢工的革命内容,使之成为和平性质的"合法示威"。而到了 1907 年,奥地利社会民主党在实行普选制以后的第一次竞选中就取得了巨大胜利,以维克多·阿德勒为首的奥地利社会民主党领导集团企图同约瑟夫皇帝达成协议,他们还确信能够实现拉萨尔的"工人阶级与国王联合起来对付特权等级议会"的政策。

二 "红色维也纳"——中派道路在奥地利国内的实践

如果说伦纳领导的奥地利合作运动主要关注的是经济层面的社会主义现实运动,那么"红色维也纳"便是社会民主主义全面展开其政治设想的总规划。在 1918 至 1919 年间,社会民主党对奥地利社会结构的改革梦想就开始付诸实践:一是妇女的参政权被引入;二是法律上保证了工人带薪休假的权力;三是法律规定成立由企业主和工人共同参与的监管体系,以保障工人和雇员的权力;四是哈布斯堡家族被流放,没收他们的财产和其他资产,在法律监管下用于基础建设和发展重工业;五是工厂老板必须雇

---

① 苏联科学院国际工人运动研究室编《国际工人运动——历史和理论问题(第二卷):从巴黎公社到第一次俄国革命》,工人出版社,1984,第 438 页。

② 祖波克主编《第二国际史》第二卷,人民出版社,1984,第 86 页。

用失业人员并补偿些在战争中致残或受伤的工人；六是颁布一个民主的民兵招募制度来代替常备军。这一系列改革议案在社会民主党历史上意义重大，它改变了千百万人的生活或至少给人们带来了希望，它恰恰解释了为什么奥地利工人阶级没有按照共产党的指引走上无产阶级专政的道路。

但是到了 1920 年 10 月，社会民主主义被逐出政府，社会主义者在失去国家权力后，没有放弃对社会改革的实践。虽然在共和国其他地区影响力减弱，但是 1920 年的《宪法》规定了首都维也纳成为独立的联邦省，由普选获得政权的社会民主党人执政，由此开启了所谓"红色维也纳"① 的浪潮。此时，维也纳成为奥地利马克思主义改良社会主义理论的试验基地。他们从 1920 至 1934 年都在培育这样的信念——议会制民主向社会主义的转变只是一个时间问题。

（一）"红色维也纳"的胜景

1920 年开始，宏大的社会主义革新在维也纳全面展开。按照社会民主党的计划，公共卫生计划、医疗服务体系、平等的学校体制、工人教育计划、市政建设等等都被纳入改造的目标，这些措施提醒无产阶级去接纳社会主义作为一个优越的经济和政治组织形式。

市政建设方面，"红色维也纳"时期是一个范本。首都的公共住房项目代表了全欧洲最大规模的社会主义实践。基督教社会党执政时期，维也纳的住房状况很糟糕，房屋数量完全无法满足与日俱增的人口，住宅的所有者肆意提高租金而获得高额回报。但是市政府却全然没有建设新住宅的计划，原因在于住宅的业主是支持基督教社会党的中坚力量，他们的既得利益也相应由党的

---

① 由于长期推行民主社会主义的改良政策，"红色维也纳"的意义甚至被一些社会理论家与巴黎公社相比较，因此也有所谓"维也纳公社"的称谓。

权力来保障，二者显然沦为一丘之貉。战争的境况加上流亡者的涌入，社会主义者不得不应对岌岌可危的严峻形势，建设住房是唯一途径。但是市场化手段由于住宅所有者的抵制而无从实施，所以奥地利社会民主党推行公共的建筑计划，诸如"马克思大楼"这样的展现社会主义生活方式的典型建筑拔地而起。从1919年开始，直到1934年社会民主党被禁绝前，他们大约兴建了6万套住宅。这些房屋不仅提供给能够买得起住房的人，也为低收入的工人阶级所租用，租金不得超过其个人收入的4%，而在失业的情况下，他只需承担可以缴纳的额度。综合性大型绿地、幼儿园、社会医疗中心、消费者协会、电影院和剧院等等配套设施也一应俱全。

教育改革一直是奥地利马克思主义的主要试验阵地。奥地利马克思主义者强调教育具有哲学和政治的双重性质的理由：哲学上，它是群众自由道德改革的唯一方法，运用教育的方法社会整体的改革才会有突破口；政治上，它是非压迫的手段，可以让社会政策被改革派精英规定，并被无产阶级自由选择。奥地利马克思主义者认为，社会规则是道德规则在思想上的呈现，个人感知到对集体社会的认同不是通过经济、政治或者意识形态的必然，而是意志或道德的驱使。群众道德的革新是人本主义－自由主义与马克思主义方法论的调和与折中，这种惊人的理论嫁接清晰地打上了奥地利马克思主义的烙印。由于奥地利马克思主义关注个人的道德自由，在理论上就必须使个人选择社会政治解放的价值取向，这需要通过教育来实现。通过教育，个人意志和社会主义价值观共同构成了社会化人的先验基础，因此奥地利马克思主义将对教育的野心付诸实践，红色维也纳时期的个人道德改革虽然持续时间不长，但奉献了前所未有的、准乌托邦式的教育变革。

文化建设是"红色维也纳"独具特色的社会主义改革成果。奥地利马克思主义坚持，无产阶级文化与资产阶级文化是根本对立的。另外他们还强调社会主义文化要不同于第二国际和第三国际，而选择第三条道路，应介于传统的社会民主和布尔什维克马克思主义之间。作为社会党的活动家，这些学者定义了社会主义思想文化，他们所谓的"文化的马克思主义"解释了文化领域的政治斗争、阶级的文化研究目标和政治变革的因素等。① 作为成人教育和工人教育的老师，他们将民主文化的理念转译为政治实践。另外，红色维也纳时期的奥地利，马克思主义不仅作为政治运动存在，也是反主流文化的社会运动，社会主义者处理文化事务意在挑战文化霸权范式，不仅反对资产阶级主导的所谓精英文化趋向，也反对不先进的群众文化倾向。奥地利马克思主义的思想文化中嵌入奥地利社会民主党家长制的做法。"从摇篮到坟墓"② 是一个众所周知的表达，描述了全面的奥地利马克思主义的方法。文化组织在社会民主运动中建立了一个网络，覆盖了工人阶级的整个生命周期，这就是为什么文化事务同时也是重要的政治事务。奥地利马克思主义不断强调社会民主党的基本点是个人在社会主义道德中的优先性，这种断言的后果是文化生产的核心作用。奥地利马克思主义者拒绝传统的马克思主义文化观念——作为"上层建筑"的基本经济关系的体现。相反，他们声称文化可能形成的基础作用，比如，创建一个受过教育的工人阶级，他们可以循序渐进地带动社会主义所需要的改革。这个过程避免了目睹血腥的暴力场面，而几乎是以自然的方式过渡。

奥地利马克思主义的文化研究③是一群以政治为主要方向的学者用专业的学术技能去探索文化相关领域的实验。奥地利马克思主义的政治理论和实践经验提供了对文化研究的诸多支持，作为一个

---

① See Gruber, H. *Red Vienna: Experiment in Working Class Culture*, *1914 - 1934*. Oxford: Oxford University Press, *1991*.

② Sandner, G. From The Cradle To The Grave Austro - Marxism And Cultural Studies. *Cultural Studies*, 2002 (6).

③ 总的来说，奥地利马克思主义的文献在文化研究方面是欠缺的，参见 Blum, M. E. *Austro - Marxists*, *1890 - 1918*, *A Psychobiographical Study*. Kentucky: The University Press of Kentucky, 1985。

文化和教育运动，他们致力于创建跨学科的文化研究框架，他们代表着不同的学科，如社会学、历史学、经济学和哲学。跨学科的方法论让他们透过多重视角看待文化问题，发展文化理念，专注于文化习俗形成的社会条件，解释一个地区的政治冲突和以阶级为基础的生活方式。他们甚至在社会思想史上较早地关注了文化的层级：从高级文化和艺术门类到工人阶级的文化生活方式。奥地利马克思主义的文化模式的基本假设是什么？他们的文化话语非常庞杂，但都承认这是一个规范性的目标和政治工具，是一个特定领域的阶级斗争。在奥地利马克思主义社会学者看来，阶级社会的划分不仅通过经济，也应通过文化，文化是政治镇压和政治解放的工具。这样的文化思想反映了对霸权审美文化的理解（文学、哲学、美术等），也超越了传统对文化的分类。比如，他们的文化分析也包括阶级、政治权力、无产阶级的生活等。这定义了 20 世纪的文化冲突——高级文化与平民文化的对立；精英文化与大众文化的对立。[①] 此外，奥地利马克思主义还为理解大众文化和流行文化做出了卓越贡献。他们对流行文化的态度是游移的，大致分裂为两类意见。一方面，他们看到了大众思维的真实表达，因此可以作为反精英的政治阻力，流行文化提供了对资本主义的批判性思维。另一方面，若反过来理解，令人担忧的是大众文化作为一个隐藏的资本主义思想的代理，让大众被动消费资本主义文化产品。在他们眼里，流行文化操纵工人的头脑，使他们无从辨识本阶级的社会和经济条件，娱乐表现为资产阶级消灭阶级意识的工具。

（二）“红色维也纳”的失败和启示

1927 年 4 月的选举日，总理伊格纳兹·塞佩尔[②]在竞选政治

---

① Sandner, G. From The Cradle To The Grave Austro – Marxism And Cultural Studies. *Cultural Studies*, 2002 (6).

② 伊格纳兹·赛佩尔（1876～1932），奥地利政治家。曾两度出任奥地利总理（1922～1924 和 1926～1929）。

宣言中号召所有反社会主义的资产阶级政党联合，扫除邪恶的奥地利社会民主党。塞佩尔指责危险的马克思主义的社会化措施，并抨击奥地利马克思主义的教育和文化政策不仅徒劳而且极具破坏性。这样的恶毒攻击在奥地利已经习以为常，当"红色维也纳"这个术语首次见诸报端的时候，它所代表的就是对维也纳地方政府及其社会主义领导的贬斥。之前的许多绰号也同样传播甚广，比如独裁市政厅、布尔什维克主义市政厅、红色市政厅、阶级独裁、财税恐怖主义等。保守派决定将维也纳本身作为革命的社会主义的最后堡垒，宣称它是奥地利人民甚至全世界的威胁和敌人。基督教社会党员爱德华·杰利撰写的所谓《十年红色维也纳》的小册子痛批奥地利马克思主义的红色市政府，对社会主义的言语相当狠毒。以上的描述发生在奥地利社会民主党在维也纳掌权十年后，我们看到，社会主义的敌人们群起而攻之，这在一个侧面令人信服地表明，在这十年，"红色维也纳"的境况让同路人眼羡，让异己者震怒。

"红色维也纳"的名称与布尔什维克的内涵非常接近，所以奥地利马克思主义者避免这个概念。第一共和国期间，"红色维也纳"主要是一个贬义的表达，由保守派创造并使用，因此社会主义者和温和派坚决抵制这个名词。具有讽刺意味的是，尽管至今为止原有的论战和贬低的意图一直持续，我们现在所使用的标题"红色维也纳"大多是积极的内涵。对这个概念的重新诠释缘起于第二共和国的政治家和学者，他们试图概念化两次世界大战之间维也纳的社会主义政治。"红色维也纳"在 20 世纪 70 年代末和 80 年代初不再具有共产主义和奥地利马克思主义 20 世纪初的烙印，它是现代欧洲社会主义一种可能的"第三条道路"，在布尔什维克主义和修正主义之间崛起，主张通过非暴力、激进民主的方式进行改革。

奥地利马克思主义绕开了共产党在俄国革命中构建的作为一般的权威性和约束力的模型，他们拒绝了在小国奥地利的社会环境中通过暴力推翻政权的构想。他们试图沿用由前奥匈帝国开辟的根据议会决定（民主方式）而转变为社会主义国家的可能。但1934年反动的法西斯政变让这个计划最终瘫痪了。奥地利马克思主义对于奥地利首都的改造是建立在工人阶级即将成为国家统治阶级的幻想之上的，他们的体系结构是对统治阶级权利的调整。奥地利马克思主义的"红色维也纳"不仅是马克思主义的社会改良主义的实践，也是一个社会转型的理论。正是因为奥地利马克思主义强调经济领域的斗争，所以他们并不认为从资本主义到社会主义是一个突变，社会民主党人反而断言，在资本主义社会内部就可以逐步实现社会主义。奥地利马克思主义政治的核心战略是"缓慢革命"，或是在资本主义允许的条件下进行逐渐的社会主义建设。鲍威尔在《到社会主义之路》中明确了要逐渐建设社会主义，通过计划和组织，一步步向构想的目标前进。走向社会主义的每一步措施都要斟酌，意指在没有建立起能够至少同样富有生产效率的社会主义组织的情况下，不应该摧毁资本主义生产体系。对于奥地利马克思主义者来说，社会主义是一个长期过程，很难在资本主义同社会主义之间划出一个明确的界限。第一次世界大战后，奥地利马克思主义在维也纳的社会主义实践就是试图通过渐进的社会化转变来达到量的积累，最终以社会改良的方式转变为社会主义国家。

　　"红色维也纳"的社会主义遗产同化到维也纳和奥地利的集体记忆中，作为两次世界大战之间"黑色"副本的照应，它遗产性地展示了一个奥地利社会主义或进步主义的传统。"红色维也纳"在学术圈和社会主义者圈子内被正面使用，一定程度上使之披上了保守主义和反变革的外衣。而他们的社会和政治生活在维也纳也激发了敌对的智力和政治气候。我们看到的结果也印证了这一点，短短20年的红色维也纳实践最终在法西斯主义的干扰下溃败，这绝不是偶然的情形。社会主义在维也纳的失败一方面是社会党采取了过于温和的路线或是过于依赖宪法途径解决社会生活的诸多问题。另一方面，维也纳之所以被集权主义接管，还应看到以下事实：维也纳市政府承担的社会福利规划虽然小心翼翼，不触动资本主义收支平衡的体系，很大程度上保全了资产阶级在物质上的权利，但是小资产阶级经历了大规模的权力丧失。①在经济危机时期，战后建立的社会保障体系和红色维也纳取得的成就对中产阶级来说是巨大的负担，中产阶级对社会民主党产生了"官方党"的成见。进而加剧的经济危机情势使中产阶级和农民无产者化，这些群体的贫苦让法西斯的发展气候成熟起来。资产阶级和无产阶级力量的平衡在民主制环境中的效果是，前者无法将其意志强加到无产者头上，而后者也没有强大到足以推翻前者。于是二者的平衡或者互相削弱滋生了法西斯主义通过击垮无产阶级来为资本家服务的土壤。

三 奥地利马克思主义中派道路在国际社会主义运动中的实践

奥地利马克思主义在理论和实践上的改良主义实质已经清晰地展现在我们面前。第一次世界大战前后，奥地利马克思主义在方法论和政治倾向上都树立了其自身的鲜明个性，其主要特征就是折中主义的思想倾向和中派的政治理论。国际社会主义运动的分裂时期，正是奥地利马克思主义在政治方面的中派主义观点发展到顶峰的时期，第三条道路的选择成为两次大战之间奥地利社会民主党的指导路线。因此也可以说，在这一时期，"奥地利马克思主义"的中派政治已成为奥地利社会民主党的思想体系和政治路线的同义语。②

在国际事务中，随着奥地利社会民主党威望的提升和奥地利

---

① Lewis, J. Red Vienna: Socialism in One City, 1918 - 1927. *European Studies Review*, 1983 (3).

② 参见〔奥〕鲍威尔著，殷叙彝编《鲍威尔文选》，人民出版社，2008，第327~330页。

马克思主义者理论的普遍流行，奥地利马克思主义的中派路线不再局限于国内的政治舞台，他们利用奥地利社会民主党在国际共产主义运动中施加重大影响。

（一）社会主义工人国际的产生

战争把第二国际内部各派、各社会党的分歧推向极端，局部的冲突变成大面积的对抗。改良主义和布尔什维克主义的对立实则是对马克思革命原则的思想路线分歧，但国际社会主义运动由此升级为组织和运动的分裂。[①] 第一次世界大战结束时，改良派和革命派在原则和行动上都秉持截然不同的理念，他们的抵触情绪远远没有因为战争的结束而平息。国际社会主义运动的分裂状况影响了整个社会主义事业在全球范围的发展，所以团结与统一是当务之急，这也是奥地利马克思主义团体殚精竭虑的现实问题。那么，奥地利马克思主义者又对此作了怎样的努力呢？

欧洲各国的联合愿望是与革命热情紧密相关的，国内的联合已随着运动的开展而逐渐加强[②]，但国际联合却困难重重。一方面，在中派力量抵制伯尔尼国际的同时，右派社会民主党人完全把持了该国际的理论和实践，他们的妥协政策当然不会寻求国际联合。另一方面，共产国际的成立标志着其与右派彻底划清界限。这时，工人运动中的思想基础是混乱的，无产阶级革命原则在当时还没有为大多数中、西欧工人群众所理解，共产国际的理念甚至没有改良主义思想流行。[③] 在共产党和社会民主党对立的情况下，寻求两种政治规划之间折中与制衡的中派政治得到

---

① 陈林：《试论奥地利马克思主义在社会主义工人国际中的作用和影响》，《国际政治研究》1992年第1期。

② 世界范围来看，工会会员数和工人政党成员数在1923年已分别达到4400万和850万之巨，这个数字在战争开始前是不可想象的。

③ 当时工人斗争的中心任务和主观要求还是关于直接的经济利益，他们掀起的"不准干涉俄国"运动也大多出于对苏俄的同情，对工人兄弟友好情谊的维护和对战争的强烈反对，而不是在政治行为上的认同。

了发展和壮大的最好时机，他们的思想建立在这样的基础之上：规避过于激进的主张，也排斥保守派别的投降主义，这样会迎合工人群众的主体心理，实现一种有弹性的国际联合。折中主义的政治规划一时间受到了许多欧洲左翼社会运动的青睐①，当然奥地利马克思主义者聚集的奥地利社会民主党也成为国际社会主义运动中派势力的主要成员，后期甚至成为主导力量。

奥地利社会民主党是战后唯一没有分裂的第二国际政党，维护国内和国际社会主义运动的统一是他们的原则。战争期间，奥地利社会党的精神核心维克多·阿德勒就呼吁：各国社会党工人加强联系，促进阶级斗争中工人的团结。② 战后，奥地利社会党的中坚力量弗里德里希·阿德勒和鲍威尔延续了维克多·阿德勒关于国际联合的主张，他们在国内保持了党的凝聚力，而且企图将中派思维积极灌输到国际工人运动中去。当伯尔尼国际的右翼势力大肆推行机会主义路线之时，国际联合已然成为泡影。③ 奥地利社会党遂在决议中宣布它不再属于第二国际，同时也拒绝参加第三国际，因为从共产国际"二大"的决议（特别是二十一项不合理的条件）来看，第三国际只是布尔什维克党的一个中央组织，并且企图使工会国际分裂。另外奥地利社会党的决议还支持英国、德过、瑞士等国社会党关于召开国际会议的主张。不过，他们认为会议的主旨不应是成立新的第四国际，而是协商建立一个全世界工人阶级联合的组织。奥地利社会党人遵循的是一种奥地利马克思主义的妥协性联合的政治主张。于是，在他们看来，第二国际只是国际工人运动中"纯粹改良主义和民族主义派系的

---

① 比如德国独立社会民主党、英国独立工党、法国工人党龙格派等。
② 〔苏〕布拉斯拉夫斯基编《第一国际第二国际历史资料（第二国际）》，三联书店，1964，第218页。
③ 因为对右派的极度不满，奥地利社会党和龙格等中派党的领导拒绝参加日内瓦会议（1920年），他们甚至打算加入共产国际，但在《加入共产国际的条件》文件上与共产国际分歧明显，最终未能合并。

那些党的联合组织"，而共产国际则向各工人政党强制推行"布尔什维克在俄国工农革命中运用的一切方法"[①]。奥地利马克思主义者认为，为了宣传和推进折中路线，为了"真正世界性的国际"的实现，必须重新建立一个国际联合组织。

预备会议于 1920 年 12 月在伯尔尼举行。会议讨论通过了《告各国工人书》和《告各国社会党书》，拟定了《帝国主义和社会革命》《论阶级斗争的方式和组织》等提纲，选出了弗里德里希·阿德勒等 5 人组成负责会议事宜的筹备委员会。[②]《告各国社会党书》是伯尔尼预备会议的主要文件，它扼要地说明了中派党的基本主张，实际上是中派党草拟的新国际的行动纲领。此文件明确了必须集合世界无产阶级的一切力量，以无产阶级的世界政策来对抗资本统治世界的企图。文件分析了无产阶级国际的现状，第二国际由于采取了投降帝国主义的政策而崩溃了，现在自称是第二国际的组织只不过是国际工人运动中那些属于纯粹改良主义政党的联合体。而自称第三国际的共产国际，现在只是各国共产党的联合组织。正因为现有的两个国际都不足以团结世界无产阶级，所以这些中派政党提出建立新的国际组织机构，以克服国际工人阶级力量极为分散的状态。最后，《告各国社会党书》以国际文献的形式谈及革命的斗争手段和策略问题，重申了鲍威尔关于民主与专政的主张。由于不同国家处于不同发展阶段，革命也将采取不同形式。中派的观点介于单纯工会活动和议会活动的方法与工农群众尖锐的斗争方法中间，号召无产阶级在日常斗争的同时做好最后革命的准备。

1921 年 2 月，社会党国际联合会成立大会在维也纳召开，通过了弗里德里希·阿德勒起草的《社会党国际联合章程》。

---

① 〔苏〕布拉斯拉夫斯基编《第一国际第二国际历史资料（第二国际）》，三联书店，1964，第 284～285 页。

② 陈林：《试论奥地利马克思主义在社会主义工人国际中的作用和影响》，《国际政治研究》1992 年第 1 期。

弗里德里希·阿德勒被选为常务书记，他在发言中指出，维也纳会议①应团结各国社会党人，因为"他们只有一个敌人——世界资产阶级"②。维也纳国际（共产国际戏称它为"第二半国际"③）把创建由国际工人运动各派政党参加的、统一的国际组织确定为自己的目标和任务，把既不同第一国际"谅解"，又要同它联合抵御第三国际既不同意第三国际的"模式"，又要通过同第三国际的论战以达到认识的统一，确定为基本方法和姿态。维也纳会议的文件和章程都体现了奥地利马克思主义关于社会主义模式和策略的折中主义构想。

按照奥地利社会党的意见，社会党国际联合会应该成为建立新国际的起始阶段，是一种过渡机构。社会党国际联合会的章程声称，其"任务是统一所有，加入联合会的各社会党的活动，确定一致行动，努力恢复联合全体革命无产阶级的国际"。④ 因此，它成立之后除了继续和伯尔尼国际联系以外，也努力争取共产国际的支持。在社会党国际联合会领导人弗里德里希·阿德勒和鲍威尔倡议下，1922 年 4 月，伯尔尼国际、共产国际和社会党国际的代表终于坐在了一起，三个国际联合会的执行委员会联席会议在柏林举行。作为这次著名会议的发起者，弗里德里希·阿德勒主持第一次会议，并致开幕词。他指出，无产阶级内部的重大分歧就是改良和革命之间的对立，共产国际和伯尔尼国际对无产阶

---

① 国际社会党人代表大会原拟于 1914 年 8 月在维也纳举行。

② 〔苏〕莫吉列夫斯基：《第二国际的复活（1919～1923 年）》，人民出版社，1982，第 175 页。

③ 〔英〕珍妮·德格拉斯编《共产国际文件》第一卷，世界知识出版社，1963，第 266 页。

④ 〔苏〕布拉斯拉夫斯基编《第一国际第二国际历史资料（第二国际）》，三联书店，1964，第 289 页。关于维也纳国际的过渡性质，1923 年 5 月 20 日，社会党国际联合会在汉堡举行最后一次代表会议。弗里德里希·阿德勒在向会议所做的报告中指出，维也纳国际从来没有把自己看成是一个国际，而是将自己视为建立无所不包的国际的基础。经过努力，奠定基础的任务已经完成，而不再继续存在的必要。

级的斗争方法和社会前景的解读确实存在抵触。尽管在具体行动上求得团结不可能抹杀彼此之间的矛盾意见，但是就目前工人运动中遇到的困难来说，各派应做出一定的让步，达成在共同行动等问题上的一致主张，改善目前的悲惨境遇，折中主义也许是不放弃各派底线的最好办法。公允地说，社会党国际联合会在推动会议取得成果、支持苏俄等方面，还是做出了很大的努力，发挥了一定的作用。① 但由于原则分歧没有解决，会后的实际活动表明这种联合难以取得预期的效果，三个国际的联合行动再次瘫痪。对弗里德里希·阿德勒等人来说，联合比原则更重要，这是奥地利马克思主义的要义。因此，社会党国际联合会的中派立场耐不住等待，只得与改良主义的伯尔尼国际合并。

经过近一年的准备②，1923 年 5 月，两个国际的合并在汉堡完成，这也标志着国际工人运动的中派和右派首次合流，社会主义工人国际就此诞生。会议讨论了国际形势以及工人运动的理论和实践，鲍威尔做了重要发言，最后还通过了《关于帝国主义和约与工人阶级的任务》的决议，这其实是希法亭的帝国主义理论的集中表述。社会民主党人声称，新国际"旨在联合所有民主社会主义派别，作为专制的、以莫斯科国际为中心的布尔什维主义的对立面"③。社会主义工人国际实际上只是一个以社会党为主体的、主张通过议会民主的改良道路来实现其社会主义并公开反对布尔什维克和共产主义的国际组织。它起源于第二国际部分右翼社会党和中派政党的联合，又发展成为 1951 年的社会党国际。④

---

① 程玉海：《论 1922 年三个国际柏林会议》，《当代世界与社会主义》2010 年第 3 期。

② 1922 年 12 月，在海牙国际和平代表大会上，两个国际达成了反战问题的协议，并组成了一个共同委员会负责合并的筹备工作。

③ 〔奥〕布劳恩塔尔：《国际史》第二卷，杨寿国等译，上海译文出版社，1986，第 301 页。

④ 周海乐：《第二国际史》，上海社会科学院出版社，1989，第 529 页。

（二）社会主义工人国际的瓦解

社会主义工人国际成立之后，面临许多棘手的国际和国内问题，比如，社会改良政策的修订，对待苏维埃俄国的态度，东方民族运动问题等等。1925 年马赛代表大会和 1928 年布鲁塞尔代表大会的决议集中展现了社会民主党人对上述问题的见解，其中奥地利马克思主义者则不但从理论上而且也从行动上极大地影响了这些决议的制定。

由于认为国家正在失去自己的阶级性，逐步成为组织政治、经济和文化的一种社会力量。社会民主党人把自己的使命规定为，"在资本主义社会制度范围内，通过社会改革以提高工人阶级的物质地位和文化地位，通过政治改革以扩大民主，通过国际性改革以确保和平"。[①] 因此，马赛代表大会和布鲁塞尔代表大会制定了一系列关于改善工人阶级状况方面的决议。作为奥地利马克思主义有机组成部分的"有组织的资本主义"理论成为社会主义工人国际的主要思想基础。在"经济民主"的口号下，欧洲各社会党都在国内经济运行中完善工业民主的政策措施，争取扩大社会主义成分在国民经济中的比重，推崇工人阶级参与企业日常管理，加大对垄断企业的监管。另外，在政治制度方面，社会党要求积极利用议会斗争方式，鼓励社会党成员参与执政，建立地方自治机关。所以我们看到，当年米勒兰入阁在社会主义界引起了巨大震动，而现在社会民主党入阁早已习以为常，执行委员会委员入阁的政策还直接写入了《社会主义工人国际章程》。[②] 不过尽管在布鲁塞尔代表大会召开时社会主义工人国际队伍非常壮大[③]，但是社会民主党

---

① 〔奥〕布劳恩塔尔：《国际史》第二卷，杨寿国等译，上海译文出版社，1986，第 397 页。

② 〔苏〕布拉斯拉夫斯基编《第一国际第二国际历史资料（第二国际）》，三联书店，1964，第 332 页。

③ 〔奥〕布劳恩塔尔：《国际史》第二卷，杨寿国等译，上海译文出版社，1986，第 382 页。

人改良主义政策的实际效果并不像希法亭等人估计的那样乐观，各国社会党在短暂的执政或与资产阶级政党联合执政后相继垮台。

奥地利马克思主义者还主导社会主义工人国际，试图把改良主义思潮向国际政治领域扩散，以此解决国际问题。希法亭在马赛代表大会上吹捧奥地利马克思主义的民族原则。另外，社会主义工人国际还推崇帝国主义的虚伪工具"国际联盟"，甚至把它奉为重新组织和平的希望。[①] 因此他们建议"限制一些国家的主权以利于所有国家的主权"，从而剥夺国家进行战争的权力，希法亭甚至要求限制国家的经济主权，使每个国家的经济服从世界经济的利益。

俄国革命经验和苏维埃政权的普适性问题一直是社会主义工人国际讨论的重点话题。鲍威尔是马赛和布鲁塞尔代表大会的主发言人，他"对苏联的态度"和国际的立场保持一致，即越来越仇视社会主义苏联，这是因为国际内部改良倾向的盛行。虽然鲍威尔指责苏联的"资本主义战争不可避免"论，甚至将苏联视为世界大战的潜在引线。[②] 但是弗里德里希·阿德勒等中派的态度与之相反，他们坚持共产国际的合法性，弗里德里希·阿德勒以此致相威胁，推动社会主义工人国际与共产国际的谈判。但是随着社会主义工人国际的约束力减弱，谈判的效果和协议的效力都大不如前，大多数社会民主党同共产党的合作形同虚设。

帝国主义的凡尔赛-华盛顿体系激起了广大殖民地国家人民的革命热情，随着东方民族解放运动的兴盛，马赛和布鲁塞尔代表大会也把关注的重心放在了民族和殖民地问题上，奥地利马克思主义者再一次在这个他们熟悉的领域中陈词。马赛会议上，鲍

---

① 〔苏〕布拉斯拉夫斯基编《第一国际第二国际历史资料（第二国际）》，三联书店，1964，第353页。

② 〔法〕雅克·德罗兹：《民主社会主义1864～1960》，时波译，上海译文出版社，1985，第203页。

威尔做了关于"东方问题"的报告，他基本肯定了苏联模式的积极意义，而布鲁塞尔会议通过的关于殖民地问题的决议也进一步支持了东方国家争取民族解放的斗争运动。但是，原则上对各国人民反殖民主义运动的支持背后却暴露出改良主义的政治态度。对待殖民地问题上，各国社会民主党极力推崇垄断资产阶级建立的各种形同虚设的国际仲裁机构（如作为维持战后帝国主义"和平"体系的工具而存在的国际联盟），把殖民地人民的解放建立在连续不断宣传鼓动和宗主国资产阶级政府的理智让步之上。另外，社会主义工人国际还认为布尔什维克是民粹主义的，不利于东方民族的解放事业，他们告诫亚洲国家必须借鉴西欧的民主斗争方式。社会民主党只是要求废除不平等条约，但却没有拿出行之有效的民族问题解决方案。关于殖民地人民获得政治独立，实现民主治理的步骤等问题，他们没有回答。

布鲁塞尔代表大会刚刚闭幕，社会民主党人沉浸在社会民主主义力量壮大的幻想之中。一方面他们在资本主义世界中政治表达更加顺畅；另一方面经济上的有组织的资本主义似乎向着有利于社会主义过渡的方向发展。恰恰这时，资本主义史上最著名的大萧条开始，资本主义体系固有的矛盾瞬间放大并爆发。法西斯势力见机会来临，便乘虚而入。法西斯的猖獗表明，资本主义各国在经济危机到来时也会连带陷入政治危机和民主危机，由于资本主义的混乱状况拆解了凡尔赛－华盛顿体系所维持的世界均势，一战后的歌舞升平景象即将化作泡影。改良主义社会运动十年间的努力和许诺眼看也要灰飞烟灭，他们依托的资本主义国家政治和经济繁荣遭到极大破坏，那么宣扬改造资本主义的改良学说也就失去了实践基础，社会改良主义面临巨大危机。在国际形势危急的情势下，社会主义工人国际在维也纳召开了第四次代表大会。①

---

① 陈林：《试论奥地利马克思主义在社会主义工人国际中的作用和影响》，《国际政治研究》1992年第1期。

1931年7月召开的维也纳代表大会试图回答：在面临危机的时刻，如何保卫和平、保卫民主、保卫社会主义？这次代表大会的争论非常激烈，意见分歧甚至形成了左、中、右三派。右派代表工人贵族的利益，支持大资产阶级靠牺牲劳动人民利益来克服危机的路线；左派力图保住十多年来劳动人民所取得的斗争成果，否决对资产阶级的让步政策以及以德国社会民主党为代表的支持"最小邪恶"的政策；中派力图弥合右派和左派的分歧，他们主张社会改良主义的政策必须适应不断变化的国内外时局。这三派中，力量最强大的还是社会民主党中派，他们的领导者是弗里德里希·阿德勒和鲍威尔。以鲍威尔为核心，形成了右派和中派的妥协观点。《德国和中欧形势及工人阶级为民主而斗争》是鲍威尔的发言题目，并由此起草了大会决议①，这个决议再次体现了奥地利马克思主义折中主义的基本原则：为了实现团结和统一，口头上照顾左派的革命情绪，而在实践中处处妥协退让以迎合右派的诉求。报告和决议完全是奥地利马克思主义政治观点的罗列，其中最主要的就是关于民主和专政的适用范围。奥地利马克思主义关于实现社会主义的道路的设想同马克思主义是有出入的，是遵循改良主义趋向的。鲍威尔坚持"社会革命"只有在夺取政权（"政治革命"）之后发生。在鲍威尔看来，社会主义与资本主义的界限非常模糊，社会主义的要素可能存在于资本主义内部。在国际工人运动中，奥地利马克思主义推行"有组织的资本主义"论，扩大改良主义的实践范围，其实质是对资本主义的社会现实妥协。正如前文所述，奥地利马克思主义者一向推行议会制民主，把"防御性"暴力作为社会主义的底线。

希特勒在德国的上台使社会主义工人国际的首脑们异常震惊，在日益嚣张的法西斯暴力面前，德国社会民主党根本无法使

---

① 虽然决议以压倒多数的赞成票被通过了，但随着国际局势风云变幻，分歧并没有消除，这种分歧给社会民主党人带来的不是生命力，而是更激烈的对立和分化。

用"防御性暴力"。貌似强大的德国社会党实则软弱无力，这激发了社会主义工人国际内部检讨工人运动战略的讨论。1933 年 8 月，社会主义工人国际在巴黎召开了代表会议，然而这也是他们最后的一次会议，中派已无力使各派意见归于一致。巴黎代表大会虽然最后也通过一个以中派的主张为基础，并同时照顾到右派和左派情绪的妥协性决议，但从整个会议的进程来看，显然充斥着各种相互矛盾的思潮。奥地利马克思主义倡导的社会主义工人国际已没有能力建立一个反法西斯的统一战线，也无心寻找解决扑朔迷离的国际政治经济问题的有效途径。这个曾极大地影响了中、西欧主体工人运动的国际性组织，连同它的社会改良主义理论和政策，终于陷入无法挽回的分裂和失败的境地。①

---

① 陈林：《试论奥地利马克思主义在社会主义工人国际中的作用和影响》，《国际政治研究》1992 年第 1 期。

第三条道路——奥地利
马克思主义的理论遗产和现实影响

　　第一次世界大战硝烟渐渐散去，奥地利马克思主义的处境愈发艰难，这是由他们所处的时局决定的。奥地利社会民主运动在欧洲社会主义阵营中成为最重要的一支，在第二国际中占据显要位置，在德国社会主义运动中的地位也越来越高。但是与之不匹配的是狭小的国土，羸弱的奥地利经济。这使得奥地利马克思主义在欧洲事务上的影响力大打折扣，也波及理论的传播。另外，夹在第二国际和第三国际之间的尴尬地位让奥地利马克思主义在国际工人运动中的行动孤立且困难重重。奥地利马克思主义与西欧大多数修正主义的社会党不同，也斥责布尔什维克的理论和实践。

　　在奥地利马克思主义内部，鲍威尔的激进思想和他务实的立宪民主策略形成极大反差，这是为了使工人阶级能忠诚于民主共和国。和鲍威尔的妥协一样，左派的进步思想领导奥地利社会改革逐步推进，但是过程是缓慢的，因为宪法是需要各党派协商制定的，享有话语权的是社会民主党和基督教社会党。由于他们之间存在诸多分歧，被写入宪法的共同诉求少之又少。为了最大限度地保证工人阶级的利益，比如 8 小时工作制、带薪休假的权利、妇女的投票权等，社会民主党不得不在宪法中对基督教社会党做出让步。

　　20 世纪 20 年代，奥地利的国教仍是天主教，在法律上享有特权。凯尔森起草的宪法（1920 年）规定了奥地利联邦制国家中联邦议会是由各省派选的代表组成的，但是它对奥地利国民议会的法律仅有延缓否决权，可以看出，奥地利仍是一个集权的政治体制，权力集中在国民议会的掌管者手中。1919 年，社会民主党虽然维持了第一大党的地位，但是资产阶级的政党却在国民议会中取得了多数，以基督教社会党为首的资本主义政党与马克思主义原则根本对立。1920 年，资产阶级在 1918 年危机渐趋缓和后就抛弃了和社会民主党的合作，废止了许多进步的政策。由于基督教社会党在大选中赢得了胜利，社会民主党变为最大的反对党。在这个时期，奥地利马克思主义在理论和实践上都区别于国际社会民主运动的右翼，1926 年奥地利社会民主党的"林茨纲领"在理论上确认了无产阶级专政是粉碎资产阶级合法政府的权宜之计和可能手段，工人阶级必须加强阶级斗争的准备工作。20世纪 30 年代，社会民主党领导在法西斯势力和反动政府的强大军事压力下，只得妥协退让，甚至束缚工人阶级的反抗。所谓"保卫同盟"① 在残酷的现实斗争中几乎是无效的。因此，奥地利社会党和工人运动岌岌可危。1934 年 2 月，法西斯政府向工人展开了全面进攻，奥地利社会民主党无力挽回时局，维也纳的保卫同盟由于力量过于弱小且缺乏正确的领导而宣告起义失败。② 社会民主党最终瓦解，奥地利马克思主义者四分五裂。作为一个思想流派和实践整体出现的奥地利马克思主义至此覆灭了。

对于同一事物的评价总有可能趋于两个极端，正面的和反面的。有的人称赞奥地利马克思主义是改良主义的马克思主义，是奥地利版的马克思主义。但有的人批评它拘泥于马克思主义的陈词滥调，拒绝一切革命行动，它并没有在实际工作中体现优越性，没有任何科学依据。有的人称赞奥地利马克思主义为充满了高尚抱负的文化运动，不仅为无产阶级提供了一个更美好的对未

---

① 根据"防御性暴力"思想，维也纳、林茨和施蒂里亚等地区的工人还成立了"共和国保卫同盟"，使劳动群众的安全获得保障。

② 殷叙彝：《奥地利马克思主义》，《当代世界与社会主义》1981 年第 3 期。

来的幻想，也在当时为无产阶级提供了幸福感的源泉。可以看到，这是奥地利马克思主义社会改革理论运用到在奥地利首都的实践，在社会民主党的领导下提出了发展医疗服务、社会住房建设和教育改革动议并付诸实践，"和平的社会主义道路"让人惊讶。但有人批评他们在现实中的这些政策给了资产阶级右翼势力控制该国其他地区的机会，也给了他们对工人阶级及其组织进行分裂的时间和机会，甚至认为奥地利马克思主义在维也纳的努力是反民主的（是文学的而不是政治的）、反革命的（防止工人抵抗他们的阶级敌人）。

　　无论从历史、理论还是实践来看，奥地利马克思主义团体都被界定为第二国际社会主义的中派。他们是社会民主主义的积极拥护者，与俄国的布尔什维克主义对立。奥地利马克思主义披上改良主义的外衣，试图修正社会主义的理论，改造社会主义的实践。但这些都遭到了共产国际的严厉批判，社会民主改良主义是"社会主义改良主义的组成部分，都是帝国主义资产阶级在工人阶级中的代理人"，而奥地利马克思主义是"无产阶级最危险的敌人，它比强盗的社会帝国主义的公开拥护者还要危险"。① 然而无论是从 20 世纪 20 年代开始的衰落②，还是与经典马克思主义理论的背离，都不代表奥地利马克思主义的理论和实践是无效的，奥地利马克思主义的基本目标是永恒的，并继续发挥其影响力。二战后奥地利马克思主义的政治观念被评论为"第三条道路"（有时直接被称为"新中派"）的倡始者之一。奥地利马克思主义在政治理论中的诸多元素和所谓第三条道路的理念确实有很大的相似性。我以为，当代世界的民主社会主义（社会民主主义）和现代欧洲社会民主党都从奥地利马克思主义那里找到了社

---

① 〔匈〕贝拉·库恩编《共产国际文件汇编（1919～1932）》第一册，三联书店，1965，第 64 页。
② 直到 1934 年奥地利社会党覆灭，作为一个分支的奥地利马克思主义也正式瓦解。

会民主政策源头，当然随着世界范围政治的演进，奥地利马克思主义关于第三条道路的论断也需要进一步修正。

1899 年至 1901 年间马克思主义界爆发关于伯恩施坦的修正主义的争议，奥地利马克思主义者开始制定自己特色的社会主义的位置，从而把马克思主义和当代科学相结合。为争取改善工人条件，改善公共教育和公民权利和投票权的扩张，奥地利马克思主义者图绘一种"第三条道路"，它介于列宁和卢森堡严格的革命立场和机械的、准决定论的唯物主义的正统考茨基（同时也没有接近伯恩斯坦）之间。施罗德曾明确地把"鲍威尔领导的奥地利马克思主义者努力在社会民主党的改良政策与苏联国家共产主义之间走第三条道路"，看作当代"第三条道路"的一种早期形式。[1] 奥地利马克思主义理论家认为，如何科学地运用马克思主义是如何将其应用到中欧当时的社会经济条件，解决社会生活的诸多问题。他们不仅回答了马克思主义内部的诸多批评，也响应了在奥地利兴起的其他新的科学运动，比如马赫的经验主义和庞巴维克的经济学的边际效用学派。我们发现，无论是传统的"第三条道路"还是当今流行的"第三条道路"都遵循着奥地利马克思主义思想体系的一些重要元素——折中主义、寻求改良、实用主义。

"奥地利马克思主义"是一个纯描述性的术语，因此，它不是指一个能够轻易与列宁主义或考茨基的马克思主义并列的连续的、单一的理论。按照鲍威尔的说法，它指的是 1918 年后奥地利马克思主义的一种明确的特征，也就是说它拒绝在过时的第二国际改良主义和第三国际的革命主义之间进行选择，而是寻求"第三条道路"。[2] 奥地利马克思主义的政治选择是共产主义和社

---

① 〔德〕格哈德·施罗德：《老左派与新中派》。选自杨雪冬、薛晓源主编《"第三条道路"与新的理论》，社会科学文献出版社，2000，第 34 页。

② 〔英〕唐纳德·萨松：《欧洲社会主义百年史》（上册），姜辉等译，社会科学文献出版社，2008，第 84 页。

会民主主义的调和。总之，奥地利马克思主义的积极因素可以归纳为：首先，奥地利马克思主义在理论上批判了非民主的工业社会组织形式，以鲍威尔为代表的理论家蔑视一切专制统治。其次，奥地利马克思主义的第三条道路对民族问题的解答具有深远影响，伦纳和鲍威尔在早期著作中就把这个问题当作是奥地利马克思主义的基础性议题。再次，奥地利马克思主义的第三条道路充分尊重法在结构民主社会中的作用，伦纳的研究是对法的理论的有力支撑。最后，从严格意义上说，民主理论是独立的一个分支，正如伦纳、鲍威尔和麦克斯·阿德勒所强调的，民主理论具有二元性，它关于政治民主和社会民主①。奥地利马克思主义既不把民主和无产阶级专政视为完全一致的，也不像修正主义者那样把民主和专政绝对地对立起来。这样的思想观点在欧洲社会主义发展史上很重要，它成为西欧左派政治革新的转折点。事实上，奥地利马克思主义的第三条道路尝试与当代社会党宣称要走社会民主主义和新自由主义的中间道路的第三条道路已经存在很大不同。但是从奥地利马克思主义这个源头促生的中派实践的持续作用是，把各种最普遍的思想进行了不可思议的混合。这些思想可以在世界各地进行具有可行性的不同解释，同时，第三条道路还包括某些非常明确的、被证明能发挥实际效力的政策。第三条道路在政治讨论和学术讨论之间重新建立了富有成效的互动。所有这些都推进了第三条道路的讨论受到世界各地中左力量的特别欢迎。②

不过，我们需要警惕的是，不管是奥地利马克思主义的失败，还是近年来随着资本主义国家经济形势出现困境，那些主张

---

① 麦克斯·阿德勒也解释了经济民主和社会民主，他认为政治民主就是司法平等，而经济民主是实体平等。See Arato, A. Austromarxism and the Theory of Democracy. in Anson Rabinbach （ed.） *The Austrian Socialist Expenriment*, Boulder: Westview Press, 1985: 139.

② 〔德〕托马斯·迈尔文：《现代社会民主主义：共同的基础和争论的问题》，高静宇译，《当代世界社会主义问题》2003 年第 1 期。

第三条道路的资本主义国家保守主义又有抬头之势，改良主义的第三条道路不可能带来资本主义的永恒之春，它只是"资产阶级社会主义"的乌托邦。

从中间道路的理论层面看，奥地利马克思主义已然成为社会民主主义的积极代言人，与科学社会主义相对立。奥地利马克思主义虽然仍旧自认为是马克思主义的理论派别，仍旧把生产资料的公有制看作社会主义的主要标志，也没有完全放弃对暴力夺取政权的幻想。但他们试图修正社会主义的理论，要求社会主义运动既不抛弃改良主义，也不能放弃暴力革命；社会主义者不仅要坚守民主主义的遗产，也要坚持无产阶级革命的遗产。于是，奥地利马克思主义者就把资产阶级的价值观念和马克思主义的左派概念糅合在一起，企图通过拼接各自的进步因素到达所谓中派思维。不过，这种改良主义的理论后果必然是进一步妥协退让，向右派的改良政治靠拢。

从中间道路的实践层面看，1934年奥地利马克思主义瓦解之前，他们就开始承认、吸纳、布展民主制，正因为过分推崇资产阶级民主，他们不加区分地把民主框架与社会主义实践对接，模糊了作为敌人的资本主义和作为自我认同的社会主义。而到了其分崩离析之后，奥地利社会民主党成员并没有从失败中总结出符合马克思主义本真意涵的革命经验。他们拘泥于"战略战术""民主技巧"等不触及资本主义沉疴的方面，可以看出，社会民主主义政党实质上应被划归到资产阶级政党的欧洲特殊形式，他们绝不可能冲破资本主义制度，也不可能转向共产主义。

从中间道路的当代境遇来看，奥地利马克思主义之后的各色中间道路路线图反映了在阶级力量对比关系发生明显变化的条件下实用主义、调和主义的一面，希冀通过让步、妥协的办法来取得社会的广泛支持，稀释社会改良主义与科学社会主义之间的冲突与对立。不过，欧洲社会民主党在战后的持续分裂无情地揭示了中间道路的无效性，进入20世纪90年代，奥地利马克思主义中间道路的继承人们也从未获得真正成功。虽然"第三条道路"诸多变异模式粉墨登场，欧洲一些社会民主党也重新上台执政。但是，晚近的几十年，发达资本主义国家各种严重危机接踵而至，右翼保守主义抬头趋势明显。这些不争的事实告诉我们，社会民主党再次陷入"二律背反"的困境：一方面，从社会主义的原则出发，要求对资本主义国家的政治制度及其组织结构进行民主改造；另一方面，又不去摧毁垄断资本操控的国家机器，积极保护资本主义的运行基础。这就决定了作为与科学社会主义相对立的实践形态，中间道路的政治进程在实质上起着解除工人阶级思想武装、瓦解革命营垒、维护资本主义制度的作用。

虽然奥地利马克思主义对第三条道路的解释援引了共产主义的理念，也运用了大量正统马克思主义民主理论的词汇，但是在马克思主义的理论框架内，"第三条道路"的概念是根本不成立的，他们必须打破马克思主义才可能提出与第三条道路相关的政治议题。因此，奥地利马克思主义终究是非马克思主义的理论体系和政治实践，所谓的中派思维也仅仅是一种调和或折中，既没有完成对旧哲学形态的超越，也没有建立起新的社会主义实践模型。

附　录
奥地利马克思主义主要理论家生平

奥托·鲍威尔（Otto Bauer，1881 年 9 月 5 日~1938 年 7 月 4 日）

奥托·鲍威尔 1881 年 9 月 5 日出生于奥地利维也纳一个犹太家庭中，青年时代的鲍威尔阅读了康德、黑格尔的哲学著作，而此时奥地利错综复杂的政治生态促使他对现实社会生活以及工人运动进行思考。鲍威尔转而研读马克思的著作，《资本论》使他深刻地理解了社会的不公正。1902 年，鲍威尔进入维也纳大学学习哲学、法律和政治经济学。他在课余时间积极参与学校的激进讨论班和各种社团组织的活动，由此展开了其理论和实践的联结，并结识了奥地利马克思主义的主要同伴。此时他毅然加入奥地利社会民主党，在对社会改造的憧憬中投身政治的洪流。在维也纳大学获得博士学位后，鲍威尔逐渐成为党的职业活动家，但是他从未停止过理论探索。1907 年刊发于《马克思研究》第二辑的《民族问题和社会民主党》是马克思主义在民族问题上的代表作。1907 年，鲍威尔和阿道夫·布劳恩以及卡尔·伦纳共同创办了党的理论刊物《斗争》，从 1912 年起他又担任社会民主党机关报《工人报》的编辑。第一次世界大战前夕，鲍威尔已成为奥匈帝国工人运动和国际社会主义运动的领袖之一。1914 年，第一次世界大战爆发，鲍威尔支持奥地利政府的战争并应征担任少尉。他在前线作战中被俘，在此期间他撰写了《资本主义的世界观》

一书，试图把马克思的历史理论与新康德主义和马赫主义认识论加以调和而创建马克思主义的认识论。1918 年，奥匈帝国解体，奥地利共和国成立，鲍威尔担任了共和国第一届社会民主党和基督教社会党联合政府的外交部部长，但由于和德国签订秘密协定于 1919 年 10 月被迫辞职。1920 年，鲍威尔领导了奥地利社会民主党的主要事务，并成为奥地利立宪国民议会的议员，他在政治上推行奥地利社会民主党的改良主义路线。在国际共产主义运动中，鲍威尔拒斥第二国际和第三国际的立场，他和弗里德里希·阿德勒积极推进国际中派组织——社会党国际联合会，史称"第二半国际"。在 1923 年社会主义工人国际成立后，鲍威尔就一直作为执行委员发挥作用并不断阐述他的折中主义理论。1926 年 10月 30 日至 11 月 3 日，社会民主党在林茨召开党的代表大会，鲍威尔参与起草了社会民主党的纲领，即"林茨纲领"，并在大会上做了关于修改党的纲领的报告，他的理论成为社会民主党政治活动与政策制定的基础。1934 年 2 月，反革命浪潮迫使鲍威尔逃离奥地利，但是他并没有中断自己对于党的理论研究工作，同时他还不忘支持国内社会民主党的反法西斯斗争。在流亡捷克的一年间，鲍威尔发表了他的最后一部著作《两次世界大战之间吗?》，在这部著作中他对于自己一直所坚持的改良主义有所反思，希望社会民主主义运动和共产主义运动统一起来进行反法西斯斗争。1938 年，希特勒吞并奥地利并威胁捷克，迫于当时紧张的局势，鲍威尔匆忙离开捷克逃往法国巴黎。1938 年 7 月 4 日，鲍威尔因心脏病发逝世。

麦克斯·阿德勒（Max Adler，1873 年 1 月 15 日~1937 年 6月 28 日）

麦克斯·阿德勒 1873 年 1 月 15 日生于维也纳的一个犹太家庭，他的幼年经历和所有的维也纳犹太知识分子一样植根于德语文化。在念完小学和中学之后，他在 1892 年参加了会考，当年秋天被维也纳大学法学专业录取。在大学里，他研修了法学相关的课程，而同时他开始对哲学和社会学感兴趣，他广泛的知识训练还延伸到了诸如国民经济学和自然科学等课程上。1896 年毕业后，麦克斯·阿德勒开始了他的专业实践生涯，因为他首先需要养活自己。他在法院服务了一段时间，身份是实习生，1897 年正式进入一家律师事务所开始了职业生涯。但是作为谋生手段的法律工作只是他个人兴趣的一小部分，他将大量时间放在了科学研究上，特别是哲学（实际上在中学时代，麦克斯·阿德勒就受到康德的影响）。此时，麦克斯·阿德勒虽然参加了"社会主义学生自由同盟"并长期担任领袖，还参加了"未来俱乐部"，但是他的主要工作都是理论上的，比如社会主义对于麦克斯·阿德勒来说就是理论建构的过程，他试图拆解出社会主义的理性因素并研究它们。1904 年他与鲁道夫·希法亭共同编辑出版了《马克思研究》丛刊。在一战爆发后，他和弗里德里希·阿德勒领导了"卡尔·马克思俱乐部"，其宗旨是反对社会沙文主义，积极维护无产阶级国际主义精神。在奥匈帝国崩溃后，麦克斯·阿德勒对俄国革命表示赞赏，但认为不同国家的社会主义道路是不同的，应寻找到适合本国的革命路径。1934 年 2 月起义失败后，麦克斯·阿德勒被捕，获释后他回到维也纳大学教书。1937 年 6 月 28 日，麦克斯·阿德勒逝世。

卡尔·伦纳（Karl Renner，1870 年 12 月 14 日～1950 年 12 月 31 日）

卡尔·伦纳出生于 1870 年 12 月 14 日，出生地大致在奥地利、捷克斯洛伐克边境附近摩拉维亚村的下坦诺维茨。1876 年，6 岁的伦纳进入学校，但他的早期教育因家庭的贫困而受到阻碍。家庭的贫困还导致他年少时期身体脆弱。伦纳 1889 年以优异的成绩中学毕业，他主攻的是教育学和人文科学。在毕业的时候，伦纳希望进入维也纳大学学习，但经济问题困扰着年轻的伦纳，于是他选择履行为期一年的兵役。在军队服役使他很早就接触到了不同民族人民的矛盾和斗争，这样的经历促使伦纳思考在哈布斯堡王朝统治下解决民族问题的必要性和迫切性，这也是他之后学术的主要阵地之一。1891 年至 1896 年，伦纳如愿在维也纳大学攻读法律，不过他长期钻研马克思主义政治哲学、政治学、经济学、社会学和法律。在学生时代，伦纳就卷入了社会民主党的政治活动，参加了 1893 年第一次劳动节游行示威。伦纳在 1894 年就已开始为《工人报》撰写文章。1896 年，伦纳被推荐到奥地利国会图书馆工作，之后结识了包括维克多·阿德勒在内的奥地利马克思主义的主要领导者。在 1907 年的奥地利第一次男性普选中，伦纳作为奥地利社会民主党议会席位的候选人被推选为奥地利诺伊基兴区的下议院代表，从此他放弃了在国会图书馆的职位，开始了自己长达 43 年的政治生涯。从 1907 年到 1914 年，伦纳担任国家议会诺伊基兴地区社会党代表，在此期间，他对哈布斯堡王朝的民族问题谈判做出积极努力，并在国会宣传奥地利合作运动。伦纳对法律的研究主要是在法学理论和法律社会学方面，《私法制度及其社会功能》是他的代表作，也是马克思主义法学研究的经典著作。从 1916 年起，伦纳发表了一系列论述"马克思主义问题"的文章，特别关心修正马克思主义的国家理论。1918 年，他担任奥地利共和国的第一任总理，后来担任总统。20 世纪 20 年代中期基督教社会党聚集了大量保守势力，他们要求伦纳下台，于是从 1920 年到 1934 年伦纳都是奥地利最大反对党社会民主党的主要领导者，他代表了该党的中右翼。1945 年 11 月，伦纳被选为奥地利第二共和国总统。1950 年 12 月 31 日，伦纳在维也纳逝世。

鲁道夫·希法亭（Rudolf Hilferding，1877 年 8 月 10 日 ~ 1941 年 2 月）

鲁道夫·希法亭 1877 年 8 月 10 日生于奥匈帝国的首都维也纳。15 岁时，希法亭对社会主义理论和奥地利工人运动产生兴趣，他参加了年轻的社会党人组建的小团体，日后他们成为奥地利马克思主义的中坚力量。希法亭青年时就读于维也纳大学医学院，之后转向了社会主义理论的研究。1906 年在德国社民党领导倍倍尔和考茨基的邀请下，已是奥地利社会民主党主要的理论家的希法亭来到德国柏林，为党校和《新时代》杂志工作。从那时起，希法亭留在了德国，长时间活动在魏玛共和国的首都柏林。此时，在社会民主党党校工作的外国人被普鲁士政府威胁和驱逐，但是社会民主党设法营救了希法亭，并且让他担任机关报《前进报》主编。希法亭是德国社会民主党内少数反对帝国主义战争的，1917 年他加入了由母党分裂出的一个反战的联合体——"独立社会民主党"。1919 年，胡戈·哈泽被谋杀后，他成为该党的领导者。他一直都反对独裁，所以也极力阻止苏维埃当局兼并独立党融入共产党的尝试。但是这个努力失败了，独立党内部的左翼势力分裂出去并加入了德国共产党。他也只好带领残部回归了德国社会民主党，并于 1920 年加入德国国籍。1922 年，希法亭主编该党机关报《自由报》。因为《金融资本》的发表，希法亭成为党内知名的经济学专家，在魏玛共和国期间，他在社会民主党领导的联合政府中两次当选财政部长（1923 年以及 1928～1929 年）。即使没有新书出版，他的演讲和文章仍然是党内重要的政治文本。在 1933 年金融危机爆发后，希法亭为了逃避纳粹的追捕，逃离德国。其间为了社会主义事业，他仍坚持写作，但是由于法西斯集权主义的高压政策，他的影响力渐渐减少。希法亭为党做的最后一件大事是 1934 年起草了"布拉格章程"，他试图融合马克思主义方法和民主诉求。1940 年德国侵占法国时，希法亭被捕。1941 年 2 月，希法亭死于巴黎的集中营。

弗里德里希·阿德勒（Friedrich Adler，1879 年 7 月 9 日～1960 年 1 月 2 日）

1879 年 7 月 9 日，弗里德里希·阿德勒生于维也纳。受父亲

维克多·阿德勒影响，自 1889 年起，他就展现了对政治的强烈
热情。弗里德里希·阿德勒在维也纳大学攻读物理和数学，毕业
后到瑞士苏黎世大学继续深造，获得物理学博士学位。其间，他
已对马赫哲学产生了极大兴趣，并发表数篇文章阐述马赫主义。
1897 年，瑞士的奥地利社会民主党人协会成立，弗里德里希·阿
德勒成为该组织的积极分子。1905 年，该协会同意德意志社会民
主党人协会合并，成立国际工人俱乐部，他担任主席。弗里德里
希·阿德勒对工人运动的热情高涨，参与了瑞士社会民主党机关
报《民权报》的撰稿，并于 1910 年担任该报主编。在瑞士期间，
弗里德里希·阿德勒担任多次会议的国际代表，作为瑞士社会民
主党的一员，他经常发表反战的谏言。在 1907 年斯图加特大会
和 1910 年哥本哈根大会上，弗里德里希·阿德勒站在支持总罢
工的立场上。直到 1911 年，弗里德里希·阿德勒一直是瑞士苏
黎世一所大学的物理学和哲学讲师。1911 年，他回到国内，一边
基于兴趣在一所工人大学授课，一边担任奥地利社会民主党四位
秘书之一。随后，他成功当选奥地利社会民主党书记。1913 年，
弗里德里希·阿德勒与卡尔·伦纳合办了党的理论刊物《斗争》
杂志。一战爆发后，他反对奥地利社会民主党支持战争的社会沙
文主义立场，1914 年辞去书记职务，并撰文《奥地利国际主义
者》以表明自己反对战争的态度。他的和平主义思想吸引了少数
奥地利社会民主党成员，他们共同组建了"卡尔·马克思俱乐
部"。1916 年，弗里德里希·阿德勒试图通过暗杀斯图克伯爵来
刺激国内的革命形势，但最终失败。他被判处死刑，1918 年获释
后，他重新担任了奥地利社会民主党书记职位。1919 年 2 月，弗
里德里希·阿德勒当选议员，致力于组织与创建工人苏维埃。同
年 5 月，奥地利工人苏维埃第一次代表大会召开，弗里德里希·
阿德勒当选执行委员会主席，他试图调和第二国际和第三国际的
矛盾，促使国际工人运动合流。1921 年 2 月，他组织的"社会党
国际联合会"（即"第二半国际"）在维也纳召开代表大会，他

被推选为书记。虽然弗里德里希·阿德勒致力于推进三个国际的统一，但是由于矛盾过于尖锐，没有获得成功。他转而推进第二国际和第二半国际的合并，1923 年 5 月在汉堡召开了社会党国际代表大会，他当选书记直至 1939 年。1939 年，由于法西斯的猖獗，执行委员会已经瘫痪，弗里德里希·阿德勒不得不流亡美国。二战结束后，他回到欧洲，继续写作并编纂工人运动的相关文献。1960 年 1 月 2 日，弗里德里希·阿德勒在瑞士苏黎世去世。

参考文献

中文文献

〔德〕阿尔弗雷德·科津格:《马克思主义的民族理论》,华辛芝译,《民族译丛》1985年第1期。

〔美〕埃德温·多兰主编《现代奥地利学派经济学的基础》,王文玉译,浙江大学出版社,2008。

〔英〕艾耶尔等:《哲学中的革命》,李步楼译,商务印书馆,1986。

〔美〕保罗·斯威齐:《资本主义发展论》,陈观烈等译,商务印书馆,1997。

〔奥〕鲍威尔:《鲍威尔文选》,人民出版社,2008。

〔美〕贝弗里·西尔弗:《劳工的力量:1870年以来的工人运动与全球化》,张璐译,社会科学文献出版社,2012。

〔德〕伯恩施坦:《社会民主党内的修正主义》,史集译,三联书店,1963。

〔德〕伯恩施坦:《社会主义的历史和理论》,马元德等译,东方出版社,1989。

〔德〕伯恩施坦:《社会主义的前提和社会民主党的任务》,殷叙彝译,三联书店,1965。

〔德〕伯恩施坦:《社会主义的前提和社会民主党的任务》,殷叙彝译,三联书店,1965。

〔苏〕布哈林：《世界经济和帝国主义》，蒯兆德译，中国社会科学出版社，1983。

陈林：《第二国际时期关于民族问题的争论》，《当代世界与社会主义》1990 年第 3 期。

陈林：《浅析奥地利马克思主义与民主社会主义在理论上的逻辑联系》，《当代世界社会主义问题》1999 年第 2 期。

《机会主义、修正主义资料选编》编译组《第二国际修正主义者关于帝国主义的谬论》，生活·读书·新知三联书店，1976。

董光璧：《马赫的科学哲学与马克思主义》，《自然辩证法研究》1988 年第 6 期。

〔德〕佛莱特·厄斯纳：《希法亭"金融资本论"的功绩与错误》（续），蔺碧虚译，《世界经济文汇》1957 年 01 期。

中国人民大学科学社会主义系编《国际共产主义运动史文献史料选编》第三卷，中国人民大学出版社，1985。

中共中央马克斯恩格斯列宁斯大林著作编译局国际共运史研究室编《国际共运史研究资料》（卢森堡专辑），人民出版社，1981。

〔美〕豪伊：《边际效用学派的兴起》，晏智杰译，中国社会科学出版社，1999。

江怡主编《西方哲学史》学术版第八卷（上），江苏人民出版社，2005。

〔德〕考茨基：《帝国主义》，史集译，三联书店，1964。

〔德〕考茨基：《国防问题和社会民主党》，何疆、王禹译，三联书店，1964。

〔德〕考茨基：《基督教之基础》，叶启芳等译，三联书店，1955。

〔德〕考茨基：《唯物主义历史观》第一分册，上海人民出版社，1964。

〔德〕考茨基：《无产阶级专政》，叶至中译，三联书店，1963。

〔英〕柯尔：《社会主义思想史》第三卷下册，何慕李译，商务印书馆，1985。

〔奥〕克拉夫特：《维也纳学派》，李步楼、陈维杭译，商务印书馆，1998。

〔英〕克里斯·桑希尔：《德国政治哲学：法的形而上学》，陈江进译，人民出版社，2009。

苏联科学院国际工人运动研究室编《国际工人运动——历史和理论问题（第二卷）：从巴黎公社到第一次俄国革命》，工人出版社，1984。

《列宁全集》第12卷，人民出版社，1987。

《列宁全集》第22卷，人民出版社，1990。

《列宁全集》第24卷，人民出版社，1990。

《列宁全集》第25卷，人民出版社，1988。

《列宁全集》第26卷，人民出版社，1984。

《列宁全集》第27卷，人民出版社，1984。

《列宁全集》第31卷，人民出版社，1985。

《列宁选集》第3卷，人民出版社，2012。

《列宁选集》第4卷，人民出版社，2012。

〔德〕卢森堡：《资本积累论》，彭尘舜、吴纪先译，三联书店，1959。

〔俄〕鲁迪克：《各种社会改良主义的"社会主义"经济观点》，《国外社会科学》1981年陈林：《浅析奥地利马克思主义与民主社会主义在理论上的逻辑联系》，《当代世界社会主义问题》1999年第2期。

〔奥〕马赫：《感觉的分析》，洪谦等译，商务印书馆，1975。

《马克思恩格斯全集》第36卷，人民出版社，1975。

《马克思恩格斯全集》第39卷，人民出版社，1974。

《马克思恩格斯选集》第1卷，人民出版社，2012。

《马克思恩格斯选集》第3卷，人民出版社，2012。

《马克思恩格斯选集》第 4 卷，人民出版社，2012。

〔英〕麦克莱伦：《马克思以后的马克思主义》，李智译，中国人民大学出版社，2008。

〔奥〕普里斯特尔：《奥地利简史》下册，陶梁、张傅译，三联书店，1972。

《斯大林选集》上卷，人民出版社，1979。

王幸平：《民族与自治——奥托·鲍威尔民族思想研究》，南京大学博士论文 2013。

王振亚：《论民主社会主义的改良主义道路》，《陕西师范大学学报》（哲学社会科学版）1992 年第 3 期。

吴晓春：《奥托鲍威尔的民主社会主义思想》，《中国特色社会主义研究》2007 年第 3 期。

〔德〕希法亭：《金融资本》，福民等译，商务印书馆，1994。

谢地坤主编《西方哲学史》学术版第七卷（上），江苏人民出版社，2005。

徐崇温：《科学社会主义与改良的界限》，《科学社会主义》1991 年第 4 期。

姚顺良：《希法亭对马克思资本主义理解模式的逻辑转换》，《南京大学学报（哲学·人文科学·社会科学）》2009 年第 3 期。

姚顺良等：《资本主义理解史》第二卷，江苏人民出版社，2009。

姚顺良、夏凡：《重新审视考茨基理解资本主义现代形态的"另类"模式》，《南京社会科学》2008 年第 10 期。

姚顺良主编《马克思主义哲学史：从创立到第二国际》，北京师范大学出版社，2010。

殷叙彝：《从"有组织的资本主义"到民主共和国崇拜——论鲁道夫·希法亭的国家观》，《当代世界社会主义问题》2003 年第 2 期。

殷叙彝：《当代西欧社会党人物传》，黑龙江人民出版社，1989。

殷叙彝：《民主社会主义论》，中央编译出版社，2007。

殷叙彝：《社会民主主义概论》，中央编译出版社，2011。

赵建波：《奥地利社会民主党的国家观探析》，《理论探索》2006 年第 4 期。

中央编译局国际共运史研究所编译《卢森堡文选》下册，人民出版社，1990。

中央编译局资料室编《考茨基言论》，三联书店，1966。

中央编译局资料室编译《伯恩施坦言论》，三联书店，1966。

中央编译局资料室编译《考茨基言论》，三联书店，1966。

周懋庸：《关于奥托·鲍威尔的一次学术会议和论文选集：〈奥托·鲍威尔——理论和政策〉》，《当代世界与社会主义》1987 年第 1 期。

西文文献

Renner, K. *Die neue Welt and der Sozialismus.* Salzburg：Alpenland Verlag. 1946.

Gulick, C. *Austria from Habsburg to Hitler*（*Vol*2）. Berkeley：University of California Press，1948.

Renner, K. *Austromarxismus.* Wien：Europa Verlag，1970.

Jelavich, B. *Modern Austria*：*Empire and Republic*，1815 – 1986. Cambridge：Cambridge University Press，1987.

Spiel, H. *Vienna´s Golden Autumn*，1866 – 1938. New York：Weidenfeld and Nicolson，1987.

Beller, S. *A Concise History of Austria.* Cambridge：Cambridge University Press，2006.

Vergo, P. *Art in Vienna*，1898 – 1918. Ithaca，NY：Cornell University Press，1975.

Johnston, W. M. *The Austrian Mind*：*An Intellectual and Social History*,

1848 – 1938. Berkeley, CA: University of California Press, 1972.

Wistrich, R. S. *Socialism and the Jews: The Dilemmas of Assimila-tion in Germany and Austria – Hungary.* East Brunswick, NJ: Associated University Presses.

Mayer, A. J. *The Persistence of the Old Regime: Europe to the Great War.* New York: Pantheon, 1981.

Kann, R. A. *A History of the Habsburg Empire*, 1526 – 1918. Berkeley, CA: University of California Press, 1974.

Bottomore, T. and Goode, T. (eds.) . *Austro – Marxism.* Ox-ford: Clarendon Press, 1978.

Johnston, W. M. *The Austrian Mind: An Intellectual and Social History*, 1848 – 1938. Berkeley, CA: University of California Press, 1972.

Kolakowski, L. *Main currents of Marxism.* Oxford: Oxford Uni-versity Press, 1981.

Adler, M. *Marxistische Probleme.* Stuttgart: J. H. W. Dietz, 1913.

Adler, M. *Lehrbuch der materialistischen Geschichtsauffassung* (vol1) . Berlin: E. LauB, 1930.

Adler, F. *Ernst Machs Ueberwindung des mechanischen Materialismus.* Vienna: Wienervolksbuchhandlung, 1918.

Heintel, P. *System und Ideologie: Der Austromarxismus im Spiegel der Philosophie Max Adlers.* Wien und Munchen: Oldenbourg, 1967.

Howard M. C. and King, J. E. *A History of Marxian Economics*, vol1 : 1883 – 1929. Princeton: Princeton University Press, 1989.

Bohm – Bawerk, *Capital and Interest, vol1 : History and Critique of Interest Theories.* South Holland II: Libertarian Press, 1959.

Bohm – Bawerk, E. V. *Karl Marx and the Close of His System.* New York: Augustus M. Kelly, 1949.

Sweezy, P. (ed.) *Eugen von Bohm – Bawerk. Karl Marx and the Close of His System & Rudolf Hilferding. Bohm – Bawerk's Criticism of Ma-*

rx. New York: Augustus M. Kelley, 1966.

Cohen, F. *Bukharin and the Bolshevik Revolution: A Political Biography*, 1888 – 1938. Oxford: Oxford University Press, 1980.

Brewer, A. *Marxist Theories of Imperialism: A Critical Survey.* London: Routledge, 1980.

Rudolph, R. L. *Banking and Industrialization in Austria – Hungary: The role of banks in the industrialization of the Czech Crownlands, 1873 – 1914.* Cambridge: Cambridge University Press, 1976: 67.

Berle, A. and Means, G. C. *The Modern Corporation and Private Property.* New York: Harcourt, Brace and World, 1967.

Mattick, P. Review of Rudolph Hilferding, *Finance Capital*, 1982 – 1983 (54).

Rosenberg. *Democracy and Socialism: A Contribution to the History of the Past 150 Years.* Boston: Beacon, 1965.

Hilferding, R. *Schriften Rudolf Hilferding*, 1904 *bis* 1940. Berlin: J. H. W Dietz, 1982.

Turner, H. A. *German Big Business and the Rise of Hitler.* New York: Oxford University Press, 1985. Harrington, M. *Socialism: Past and Future.* New York: Arcade, 1990.

Lash, S. andUrry, J. *The End of Organized Capitalism.* Madison: University of Wisconsin Press, 1987.

Hannak, J. *Karl Renner Und seine Zeit.* Wien: Europa Verlag, 1965.

Renner, K. *The Institutions of Private Law and Their Social Functions.* London: Routledge and Kegan Paul, 1949.

Renner, K. State and Nation. in Nimni, E. (ed.) *National Culture Autonomy and its Contemporary Critics.* London and New York: Routledge Taylor&Francis Croup, 2005.

Kann, R. *The Multinational Empire (vol2).* New York: Columbia University Press, 1950.

Hasselmann, E. *Geschichte der deutschen Konsumgenossenschaften.* Fritz Knapp: Frankfurt Am Main, 1971.

Renner, K. *Konsumgenossenschaftliche Grundsaetze.* Wien: Verlag des Zentralverbandes oesterreichischer Konsumvereine, 1910.

Renner, K. *Die Stellung des Genossenschaftswesens der Wirtschaft Oesterreich.* Wien: Manz Verlagsbuchhandlung, 1947.

Renner, K. *Marxismus, Krieg, und Internationale.* Stuttgart: Dietz, 1917.

Blum, M. E. *Austro - Marxists, 1890 - 1918, A Psychobiographical Study.* Kentucky: The University Press of Kentucky, 1985.

Renner, K. State and Nation. in Nimni, E. (ed.) *National Culture Autonomy and its Contemporary Critics.* London and New York: Routledge Taylor&Francis Croup, 2005.

Adler, M. DieStaatsauffassung des Marxismus. *Marx - Studien* (*vol*4), Vienna: Wienervolksbuchhandlung, 1922.

Hamerow, T. S. *The Social Foundations of German Unification, 1858 - 1871: Ideas and Institutions.* Princeton: Princeton University Press, 1969.

Shanin, T. *Russia, 1905 - 07: Revolution as a Moment of Truth.* New Haven: Yale University Press, 1986.

Wehler, H. U. *The German Empire, 1871 - 1918.* Leamington/ Spa, etc. : Berg, 1985.

Landauer, C. *European Socialism.* Berkeley: The University of California Press, 1959.

Fainsod, M. *International Socialism and the War.* Cambridge: Harvard University Braunthal, J. *The Tragedy of Austria, epilogue by Friedrich Adler.* London: Victor Gollancz Ltd. , 1948.

Gruber, H. *Red Vienna: Experiment in Working Class Culture, 1914 - 1934.* Oxford: Oxford University Press, 1991.

Arato, A. Austromarxism and the Theory of Democracy. in Anson Rabinbach (ed.) *The Austrian Socialist Expenriment*, Boulder: Westview Press, 1985.

Hilferding, R. Historische Notwendigkeit und notwendige Politik. *Der Kampf*, 1915 (8).

Hilferding, R. Der Funktionswechsel des Schutzzolles. Tendenzen der modernen Handelspolitik. *Die Neue Zeit*, 1902/03 (2).

Kautsky, K. Finanzkapital und Krisen. *Die Neue Zeit*, 1910/11 (1).

Kauder, E. Austro – Marxism vs. Austro – Marginalism. *History of Political Economy*, 1970 (2).

Streissler, E. The intellectual and political impact of the Austrian school of economics. *History of European Ideas*, 1988 (2).

Hilferding, R. Arbeitsgemeinschaft der Klassen? . *Der Kampf*, 1915 (8).

Kann, R. A. Karl Renner. *The Journal of Modern History*, 1951 (3).

Nin, A. Austro – Marxism and the National Question. *What Next?* 2003 (25).

Hilferding, R. Zur Frage des Generalstreiks. *Die Neue Zeit*, 1903/04 (1).

Hilferding, R. Parlamentarismus und Massenstreik. *Die Neue Zeit*, 1904/05 (2).

Sandner, G. From The Cradle To The Grave Austro – Marxism And Cultural Studies. *Cultural Studies*, 2002 (6).

Lewis, J. Red Vienna: Socialism in One City, 1918 – 1927. *European Studies Review*, 1983 (3).

后　记

在本书即将出版之际，我才匆匆动笔撰写这些简单的文字。我想，拙著是对自己学术入门时期的简单回顾，希望以此提醒我在求真务实的学术道路上继续前行。

本书的主体架构来自我的博士学位论文，亦是我转入"职业"学术生涯的起点，而领路人当然是我的博士生导师姚顺良教授。在4年的博士研究生阶段，姚老师对资质平平的我更多的是包容和鼓励，只有在学术问题上，他才"锱铢必较"。如果没有姚老师在学问上的悉心指引，我无法在这条充满竞争和挑战的道路上站稳脚跟；如果没有姚老师对文章写作的字斟句酌，我不可能得到真正的学术基本素质训练；如果没有姚老师在论文选题上的坚持，我也不会进入奥地利马克思主义这个意义深远的研究领域。

远在美国的马克·布鲁姆教授开拓了我学术道路上的崭新"起点"。作为全球奥地利马克思主义研究领域的权威学者，布鲁姆教授在近两年的时间里不断敦促我进行更深入的延展探索，他也欣然为拙著撰写了长篇的序言，褒赏之词中透露出他对中国研究者的热切期望。不过这些工作和设想我在这部著作中并没有完成，希望不断沉淀思想，在下一个出版计划中呈现我和布鲁姆教授的观点碰撞。

感谢我的家人，感谢我的朋友们，感谢华中师范大学的各位同仁，感谢南京大学的各位师友，他们给予我前进的动力。还要感谢社会科学文献出版社编辑的辛勤工作，没有他们，本书不可能顺利出版。

作为学术生涯的第一本专著，我对它抱有很大的期待，但是并不如我所愿。不论从何种意义上说，它都是一种"未完成"，就像奥地利马克思主义者在百年前对社会主义构想的美好愿景一样。权且留下一些遗憾，当作一个可能的"起点"。

谨以此书献给我爱的人们。

孟　飞

2019 年 9 月

图书在版编目（CIP）数据

奥地利马克思主义理论与实践／孟飞著. -- 北京：
社会科学文献出版社，2019.10
ISBN 978 - 7 - 5201 - 2121 - 7

Ⅰ.①奥…　Ⅱ.①孟…　Ⅲ.①马克思主义 - 发展 - 研
究 - 奥地利　Ⅳ.①D752.1　②A81

中国版本图书馆 CIP 数据核字（2017）第 329091 号

奥地利马克思主义理论与实践

著　　者／孟　飞

出 版 人／谢寿光
责任编辑／卫　羚

出　　版／社会科学文献出版社·人文分社　（010）59367215
　　　　　　地址：北京市北三环中路甲 29 号院华龙大厦　邮编：100029
　　　　　　网址：www.ssap.com.cn
发　　行／市场营销中心（010）59367081　59367083
印　　装／三河市尚艺印装有限公司

规　　格／开　本：787mm × 1092mm　1/16
　　　　　　印　张：17.25　字　数：229 千字
版　　次／2019 年 10 月第 1 版　2019 年 10 月第 1 次印刷
书　　号／ISBN 978 - 7 - 5201 - 2121 - 7
定　　价／98.00 元

本书如有印装质量问题，请与读者服务中心（010 - 59367028）联系